OGILVY ÜBER WERBUNG
David Ogilvy

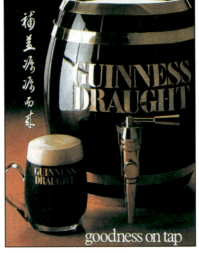
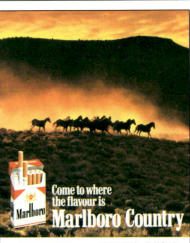
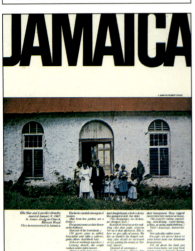

OGILVY
ÜBER
WERBUNG

David Ogilvy

Econ Verlag
Düsseldorf · Wien

Titel der Originalausgabe: Ogilvy on Advertising
Übersetzt von Gertie von Rabenau und Thomas Tostmann
Copyright © 1983 by David Ogilvy
Compilation Copyright © Multimedia Publication (UK) Ltd.

1. Auflage 1984
Copyright © 1984 der deutschen Ausgabe by Econ Verlag GmbH, Düsseldorf und Wien

Alle Rechte der Verbreitung, auch durch Film, Funk und Fernsehen, fotomechanische Wiedergabe, Tonträger jeder Art, auszugsweisen Nachdruck oder Einspeicherung und Rückgewinnung in Datenverarbeitungsanlagen aller Art, sind vorbehalten.
Gesetzt aus der Garamond der Linotype GmbH
Satz: Computersatz Bonn GmbH, Bonn
Druck und Bindearbeiten: New Interlitho Ltd., Mailand
Printed in Italy
ISBN 3 430 17272 1

Vorwort

Es gab schon eine Menge Bücher zum Thema Werbung, als 1963 die »Geständnisse eines Werbemannes« von David Ogilvy erschienen.

Inzwischen wurde das Buch in mehr als 12 Sprachen übersetzt, hat die erste Auflagen-Million längst hinter sich gelassen und ist – bis heute – das erfolgreichste Fachbuch über Werbung geblieben.

Jetzt, 20 Jahre später, hat es Konkurrenz bekommen: Durch »David Ogilvy über Werbung«, das bereits kurz nach Erscheinen in den USA so viel Aufsehen erregte wie kaum ein Fachbuch vorher. Nicht nur in Madison Avenue und in der gesamten Werbebranche, sondern weit darüber hinaus.

Auch dieser neue Ogilvy ist brillant geschrieben. Das Buch informiert den Leser in unterhaltsamer Weise über Werbung, die verkauft. Und zeigt unmißverständlich, wie man Werbung vermeidet, die nicht verkauft.

David Ogilvy nimmt dabei kein Blatt vor den Mund. Kontrovers wie immer sagt er seine Meinung. Für ihn ist Werbung keine Kunstform und kein Zweig der Unterhaltungsindustrie. Für ihn kommt es nicht darauf an, daß einige Leser seine Anzeigen kreativ finden, sondern daß möglichst viele das angezeigte Produkt kaufen.

Hinter diesem Buch steht mehr als die langjährige Erfahrung eines großen Werbemannes. Es bezieht sich gleichzeitig auf eine der größten Erfolgsstories der Branche.

Von einem »hot shop« mit zwei Angestellten, 1949 in New York gegründet, hat sich Ogilvy & Mather zur viertgrößten Agenturgruppe der Welt entwickelt, mit über 7 000 Mitarbeitern und einem Umsatz von mehr als 5 Milliarden DM.

»David Ogilvy über Werbung« spiegelt damit die gesammelten Erfahrungen einer der größten Agenturketten der Welt.

Der Schreiber dieser Zeilen hatte das Vergnügen, mehr als ein Jahr gemeinsam mit David Ogilvy die Frankfurter Niederlassung Heumann, Ogilvy & Mather zu leiten.

Es war eine schöne Zeit für mich. Nie vorher hat mir unsere Arbeit so viel Spaß gemacht. Und – es war die lehrreichste Zeitspanne meines bisherigen Werberlebens.

Frankfurt/Main   Hans Jürgen Lange

17. Januar 1984

1. Einleitung

»Laßt uns gegen Philipp marschieren«

Für mich persönlich ist die Werbung weder Unterhaltung noch eine Form der Kunst, sondern vielmehr ein Medium der Information. Und ich möchte nicht, daß Sie eine Anzeige von mir als »kreativ« bezeichnen, sondern diese so interessant finden, daß Sie *das Produkt kaufen*. Wenn Aeschines sprach, sagten alle, »wie gut er reden kann«. Aber nachdem Demosthenes gesprochen hatte, sagten sie, »laßt uns gegen Philipp marschieren«.

In meinem Buch »Geständnisse eines Werbemannes«, das 1963 erschien, habe ich über die Gründung von Ogilvy & Mather berichtet und die Grundsätze dargelegt, auf denen unser schneller Erfolg basierte. Was damals eigentlich kaum mehr als eine kreative Boutique in New York war, ist inzwischen zu einer der vier größten Werbeagenturen der Welt geworden, mit über 140 Büros in 40 Ländern. Unsere Grundsätze scheinen erfolgreich zu sein.

Inzwischen bin ich jedoch so alt, daß eine französische Illustrierte in mir den einzigen Überlebenden eines Kreises von Männern sieht, die angeblich entscheidend zur industriellen Revolution beigetragen haben – genannt wurden unter anderem Adam Smith, Edison, Karl Marx, Rockefeller, Ford und Keynes. Ich frage mich nun, ob ich aufgrund meines Alters besser davon absehen sollte, über Werbung in der heutigen Zeit zu schreiben? Oder wäre es denkbar, daß mir gerade die längerfristige Perspektive hilft, die »ewigen« Wahrheiten der Werbung von ihren kurzfristigen Marotten zu unterscheiden?

Als ich 1949 auf der Madison Avenue mein Büro eröffnete, ging ich davon aus, daß die Werbung, bevor ich mich zur Ruhe setzen sollte, mehrere grundlegende Veränderungen durchmachen würde. Bisher habe ich allerdings nur *eine* grundlegende Veränderung erlebt: Das Fernsehen ist inzwischen für die meisten Produkte das wichtigste Verkaufsmedium geworden.

Natürlich hat es noch andere Veränderungen gegeben, die ich noch beschreiben werde, aber ihre Bedeutung ist von manchen ruhmsüchtigen Gelehrten bei weitem übertrieben worden. So war beispielsweise das Konzept des Markenimages, das ich 1953 populär gemacht habe, gar nicht mehr ganz neu, da es bereits zwanzig Jahre zuvor von Claude Hopkins eingeführt worden war. Auch die sogenannte kreative Revolution, die in den fünfziger Jahren Bill Bernbach und mir zugeschrieben wurde, ist im Grunde bereits von N. W. Ayer und Young & Rubicam in den Dreißigern initiiert worden.

Fest steht jedoch, daß die meisten Grundsätze der Werbung, die bereits zutrafen, als ich die »Geständnisse eines Werbemannes« schrieb, heute nach wie vor Gültigkeit besitzen. Konsumenten kaufen noch immer Produkte, deren Werbung ihnen eine adäquate Leistung für ihr Geld verspricht sowie Schönheit, richtige Ernährung, Schmerzlinderung, sozialen Status und so weiter – überall in der Welt.

Ich weiß sehr wohl, daß meine Worte erheblichen Widerspruch bei all den Narren auslösen, die glauben, daß Grundsätze der Werbung, die mehr als zwei Jahre angewandt werden, ipso facto veraltet sind. Sie lehnen bei Werbespots zum Beispiel bestimmte Techniken, wie Slice of Life, Demonstrationen und Presenter grundsätzlich ab und übersehen dabei, daß es nach wie vor genau diese Techniken sind, die die Registrierkassen klingeln lassen. Sofern sie Horaz gelesen haben, werden sie mich als *difficilis, querulus, laudator tempo-*

ris acti bezeichnen. *Se puero, castigator, censorque minorum.** *Was soll's. Es hat schon immer lautstarke* Verrückte gegeben, die im Grenzbereich der Werbebranche agierten, und nur mit ihrem ethnischen Humor, ihrer exzentrischen Art Direction, ihrer Mißachtung gegenüber jeglicher Forschung und ihrer selbstbekundeten Genialität einen Beitrag leisten konnten. Sie werden nur selten entlarvt, da sie vor allem bei den Kunden gut ankommen, die von ihrer Rhetorik überwältigt sind, sie aber nicht für Verkaufsergebnisse verantwortlich machen. Ihre Werbekampagnen finden Anklang auf Cocktailparties in New York, San Francisco und London, werden hingegen in Chicago weniger ernst genommen. Damals, als ich noch auf ausgefallene Kampagnen für *The New Yorker* spezialisiert war, galt ich als der Held dieses Klüngels, aber nachdem ich mich auf Werbung in Massenmedien verlegt und ein Buch geschrieben hatte, in dem ich die Forschung in den höchsten Tönen pries, wurde ich ihr Erzfeind. Ich tröste mich einfach mit dem Gedanken, daß ich zu mehr Verkaufserfolgen beigetragen habe als sie alle zusammen.

Ich *hasse* Regeln.

Manchmal wirft man mir vor, ich versuchte, Regeln aufzustellen. Dies muß ich jedoch weit von mir weisen! Ich *hasse* Regeln. Letztlich tue ich nichts anderes, als darzulegen, wie Verbraucher auf verschiedenartige Stimuli reagieren. So sage ich vielleicht zu einem Texter: »Die Forschung hat gezeigt, daß Werbespots mit berühmten Persönlichkeiten Markenpräferenzen unterdurchschnittlich verändern können. Sind Sie *sicher*, daß Sie eine bekannte Persönlichkeit verwenden wollen?« Ist das eine *Regel*? Oder ich sage vielleicht zu einem Art Director: »Untersuchungsergebnisse zeigen, daß eine Anzeige mit schwarzer Typographie auf weißem Grund von mehr Leuten gelesen wird als eine Anzeige mit weißer Typographie auf schwarzem Grund.« Dies ist ein *Hinweis*, aber sicher keine Regel.

Im England des 18. Jahrhunderts hatte eine Familie von Geburtshelfern große Erfolge, weil wesentlich weniger Kinder und Mütter starben als bei anderen Geburtshelfern. Wie sie dies machten, hielten alle Beteiligten streng geheim. Bis eines Tages ein neugieriger Medizinstudent auf das Dach ihres Entbindungszimmers stieg, durch das Dachfenster hindurchsah und die von ihnen erfundenen Zangen sah. Von da an war das Geheimnis bekannt und stand sämtlichen Geburtshelfern und ihren Patienten zur Verfügung. Heute halten Gynäkologen ihre Entdeckungen nicht etwa geheim, sondern veröffentlichen sie statt dessen. Ich bin meinen Partnern dankbar, daß sie mir gestattet haben, meine »Entdeckungen« zu veröffentlichen. Aber ich muß darauf hinweisen, daß einige der dargelegten *Meinungen* nicht zwangsläufig mit denen meiner Kollegen in der Agentur übereinstimmen.

Dies ist kein Buch für Leser, die meinen, sie wüßten bereits alles über Werbung. Es ist vielmehr für junge Optimisten, aber auch für Veteranen, die immer noch auf der Suche nach Methoden sind, wie sie ihre Marktanteile erhöhen können.

Ich schreibe allerdings nur über die Gebiete der Werbung, die ich aus eigener Erfahrung kenne. Deswegen enthält dieses Buch nichts über Media, Kabelfernsehen oder Werbung in Japan.

Wenn Sie der Meinung sind, daß es ein schlechtes Buch sei, dann hätten Sie es sehen sollen, *bevor* mein Partner Joel Raphaelson anfing, es zu entlausen. *Bless you, Joel.*

David Ogilvy

Touffou 1983

---

* Ständig gereizt und ein Nörgler, der dazu neigt, die Welt, wie sie zu seiner Jugend war, zu loben, der gern kritisiert und die neue Generation bevormundet.

2. Wie man Werbung macht, die verkauft

Angenommen, Sie hätten heute morgen Ihren ersten Arbeitstag in meiner Agentur begonnen und wären zu mir in mein Büro gekommen, um sich Rat zu holen. Ich würde zunächst damit beginnen, ganz generell über Ihre Arbeit zu sprechen. Im Verlauf des Gesprächs würde ich Ihnen dann konkrete Ratschläge über die Entwicklung von Anzeigen für Zeitschriften und Zeitungen sowie von Radio- und Fernsehspots geben. Sie müßten mir nachsehen, wenn ich dabei einige komplizierte Themen stark vereinfache und mich eines relativ dogmatischen, das heißt sehr kurzen Stils bediene. Schließlich haben wir es beide eilig.

Als erstes würde ich feststellen, daß Sie mit ziemlicher Sicherheit nicht erkennen könnten, um wieviel wirkungsvoller eine Anzeige im Vergleich zu einer anderen ist. Dies wird von John Caples bestätigt, der mit zu den erfahrensten Textern des Direct Response gehört:

> »Ich habe eine Anzeige gesehen, die nicht nur zwei- oder dreimal, sondern 19 1/2mal mehr verkauft hat als eine andere, obwohl beide das gleiche Format hatten und beide im selben Medium geschaltet wurden. Und das, obwohl beide Illustrationen hatten und sorgfältig getextet waren. Der entscheidende Unterschied bestand darin, daß in der einen die richtige und in der anderen eine falsche Ansprache gewählt worden war.«[*]

Fest steht, falsche Werbung kann den Verkauf eines Produktes sogar *verringern*. Mir wurde erzählt, daß George Hay Brown, der früher Leiter der Marketing-Forschung bei Ford war, in jeder zweiten Ausgabe von *Reader's Digest* eine Anzeige schaltete. Am Jahresende stellte sich heraus, daß diejenigen, die die Anzeige *nicht* gelesen hatten, mehr Fords gekauft hatten als die Leser von Reader's Digest.

Bei einer anderen Untersuchung wurde ermittelt, daß der Konsum einer bestimmten Biermarke gerade bei Leuten, die sich an die Werbung erinnern konnten, niedriger war als bei denen, die sie nicht wahrgenommen hatten. Die Brauerei hatte somit Millionen von Dollar für eine Werbung ausgegeben, die ihr Bier eher unverkäuflich machte.

Ich frage mich manchmal, ob unter den Kunden, Medien und Agenturen eine stillschweigende Verschwörung besteht, wenn Werbung nicht derartigen Härtetests unterworfen wird. Offenbar haben alle Beteiligten ein starkes Interesse an der Erhaltung des Mythos, daß *jede* Werbung die Umsätze in einem gewissen Umfang erhöht. Dem ist aber nicht so.

[*] *Tested Advertising Methods* von John Caples, Prentice Hall, Kanada 1975.

The Rolls-Royce Silver Cloud—$13,995

"At 60 miles an hour the loudest noise in this new Rolls-Royce comes from the electric clock"

What makes Rolls-Royce the best car in the world? "There is really no magic about it— it is merely patient attention to detail," says an eminent Rolls-Royce engineer.

1. "At 60 miles an hour the loudest noise comes from the electric clock," reports the Technical Editor of THE MOTOR. Three mufflers tune out sound frequencies—acoustically.

2. Every Rolls-Royce engine is run for seven hours at full throttle before installation, and each car is test-driven for hundreds of miles over varying road surfaces.

3. The Rolls-Royce is designed as an *owner-driven* car. It is eighteen inches shorter than the largest domestic cars.

4. The car has power steering, power brakes and automatic gear-shift. It is very easy to drive and to park. No chauffeur required.

5. The finished car spends a week in the final test-shop, being fine-tuned. Here it is subjected to 98 separate ordeals. For example, the engineers use a *stethoscope* to listen for axle-whine.

6. The Rolls-Royce is guaranteed for *three years*. With a new network of dealers and parts-depots from Coast to Coast, service is no problem.

7. The Rolls-Royce radiator has never changed, except that when Sir Henry Royce died in 1933 the monogram RR was changed from red to black.

8. The coachwork is given five coats of primer paint, and hand rubbed between each coat, before *nine* coats of finishing paint go on.

9. By moving a switch on the steering column, you can adjust the shock-absorbers to suit road conditions.

10. A picnic table, veneered in French walnut, slides out from under the dash. Two more swing out behind the front seats.

11. You can get such optional extras as an Espresso coffee-making machine, a dictating machine, a bed, hot and cold water for washing, an electric razor or a telephone.

12. There are three separate systems of power brakes, two hydraulic and one mechanical. Damage to one will not affect the others. The Rolls-Royce is a very *safe* car—and also a very *lively* car. It cruises serenely at eighty-five. Top speed is in excess of 100 m.p.h.

13. The Bentley is made by Rolls-Royce. Except for the radiators, they are identical motor cars, manufactured by the same engineers in the same works. People who feel diffident about driving a Rolls-Royce can buy a Bentley.

PRICE. The Rolls-Royce illustrated in this advertisement—f.o.b. principal ports of entry—costs **$13,995**.

If you would like the rewarding experience of driving a Rolls-Royce or Bentley, write or telephone to one of the dealers listed on opposite page. Rolls-Royce Inc., 10 Rockefeller Plaza, New York 20, N. Y. CIrcle 5-1144.

WIE MAN WERBUNG MACHT, DIE VERKAUFT

Links: *Bevor ich diese berühmteste aller Autoanzeigen schrieb, hatte ich meine Hausaufgaben gemacht. Sie erschien nur in zwei Zeitungen und zwei Zeitschriften und kostete 25 000 Dollar. Ein Jahr später startete Ford eine Millionen-Dollar-Kampagne mit der Behauptung, daß ihr Wagen noch ruhiger liefe als ein Rolls.*

Unten: *Ich kündigte den Rolls-Royce-Etat, nachdem das Unternehmen 500 defekte Wagen in die Vereinigten Staaten geliefert hatte. Jahre später gewannen wir den Mercedes-Etat und schickten ein Team nach Stuttgart, das dort intensive Gespräche mit den Ingenieuren führte. Daraus entstand eine Serie langer, sachlich argumentativer Anzeigen, die den Mercedes-Umsatz von jährlich 10 000 Wagen auf 40 000 steigen ließ.*

Unten rechts: *Als ich zum ersten Mal Werbung für Margarine übernahm, glaubte ich, Margarine würde aus Kohle hergestellt. Nach einer zehntägigen Lesephase wußte ich es besser.*

Machen Sie Ihre Hausaufgaben.

Sollten Sie Ihre Hausaufgaben nicht machen, wird Ihre Werbung mehr oder weniger erfolglos bleiben. Ich selbst fand es zwar auch immer ausgesprochen mühsam, aber man kommt einfach nicht darum herum.

Als erstes müssen Sie das Produkt genau studieren, für das Sie werben wollen. Je mehr Sie darüber wissen, desto wahrscheinlicher ist es, daß Sie auf eine Big Idea stoßen. Als ich den Werbeetat für Rolls-Royce bekam, habe ich drei Wochen lang alles Erdenkliche über diesen Wagen gelesen und stieß schließlich auf folgende Aussage: »At 60 miles an hour the loudest noise in this new Rolls-Royce comes from the electric clock.« Dieser Satz wurde die Headline für die aus 607 Worten bestehende Anzeige.

Als ich später den Mercedes-Etat gewann, schickte ich für drei Wochen ein Team in die Daimler-Benz-Zentrale nach Stuttgart, um dort intensive Gespräche mit Ingenieuren zu führen. Daraus entstand dann eine Serie von langen, sachlich argumentativen Anzeigen, die den Mercedes-Umsatz in den Vereinigten Staaten von jährlich 10 000 Wagen auf 40 000 klettern ließ.

Als mir die Werbung für Good Luck Margarine übertragen wurde, glaubte ich, daß Margarine aus *Kohle* hergestellt würde. Nach einer zehntägigen Lesephase war ich jedoch imstande, eine Textanzeige zu formulieren, die ziemlich erfolgreich war.

Genau dasselbe passierte bei Shell. Bei einem Briefing durch den Kunden entdeckte ich voller Überraschung, daß dem Benzin mehrere Zusatzstoffe beigemischt sind, so auch das die Kilometerleistung steigernde Platformat. Die

Oben: *Ich positionierte Dove als Toilettenseife für Frauen mit trockener Haut und benutzte ein Versprechen, das bei den Tests am besten abgeschnitten hatte: »Dove cremt Ihre Haut beim Baden ein.«*

Rechts: *Robert Townsend, der exzentrische Chef von Avis, wollte mir seinen Werbeetat anvertrauen. Da ich ablehnen mußte, um nicht mit einem anderen Kunden in Konflikt zu geraten, entwarf Doyle Dane Bernbach eine der eindrucksvollsten Kampagnen in der Geschichte der Werbung: »Wenn Sie nur die Nummer 2 sind, strengen Sie sich mehr an. Oder jemand anders wird es an Ihrer Stelle tun.« Diese geradezu teuflische Positionierung machte der Nummer 1, Hertz, schwer zu schaffen.*
Gegenüber: *Doyle Dane Bernbach positionierte Volkswagen als Protestsymbol gegen die Detroiter Autos und machte den Käfer zum Kultsymbol für Nonkonformisten. Texter war Julian Koenig, Art Director Helmut Krone. Der Umsatz stieg auf 500 000 Autos im Jahr.*

sich daran anschließende Anzeigenkampagne trug entscheidend dazu bei, einen siebenjährigen Abwärtstrend des Shell-Marktanteils umzukehren.

Wenn Sie keine Lust haben, diese Art von Hausaufgaben zu machen, gelingt Ihnen vielleicht ab und zu eine erfolgreiche Werbekampagne, aber Sie laufen dennoch Gefahr, wie mein Bruder Francis sagen würde, auf der »glatten Oberfläche irrelevanter Brillanz« auszurutschen.

Ihre nächste Aufgabe besteht darin herauszufinden, wie Ihre Konkurrenz für ähnliche Produkte wirbt und mit welchem Erfolg. Dies gibt Ihnen eine Orientierungshilfe für die eigene Kampagnenentwicklung.

Im Anschluß daran sind die Konsumenten zu ermitteln: Stellen Sie fest, was sie über Ihr Produkt denken, mit welchen Worten sie das Produkt beurteilen, welche Produkteigenschaften für sie besonders wichtig sind und *welches Versprechen sie am ehesten dazu bringt, Ihre Marke zu kaufen.*

Wenn Sie es sich nicht leisten können, diese Art von Recherchen von Professionellen durchführen zu lassen, dann machen Sie es selbst. Gespräche mit einem halben Dutzend Hausfrauen können manchmal einem Texter mehr helfen als großangelegte Umfragen, an denen er selbst nicht teilnehmen kann.

Die Positionierung

Als nächstes müssen Sie entscheiden, wie Sie Ihr Produkt positionieren wollen. Dieses merkwürdige Verb ist bei Marketingexperten überaus beliebt, obwohl so ziemlich jeder etwas anderes darunter versteht. Meine eigene Definition lautet: »Was für einen Zweck erfüllt das Produkt, und für wen ist es bestimmt.« Ich hätte beispielsweise Dove als Reinigungsseife für Männer mit schmutzigen Händen positionieren können. Statt dessen habe ich das Produkt als Toilettenseife für Frauen mit trockener Haut positioniert – was sich immerhin 25 Jahre lang bewährt hat.

In Norwegen besaß der Saab kein klares Markenprofil – bis wir ihn als ein Auto für den *Winter* positionierten. Drei Jahre später wurde Saab als das *beste* Auto für norwegische Winter bezeichnet.

Ich persönlich hätte nicht für ein Auto, das wie ein orthopädischer Stiefel aussah, Werbung machen können. Aber Bill Bernbach und seine Mannschaft positionierten den Volkswagen als Protestsymbol gegen die Gewöhnlichkeit der Detroiter Autos und ließen den Käfer auf diese Weise zum Kultsymbol für all jene Amerikaner werden, die sich dem übersteigerten Konsum demonstrativ widersetzen wollten.

WIE MAN WERBUNG MACHT, DIE VERKAUFT

Think small.

Our little car isn't so much of a novelty any more.

A couple of dozen college kids don't try to squeeze inside it.

The guy at the gas station doesn't ask where the gas goes.

Nobody even stares at our shape.

In fact, some people who drive our little flivver don't even think 32 miles to the gallon is going any great guns.

Or using five pints of oil instead of five quarts.

Or never needing anti-freeze.

Or racking up 40,000 miles on a set of tires.

That's because once you get used to some of our economies, you don't even think about them any more.

Except when you squeeze into a small parking spot. Or renew your small insurance. Or pay a small repair bill. Or trade in your old VW for a new one.

Think it over.

Ein gutes Beispiel für die Kunst der Imagepflege. 18 Jahre habe ich das Gesicht meines Kunden, des Commanders Whitehead, als Symbol für sein eigenes Produkt verwandt. Wir schafften es, mit einem Minibudget Riesenerfolge zu erzielen.

Markenimage

Als weiteren wichtigen Punkt müssen Sie entscheiden, welches Image Sie Ihrer Marke geben wollen. Image heißt *Persönlichkeit*. Produkte haben genau wie Menschen eine Persönlichkeit, die sie im Markt erfolgreich oder erfolglos macht. Die Persönlichkeit eines Produktes ist eine Mischung aus vielerlei Faktoren – dem Namen, der Verpackung, dem Preis, dem Werbstil und vor allem aber den Eigenschaften des Produktes selbst.

Jede Anzeige sollte daher als Ausdruck des jeweiligen Markenimages gesehen werden und deshalb über Jahre hinweg konsequent *dasselbe* Image widerspiegeln. Dies ist keineswegs immer ganz einfach, da es ständig irgendwelche Kräfte gibt, die versuchen, die Werbung zu verändern – beispielsweise eine neue Agentur oder ein neuer Marketing Director, der seinen eigenen Stil prägen möchte.

Es hat sich bei den meisten Produkten bewährt, ihnen ein Image hochwertiger Qualität zu geben. *Einen Erster-Klasse-Fahrschein*. Dies gilt insbesondere für Produkte, deren Markennamen deutlich erkennbar sind – wie Bier, Zigaretten und Autos. Jede Anzeige, die billig oder gepfuscht wirkt, färbt sofort negativ auf das Image ab. Und wer möchte schon mit minderwertigen Produkten gesehen werden?

Nehmen wir als Beispiel Whisky. Warum wählen manche Leute lieber Jack Daniel's, während andere einen Grand Dad oder Taylor vorziehen? Haben sie alle drei probiert und den Geschmack verglichen? Das glauben Sie doch wohl selbst nicht! Entscheidend ist vielmehr, daß diese drei Marken unterschiedliche *Images* besitzen, die unterschiedliche Leute ansprechen. Es ist nicht der Whisky, den sie wählen, sondern das Image. Das Markenimage macht 90 Prozent dessen aus, was der Spirituosenhersteller zu verkaufen hat.

WIE MAN WERBUNG MACHT, DIE VERKAUFT

Die Forscher der psychologischen Fakultät der University of California ließen Studenten destilliertes Wasser trinken und dessen Geschmack beschreiben. Die meisten meinten, daß sie keinerlei Geschmack feststellen könnten. Anderen Studenten wurde wiederum gesagt, das destillierte Wasser käme aus dem Wasserhahn, woraufhin die meisten von ihnen den Geschmack als *schrecklich* bezeichneten. Allein die Erwähnung des *Wasserhahns* ließ bei ihnen bereits die Assoziation von Chlor entstehen.

Geben Sie jemandem einen echten Old Crow Whisky und *sagen* Sie ihm, es sei Old Crow. Dann lassen sie jemand anderen einen Old Crow Whisky probieren, *aber sagen ihm, es sei ein Jack Daniel's*. Wenn Sie anschließend beide fragen, welcher denn besser sei, kämen zwei vollkommen unterschiedliche Beurteilungen heraus. Sie haben »Images« geschmeckt.

Ich war immer von Jack Daniel's fasziniert. Das Etikett und die Werbung vermitteln das Image von absoluter Aufrichtigkeit; sein hoher Preis erweckt den Eindruck höchster Qualität.

Die Entwicklung der Werbung für alkoholische Getränke ist eine äußerst subtile Kunst. Ich habe mal versucht, Konsumenten anhand rationaler Fakten

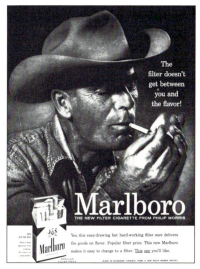

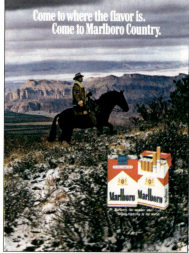

Oben: Wenn Sie sich für eine Whiskymarke entscheiden, entscheiden Sie sich zugleich für ein Image. Jack-Daniel's-Anzeigen vermitteln das Image schlichter Aufrichtigkeit und überzeugen Sie, daß Jack Daniel's seinen hohen Preis wert ist.

Rechts: Leo Burnetts Kampagne für Marlboro hat der Zigarette ein Image verliehen, das sie zur meistgekauften Zigarette der Welt gemacht hat. Diese Anzeigen gibt es nahezu unverändert seit 25 Jahren.

zur Wahl eines bestimmten Whiskys zu überreden – ohne Erfolg. Im Grunde leuchtet es auch ein; denn Sie werden Coca-Cola-Werbung kaum auf dem Argument aufbauen, daß Cola 50 Prozent mehr Cola-Beeren enthält.

Wenn Sie nächstesmal einen Anhänger aggressiver Verkaufstechniken treffen und dieser die Bedeutung des Markenimages in Frage stellt, fragen Sie ihn, wie Marlboro es schaffte, aus dem absoluten Nichts zur meistverkauften Zigarette der Welt aufzusteigen. Leo Burnetts Cowboykampagne, die es seit 25 Jahren gibt, hat der Marke ein Image verliehen, das Raucher in der ganzen Welt anspricht.

Was ist eine Big Idea?
Selbst wenn Sie extrem fleißig sind, werden Sie niemals zu Ruhm und Ehre gelangen, sollten Sie nicht zugleich *Big Ideas* haben. Nur Big Ideas finden die Aufmerksamkeit der Konsumenten und bewegen sie zum Kauf Ihres Produktes. Solange Ihre Werbung keine Big Idea enthält, wird sie am Verbraucher vorbeiziehen wie ein Schiff in der Nacht.

Ich bezweifle, daß von hundert Werbekampagnen mehr als eine auf einer Big Idea basiert. Obwohl ich angeblich zu den einfallsreicheren Erfindern von Big Ideas gezählt werde, muß ich zugeben, daß ich während meiner langen Karriere als Texter höchstens zwanzig hatte. Große Ideen kommen aus dem Unterbewußten. Dies gilt für die Kunst, für die Wissenschaft wie auch für die Werbung. Nur Ihr Unterbewußtsein muß *gut informiert* sein, oder Ihre Idee ist irrelevant. Speichern Sie Ihr Unterbewußtsein mit zahlreichen Informationen, und schalten Sie dann Ihren rationalen Gedankenprozeß aus. Das ist am einfachsten, wenn Sie einen langen Spaziergang machen, ein heißes Bad nehmen oder ein Viertel Rosé trinken. Sobald die Verbindung zu Ihrem Unterbewußtsein hergestellt ist, wird fast unerwartet eine Big Idea zum Vorschein kommen.

Mein Partner Esty Stowell beklagte sich mal, daß der erste Werbespot, den ich für Brot von Pepperidge Farm schrieb, zwar sehr einleuchtend, aber kaum phantasievoll war. In jener Nacht träumte ich von zwei weißen Pferden, die in gemächlichem Trott einen Bäckerlieferwagen über einen Feldweg zogen. Heute, nach 27 Jahren, erscheint dieser von Pferden gezogene Lieferwagen noch immer in Werbespots von Pepperidge Farm.

Als Albert Lasker – meines Erachtens der scharfsinnigste aller Werbefachleute – nach der besten Eigenschaft gefragt wurde, die ein Mensch besitzen könnte, antwortete er: »Bescheidenheit gegenüber einer guten Idee.« *Eine Big Idea zu erkennen* ist jedoch furchtbar schwierig. Mir schaudert, wenn ich daran denke, wie viele ich verworfen habe. Auch die Untersuchungen können da wenig Hilfe bieten, weil sie den *kumulativen* Wert einer Idee nicht vorhersagen können. Und keine Idee ist eine Big Idea, wenn sie nicht 30 Jahre lang erfolgreich angewandt werden kann.

Einer meiner Partner hatte mal die Idee, durch die Merrill-Lynch-Werbespots zu dem Slogan »Merrill Lynch is bullish on America«* eine Herde Stiere laufen zu lassen. Ich fand diese Idee etwas albern, doch glücklicherweise war sie schon vom Kunden akzeptiert worden, bevor ich sie sah. Die Stiere laufen heute immer noch, lange nachdem der Etat an eine andere Agentur übergegangen ist.

Gegenüber: *Manchmal ist es am besten, einfach nur das Produkt zu zeigen. Dazu brauchen Sie Mut, denn man wird Ihnen vorwerfen, nicht »kreativ« zu sein.*

* Merrill-Lynch ist einer der bekanntesten Börsenmakler in den USA. »Bullish« ist ein Börsenbegriff für ansteigende Tendenz, Hausse; sinngemäß lautet der Slogan: »Merrill-Lynch setzt auf die Zukunft Amerikas.« (Anm. d. Red.)

WIE MAN WERBUNG MACHT, DIE VERKAUFT

Grethe Meyers nye stel "Rødtop" fås i 38 dele til både bord og køkken.

Sådan fornyer man en klassiker
designet af Grethe Meyer.

Det er tyve år siden Grethe Meyer lavede "Blåkant" for Den Kongelige Porcelainsfabrik. Og lige fra starten var vi klar over, at her stod vi overfor en klassiker på linie med Børge Mogensens møbler og PH's lamper.

Tiden har givet os ret. Grethe Meyers rene, gennemtænkte formgivning og diskrete dekorationskunst er blevet højt præmieret og højt elsket i mange lande.

Men kunst er fornyelse, og Grethe Meyer har netop fornyet "Blåkant's" tidløse former med en glad, rød kant og en lysere bundfarve. Ændringen er lille, men virkningen stor, og "Rødtop" er næsten lige så forskellig fra "Blåkant" som sommer fra vinter. Hvad De foretrækker, ved vi ikke. Vi er bare glade og stolte over at kunne give Dem muligheden for at vælge.

Eine Big Idea läßt sich leichter erkennen, wenn Sie sich die folgenden fünf Fragen stellen:
1. Hat es mir den Atem verschlagen, als ich sie zum erstenmal sah?
2. Hätte ich diese Idee gerne selbst gehabt?
3. Ist sie einzigartig?
4. Paßt sie perfekt in die Strategie?
5. Läßt sie sich 30 Jahre lang verwenden?

Selbst Werbekampagnen, die fünf Jahre laufen, lassen sich an einer Hand abzählen. »Superstars« sind die Kampagnen, die sofort Ergebnisse erzielen – vollkommen unabhängig von der konjunkturellen Lage – und die jedem Wettbewerbsdruck oder jeder personellen Veränderung widerstehen. Ein Beispiel ist die Hathaway-Augenbinde, 1951 entwickelt und nach wie vor erfolgreich. Seit 1955 verkündet jeder Dove-Werbespot »Dove doesn't dry your skin the way soap can«, die Spots von American Express »Do you know me?« begleiten uns seit 1975. Und Leo Burnetts Marlboro-Kampagne gibt es seit 25 Jahren.

Unten: *Zu meinem großen Kummer hatte diese Anzeigenkampagne, die ich sehr ansprechend fand, keine nennenswerten Erfolge. Der Hund gehörte mir, Judson Irish schrieb den Dialog im Stil von Alfred Jungle in den »Pickwick Papers«.*

WIE MAN WERBUNG MACHT, DIE VERKAUFT

Rechts: *Gute Ideen kommen aus dem Unterbewußtsein. Der Autor träumte einmal von einem alten Bäcker, der mit Pferd und Wagen einen Feldweg entlangfuhr, um Pepperidge-Farm-Brot zu liefern. Heute, nach 25 Jahren, erscheinen Pferd und Wagen in den Werbespots von Pepperidge Farm noch immer.*

Machen Sie das Produkt zum Helden

Wenn möglich, konzentrieren Sie alles auf das Produkt. Wenn Sie meinen, das Produkt sei langweilig, kann ich Ihnen erwidern: Es gibt grundsätzlich keine langweiligen Produkte, höchstens langweilige Texter. Ich würde nie einem Texter ein Produkt zuweisen, wenn ich wüßte, daß er sich nicht persönlich dafür interessiert. Jedesmal, wenn ich eine schlechte Kampagne entwickelt hatte, war es produktbedingt, da es mich nicht interessiert hatte.

Ein Problem, mit dem Werbeagenturen konfrontiert sind, ist die Tatsache, daß sich viele Produkte von denen ihrer Wettbewerber praktisch nicht unterscheiden. Die Hersteller verfügen über dieselbe Technologie, die Marketingleute verwenden dieselben Untersuchungsmethoden, um Präferenzen der Konsumenten bezüglich Farbe, Größe, Design, Geschmack usw. herauszufinden. Folglich kann man beim Verkauf von austauschbaren Produkten nur hoffen, daß man ihre Vorzüge und Eigenschaften überzeugender als die Konkurrenz darstellen und sie durch die spezifische Art der Werbung von den Konkurrenzprodukten abheben kann. Dies ist die Steigerung des Wertes eines Produktes, zu der die Werbung beiträgt; ich bin leider nicht so puritanisch, mich dafür zu hassen.

Das positive Gute

Mein Partner Joel Raphaelson artikulierte ein Gefühl, das mich bereits einige Zeit beschäftigt hatte:

> »In der Vergangenheit ist so ziemlich jeder Werbefachmann davon ausgegangen, daß er die Konsumenten von der *Überlegenheit* seines Produktes überzeugen müßte.
>
> Dies ist jedoch keineswegs zwingend. Es kann schon ausreichen, die Verbraucher davon zu überzeugen, daß Ihr Produkt *positiv gut* ist. Wenn der Verbraucher überzeugt ist, daß Ihr Produkt gut ist, während er sich beim Konkurrenzprodukt nicht ganz sicher ist, wird er Ihres kaufen.
>
> Und falls Sie und Ihre Konkurrenten alle ausgezeichnete Produkte herstellen, behaupten Sie nicht, Ihr Produkt sei *besser*, sondern führen Sie auf, was gut daran ist – und zwar *sagen Sie es in einer klareren, aufrichtigeren und informativeren Form*.
>
> Wenn diese Theorie zutrifft, werden die Abverkäufe des Herstellers zunehmen, der es am besten versteht, die Verbraucher zu überzeugen, daß sein Produkt *positiv gut* ist.«

Diese Werbemethode für Produkte ohne deutlich erkennbaren Unterschied ist keineswegs eine Mißachtung der Urteilsfähigkeit der Konsumenten. Denn wer sollte Ihnen einen Vorwurf daraus machen, daß Sie das Produkt von seiner besten Seite zeigen?

Wiederholen Sie Ihre Renner.

Wenn Sie das Glück hatten, eine wirklich gute Anzeige entwickelt zu haben, wiederholen Sie sie, bis ihre verkäuferische Wirkung nachläßt. Einige gute Anzeigen wurden oft bereits abgesetzt, bevor sie ihre Werbewirksamkeit verloren hatten.

Die Forschung hat gezeigt, daß eine Anzeige keinesfalls weniger Beachtung findet, nur weil sie mehrmals in derselben Zeitschrift erschien. Die Leserschaft bleibt bei mindestens vier Wiederholungen auf gleich hoher Quote.

Werbung richtet sich nicht an eine angetretene Armee, sondern an eine vorbeiziehende Truppe. Eine Anzeige für einen Kühlschrank, die sich an Ehepaare wendet, die vor einem Jahr geheiratet haben, wird wahrscheinlich genauso erfolgreich bei Ehepaaren sein, die dieses Jahr heiraten. Eine gute Anzeige kann man mit einer Radarantenne vergleichen, ständig auf der Suche nach potentiellen Käufern. Beschaffen Sie sich also eine gute Radaranlage, und lassen Sie sie rotieren.

Henry Ford hat einmal zu einem seiner Texter gesagt: »Bill, Ihre Kampagne ist zwar Klasse, aber müssen wir sie denn *ewig* laufen lassen?« Woraufhin der Texter antwortete: »Mister Ford, die Kampagne ist noch gar nicht erschienen.« Ford hatte sie in zu vielen Sitzungen gesehen. Derartige Probleme lassen sich am besten dadurch lösen, daß Sie die Verkaufswirksamkeit Ihrer Werbekampagne in regelmäßigen Abständen untersuchen lassen, sie aber solange unverändert schalten, bis die Forschungsergebnisse zeigen, daß sie keine Resonanz mehr erzielt.

Mund-zu-Mund-Propaganda

Manchmal kommt es auch vor, daß Werbekampagnen bis in die Kulturszene wirken. So wurde beispielsweise die Leitmelodie eines Werbespots für Maxwell-Kaffee die Nummer sieben der Hitparade. Und nachdem Commander Whitehead in der Schweppes-Werbung erschien, wurde er ein populärer Gast in Fernseh-Talkshows. Derartige Erfolge sind reinster Goldregen, die niemand voraussehen kann. Zumindest ich nicht.

Vor fünfzig Jahren versuchte man in England, mit Hilfe von Anekdoten wie der folgenden Mund-zu-Mund-Propaganda zu kultivieren:

»Eines Tages ging ein alter, von Rheuma gebeugter Bauer die Straße entlang. Da hielt jemand in einem Rolls-Royce und sprach ihn an. Er riet ihm, Beecham's Pillen zu nehmen. Wissen Sie, wer es war? *Der Doktor des Königs!*«

Nieder mit Gremien

Die meisten Werbekampagnen sind zu kompliziert; sie sind Spiegelbilder langer Listen mit Zielsetzungen und versuchen, die unterschiedlichen Ansichten von zu vielen leitenden Angestellten miteinander zu vereinbaren. Bei dem Versuch, alles gleichzeitig zu erreichen, wird jedoch nichts erreicht.

Werbespots und Anzeigen wirken oft wie Sitzungsprotokolle. Nach meinen Erfahrungen können Gremien kritisieren, aber nicht kreativ sein.

»Suchen Sie einmal die Parks unserer Städte ab; Sie werden keine Denkmäler für Gremien finden.«

Werbung richtet sich nicht an eine angetretene Armee, sondern an eine vorbeiziehende Truppe.

WIE MAN WERBUNG MACHT, DIE VERKAUFT

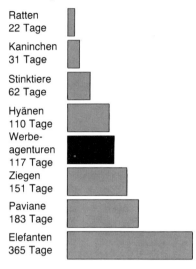

Trächtigkeitsdauer

Ratten 22 Tage
Kaninchen 31 Tage
Stinktiere 62 Tage
Hyänen 110 Tage
Werbeagenturen 117 Tage
Ziegen 151 Tage
Paviane 183 Tage
Elefanten 365 Tage

Oben: Werbeagenturen haben ein Talent, sehr viel Zeit zu vertrödeln. Für eine Kampagne brauchen sie im Schnitt 117 Tage und sind damit zwar schneller als Ziegen in ihrer Trächtigkeit, aber langsamer als Hyänen.

Werbeagenturen tendieren dazu, Kampagnen in Gremien zu entwickeln. Sie nennen es Teamwork. Wer will schon etwas gegen Teamwork einwenden?

Die Entwicklung einer Werbekampagne geschieht im Schneckentempo. Zunächst werden die strategischen Fragen von den Gremien diskutiert, in denen die Produktmanager des Auftraggebers und die Kundenberater der Agentur sitzen, die ein verständliches Interesse an einer möglichst langen Diskussion haben; sie verdienen damit schließlich ihren Unterhalt. Die Marktforscher brauchen Monate, um wesentliche Fragen zu beantworten. Wenn die Texter dann schließlich an der Reihe sind, vertrödeln sie viel Zeit mit Brainstormingsitzungen und anderen Formen von Beschäftigungstheorien. Ein Texter, der durchschnittlich eine Stunde pro Woche tatsächlich *schreibt*, ist eine große Ausnahme. Die durchschnittliche Dauer einer Kampagneentwicklung liegt zwischen der Trächtigkeitszeit der Hyänen (110 Tage) und der Ziegen (151 Tage). So werden beispielsweise Storyboards für Werbespots auf allen Hierarchiestufen der Agentur ebenso eingehend diskutiert wie in der Firma des Kunden. Sollten sie überleben, werden sie produziert und getestet. Ein durchschnittlicher Texter schafft pro Jahr nur drei Werbespots, die tatsächlich auch geschaltet werden.

Ehrgeiz

Nur wenige Texter sind ehrgeizig; ihnen scheint es offenbar nicht in den Sinn zu kommen, daß sie bei entsprechendem Einsatz den Umsatz ihrer Kunden verdoppeln und darüber hinaus selbst bekannt werden können. Ich fordere Sie auf: »Erweitern Sie Ihr Blickfeld. Gehen Sie neue Wege. Streben Sie das Unmögliche an! Nehmen Sie den Kampf mit den Unsterblichen auf!!!«

Leo Burnett hat es noch besser ausgedrückt: »Wenn Sie nach den Sternen greifen, werden Sie vielleicht keinen herunterholen, aber Sie werden letztlich auch nicht nur eine Handvoll Dreck erzielen.«

Das Streben nach Wissen

Als ich den Chirurgen von König Georg V., Sir Hugh Rigby, fragte: »Was macht einen großen Chirurgen aus?«, antwortete er: »Hinsichtlich der manuellen Geschicklichkeit gibt es keine großen Unterschiede zwischen den Chirurgen. Was den großen Chirurgen jedoch auszeichnet ist die Tatsache, daß er mehr *weiß* als die anderen.« Genau dasselbe gilt für Werbeagenturen: Die Guten *wissen* mehr.

Als ich einen ziemlich gleichgültigen Texter fragte, welche Bücher er über Werbung gelesen hätte, erhielt ich als Antwort: Keines. Er würde sich lieber auf seine eigene Intuition verlassen. »Nehmen wir einmal an«, antwortete ich ihm, »Ihre Gallenblase müßte heute abend herausgenommen werden. Würden Sie dann einen Chirurgen wählen, der einige Bücher über Anatomie gelesen hat und weiß, wo er Ihre Gallenblase findet, oder wäre Ihnen ein Chirurg lieber, der sich auf seine Intuition verläßt? Warum sollten unsere Kunden Millionen von Dollar allein im Verlaß auf Ihre Intuition aufs Spiel setzen?«

Eine derart engstirnige Ablehnung hinsichtlich des Erlernens der Grundlagen unseres Handwerks ist leider häufig zu finden. Ich kenne kaum einen anderen Beruf, der mit so wenig Grundwissen auskommt. Einerseits werden Millionen für das Testen einzelner Werbespots und Anzeigen ausgegeben, aber so ziemlich nichts geschieht, die Ergebnisse dieser Tests hinsichtlich positiver und negativer Faktoren zu analysieren. Auch Lehrbücher über Werbung machen diesbezüglich keine Aussagen.

Nachdem Stanley Resor 45 Jahre lang Geschäftsführer von J. Walter Thompson gewesen war, sagte er mir einmal: »Wir geben jedes Jahr Hunderte von Millionen Dollar von Geldern unserer Kunden aus. Und was *wissen* wir letztlich? Nichts. Deshalb habe ich vor zwei Jahren vier unserer Leute beauftragt, Faktoren herauszufinden und zu identifizieren, die normalweise erfolgversprechend sind. Sie haben bislang zwölf gefunden.« Ich kannte schon 69, war jedoch zu höflich, ihm dies zu sagen.

Werbeagenturen verschwenden das Geld ihrer Kunden, indem sie ständig dieselben Fehler wiederholen. In einer Ausgabe einer einzigen Illustrierten habe ich kürzlich 49 Anzeigen gezählt, die in negativer Schrift (weiße Typographie auf schwarzem Grund) gedruckt waren, obwohl aufgrund jahrelanger Untersuchungen bekannt ist, daß Negativschrift *schwer lesbar* ist.

Woran liegt es, daß man sich derartige Erkenntnisse nicht zunutze macht? Liegt es daran, daß die Werbung keine neugierigen, keine fragenden Mitarbeiter anzieht? Oder aber daran, daß wissenschaftliche Methoden über den Horizont »kreativer« Leute hinausgehen? Oder fürchten sie, daß Wissen ihnen mehr Disziplin bei ihrer Arbeit auferlegen würde?

Dies ist keineswegs immer so gewesen. Als George Gallup in den dreißiger Jahren Leiter der Forschungsabteilung von Young & Rubicam war, ermittelte er nicht nur die Leserschaft von Anzeigen, *sondern er sammelte auch die Ergebnisse und analysierte sie.* Dabei fand er heraus, daß einzelne Techniken

Wenn Texter ehrgeiziger wären, könnten auch sie Ruhm und Reichtum erwerben. Dies ist das mittelalterliche Schloß Touffou, in dem sich der Autor einnistet, wenn er nicht eine der Ogilvy-&-Mather-Niederlassungen besucht.

anderen überlegen waren. Ein cleverer Art Director namens Vaughn Flannery kriegte schließlich Gallups Entdeckung mit und setzte sie in die Praxis um. Ergebnis: Innerhalb weniger Monate wurden die Anzeigen von Young & Rubicam von mehr Leuten gelesen als die irgendeiner anderen Agentur – ein unschätzbarer Vorteil für ihre Kunden.

Zur Ermittlung der Akzeptanz des redaktionellen Inhalts von *McCall's* stellte Mills Shepherd vergleichbare Forschungen an und kam zu ähnlichen Ergebnissen. Danach wurden beispielsweise Fotografien fertiger Gerichte durchgehend von mehr Lesern beachtet als Aufnahmen von rohen Zutaten. Und Rezepte, auf Rezeptkarten gedruckt, waren für Hausfrauen ein gefundenes Fressen.

Unter Anwendung derselben Forschungstechnik analysierte Harold Syke die Leserschaft von Zeitungsanzeigen und stellte dabei fest, daß Anzeigen mit redaktioneller Aufmachung grundsätzlich Renner waren.

1947 veröffentlichte der ehemalige Leiter der Marktforschung der Stirling-Getchel Agentur, Harold Rudolph, ein Buch zu diesem Thema.* Darin berichtete er unter anderem, daß Fotografien, die einen Story Appeal hatten, weit überdurchschnittliche Aufmerksamkeit erzielten. Dies inspirierte mich dazu, in meinen Anzeigen für Hathaway-Hemden das Modell eine Augenbinde tragen zu lassen.

Später wurde es unter Werbefachleuten jedoch üblich, derartige Forschungsergebnisse zu ignorieren. Agenturen, die auf diesem Gebiet Pionierarbeit leisteten, machen heute durch Ignoranz einst im eigenen Hause gefundener Prinzipien auf sich aufmerksam.

Kunden wechseln manchmal die Agentur, weil eine Agentur Platz oder Sendezeit in einem Medium zu etwas geringeren Kosten kaufen kann als eine andere. Diese Kunden machen sich allerdings nicht klar, daß ein Texter, der den Markt und die Verbraucher genau kennt, der in die Rolle des Konsumenten hineinschlüpfen kann, sehr viel mehr Leser ansprechen wird als ein weniger versierter Texter.

35 Jahre bin ich den Spuren Gallups gefolgt und habe neue Erkenntnisse aus der Forschung gesammelt wie andere Leute Bilder oder Briefmarken. Wenn Sie diese Faktoren lieber ignorieren, dann viel Glück. Natürlich findet ein blindes Huhn auch ein Korn, aber es ist hilfreich zu wissen, daß sie im Hühnerstall zu finden sind.

Es ist eigentlich erstaunlich, wie wenig sich die durch Untersuchungsmethoden ermittelten Erkenntnisse im Laufe der Jahre verändert haben. Abgesehen von einigen Ausnahmen reagieren die Verbraucher heute in gleicher Weise wie früher auf die gleichen Techniken.

Die Lehren des Direct Response

Trotz aller Marktforschung erfahren die meisten Werbungtreibenden nie, ob und wie ihre Kampagnen verkaufen – zu viele andere Einflußfaktoren vernebeln die Absatzfunktion. Demgegenüber wissen die Vertreter des Direct Response, die per Post oder Telefon werben, bis auf den Dollar genau, wieviel sie mit jeder Kampagne absetzen. Schauen Sie sich deshalb Direct-Response-Werbung genau an. Sie werden entscheidende Unterschiede zur klassischen Werbung feststellen. Hier einige Beispiele:

Normalerweise werden Dreißig-Sekunden-Werbespots entwickelt. Die Vertreter des Direct Response haben gelernt, daß Zwei-Minuten-Werbespots profitabler sind. Wer hat nach Ihrer Ansicht eher recht?

> **Natürlich findet ein blindes Huhn auch ein Korn, aber es ist hilfreich zu wissen, daß sie im Hühnerstall zu finden sind.**

* »*Attention and Interest Factors in Advertising*« (von H. Rudolph; Funk & Wagnall, 1947.

Die meisten Werbungtreibenden senden ihre Werbespots während der teuren Hauptsendezeit, zu der die Sehbeteiligung am höchsten ist. Demgegenüber haben die Direct-Response-Werbeleute gelernt, daß sie spät abends viel höhere Umsätze erzielen können. Wer hat nach Ihrer Ansicht eher recht?

Die Anzeigen für Publikumszeitschriften haben gewöhnlich *kurze* Texte. Direct Response bevorzugt grundsätzlich *lange* Texte. Wer hat nach Ihrer Ansicht eher recht?

Ich bin überzeugt, daß alle Werbeleute eindeutig mehr Umsätze pro Dollar erzielten, wenn sie dem Beispiel ihrer Direct-Response-Kollegen folgen würden. Jeder Texter sollte zu Beginn seiner Karriere zwei Jahre lang in diesem Bereich arbeiten. Ein kurzer Blick auf eine Kampagne genügt mir, um zu erkennen, ob ihr Verfasser derartige Erfahrungen gemacht hat.

Praktiziere ich selbst wirklich immer das, was ich predige? Nicht immer. Ich habe sicher eine Reihe sehr erfolgreicher Kampagnen entwickelt, aber wenn Sie mich fragen, welche meiner Anzeigen die erfolgreichste war, werde ich Ihnen ohne zu zögern antworten: die erste Anzeige, die ich für die industrielle Entwicklung Puerto Ricos geschrieben habe. Sie hat zwar keinen Preis in puncto Kreativität gewonnen, überzeugte aber zahlreiche Fabrikanten, auf dieser armen Insel Fabriken zu errichten.

So traurig es auch sein mag, eine Agentur, die nur die entsprechende pragmatische Werbung betreiben würde, käme nie in den Ruf außerordentlicher »Kreativität« und wäre sicher bald bankrott.

Was ist eine gute Anzeige? Eine Anzeige, die Ihnen stilistisch gefällt; oder aber eine Anzeige mit hohen Verkaufsergebnissen? Beides ist selten miteinander vereinbar. Nehmen Sie eine Zeitschrift, und suchen Sie die Anzeigen heraus, die Ihnen am besten gefallen – die meisten wären sicherlich solche mit schönen Bildern oder cleverem Text. Dabei werden Sie sich vermutlich nicht fragen, ob die von Ihnen bevorzugten Anzeigen bei Ihnen auch den Wunsch erwecken, das Produkt zu kaufen. Rosser Reeves* von der Agentur Ted Bates meint dazu:

> »Ich meine nicht, daß charmante, witzige und herzliche Texte nicht verkaufswirksam sein können. Ich weiß aber, daß ich Tausende von charmanten und witzigen Anzeigen gesehen habe, die dies nicht waren. Nehmen wir einmal an, Sie wären ein Fabrikant; Ihre Werbung ist nicht erfolgreich, Ihr Absatz geht zurück. Dabei hängt doch alles davon ab: Ihre eigene Zukunft, die Ihrer Familie ebenso wie die Zukunft von vielen anderen Familien. Und Sie kommen jetzt in dieses Büro, erzählen mir alles und sitzen da in diesem Stuhl. Was wollen Sie denn dann von mir? Einen schönen Text? Wollen Sie Meisterwerke? Wollen Sie irgendwelche glänzenden Bilder, die von Textern eingerahmt werden können? *Oder wollen Sie, daß diese gottverdammte Absatzkurve aufhört zu fallen und statt dessen wieder anfängt zu steigen?*«

Der Kult der Kreativität

Was nicht verkauft, ist nicht kreativ.

Die Agentur Benton & Bowles handelt streng nach dem Prinzip: »Was nicht verkauft, ist nicht kreativ.« Amen.

Den Begriff »Kreativität« werden Sie nicht im zwölfbändigen Oxfordlexikon finden. Könnte er nach Ihrer Meinung *Originalität* bedeuten? Laut Reeves ist »Originalität« das gefährlichste Wort in der Werbung überhaupt. »Die

---

* »Reality in Advertising« von R. Reeves, Alfred A. Knopf, Inc., 1961.

WIE MAN WERBUNG MACHT, DIE VERKAUFT

Oben: Rosser Reeves: »Was wollen Sie von mir? Einen schönen Text? Oder wollen Sie, daß diese gottverdammte Absatzkurve aufhört zu fallen und statt dessen wieder steigt?«

Rechts: Dies ist meine erste Anzeige, die ich heute ausgesprochen ungern zeige. Keine Headline, kein Versprechen, keine Information über das Produkt. Sicher, bis dahin hatte noch niemand eine nackte Frau in einer Anzeige gezeigt, aber in diesem Fall war sie absolut irrelevant für das Produkt – einen Küchenherd.

Texter, die sich um Originalität bemühen, versuchen, etwas genauso Illusorisches zu erreichen wie ein Moorfeuer, das auf Lateinisch *ignis fatuus* heißt.«

Mozart sagte einmal: »Ich habe mich nie auch nur im geringsten bemüht, etwas Originelles zu komponieren.«

Ich selbst verwende das schreckliche Wort *kreativ* gelegentlich, weil mir kein besseres einfällt. Wenn Sie dieses Thema ernster nehmen als ich, dann empfehle ich Ihnen das Buch »The Creative Organization« zu lesen, erschienen bei der University of Chicago Press. In der Zwischenzeit muß ich eine Big Idea für eine neue Werbekampagne finden, die bis zum Dienstag fertig sein muß. Und ich habe den Eindruck, daß der Begriff Kreativität für die Arbeit, die ich bis zum Dienstag zu leisten habe, ziemlich hochgestochen ist.

Harry McMahan hat vor einigen Jahren untersucht, welche Art von Werbespots die berühmten Clio-Preise für Kreativität gewannen:

Agenturen mit vier Clios hatten inzwischen ihre Kunden verloren.

Ein anderer Clio-Gewinner war pleite.

Ein weiterer Clio-Gewinner hatte aufgehört, im Fernsehen zu werben.

Ein anderer Clio-Gewinner hatte die Hälfte seines Etats einer anderen Agentur anvertraut.

Einer hatte sich geweigert, seinen preisgekrönten Spot überhaupt zu senden.

Von 81 Fernsehklassikern, die in den vergangenen Jahren vom Clio-Festival ausgesucht worden waren, hatten 36 der beteiligten Agenturen entweder den betreffenden Etat verloren oder Konkurs gemacht.

Wie steht es mit Sex?

Die allererste, von mir entwickelte Anzeige zeigte eine nackte Frau. Dies war ein Fehler, und zwar nicht, weil sie zu sexy war, sondern weil Sex für das Produkt irrelevant war – es ging um einen Küchenherd.

Das entscheidende Kriterium ist die *Relevanz*. Ein Busen in einer Anzeige für Reinigungsmittel würde dessen Umsatz sicherlich nicht steigern; von daher ist überhaupt nicht zu verstehen, welche Rolle den Sexy-Mädchen in den Autoanzeigen zukommt, die sich manchmal auf den Kühlerhauben räkeln. Demgegenüber hat es durchaus einen *funktionellen* Grund, nackte Mädchen in Anzeigen für Kosmetikprodukte zu zeigen.

Die Werbung *reflektiert* die Sitten der Gesellschaft, aber sie *beeinflußt* sie nicht. Genau aus diesem Grunde finden sie konkreten Sex sehr viel mehr in Zeitschriften und Romanen als in Anzeigen. Während das Wort *fuck* in der zeitgenössischen Literatur durchaus alltäglich erscheint, ist es in der Werbung bislang noch nicht benutzt worden.

Es galt lange Zeit als ungeschriebenes Gesetz, Frauen nicht in der Zigarettenwerbung zu zeigen. Dieses änderte sich erst, als sich die Gesellschaft daran gewöhnt hatte, daß sie in aller Öffentlichkeit rauchten. Ich war der erste, der

Unten: *1981 verfolgte ganz Paris voller Spannung eine Serie von Plakaten. Das erste versprach: »Am 2. September werde ich das Oberteil ausziehen.« Das zweite versprach: » Am 4. September werde ich das Unterteil ausziehen.« Würde sie dieses Versprechen auch halten? Sie tat es. (Der Zweck dieser Werbung war zu beweisen, daß Plakate gute Werbeträger sind.)*

WIE MAN WERBUNG MACHT, DIE VERKAUFT

Rechts: *Die Vorstellung, Frauen könnten wie Männer Alkohol trinken, war für den amerikanischen Puritanismus lange Zeit verwerflich und Grund genug, sie in Anzeigen für Alkoholika nicht abzubilden. Ich war der erste, der mit diesem Tabu brach.*

Frauen in Anzeigen für Spirituosen abbildete – und das war zu einem Zeitpunkt, zu dem der Alkoholgenuß von Frauen in der Öffentlichkeit schon dreißig Jahre nicht mehr tabu war.

Es ist noch nicht lange her, daß ganz Paris eine Serie von Plakaten gespannt verfolgte. Das erste zeigte ein gut proportioniertes Mädchen im Bikini, das sagte: »Am 2. September werde ich das Oberteil ablegen.« Am 2. September erschien ein neues Poster, auf dem es sich oben ohne präsentierte. Diesmal versprach sie: »Am 4. September werde ich das *Unterteil* ablegen.« Ganz Paris fragte sich, ob sie dies Versprechen ebenfalls halten würde. Sie hat's.

Nur wenige Pariser waren schockiert. Trotzdem würde ich Ihnen nicht empfehlen, dieses Plakat in Süddakota aufzuhängen.

In Pakistan beschwerte sich kürzlich eine hochgestellte islamische Persönlichkeit darüber, daß »unsere Frauen im Fernsehen und in den Zeitungen ausgebeutet und dem Kommerz ausgesetzt werden. Dies ist gegen Allahs Willen und verletzt die Tradition der *purdah*, die im Koran vorgeschrieben ist.« Er schlug vor, Werbung mit Frauen zu verbieten. In Saudi-Arabien ist es unerwünscht, *Fotografien* von Frauen in Anzeigen zu verwenden, während *Zeich*-

WIE MAN WERBUNG MACHT, DIE VERKAUFT

Oben links und rechts: *In diesen Anzeigen für Kosmetikprodukte gibt es durchaus einen funktionalen Grund, nackte Frauen zu zeigen. In der europäischen Werbung sind sie völlig selbstverständlich geworden und finden sich nun auch immer häufiger in amerikanischen Anzeigen.*

Oben: *Einer meiner Partner schrieb diese überaus gewagte Anzeige für ein Eau de Cologne pour Hommes.*
Darunter: *Diese Anzeige des britischen Health Education Council sollte Mädchen zur Verwendung von Verhütungsmitteln ermutigen, ganz gleich, »ob verheiratet oder nicht«.*

nungen erlaubt sind – vorausgesetzt, daß keine nackten Arme oder Dekolletés gezeigt werden. Selbst ein Werbespot für ein alkoholfreies Getränk, in dem sich ein kleines Mädchen die Lippen leckt, weil es ihr so gut schmeckte, wurde als obszön bezeichnet und abgelehnt.

Wo wir schon bei Fragen des Geschmacks sind: Der gegenwärtige Trend, Geistliche, Mönche und Engel in Anzeigen als komische Figuren abzubilden, mißfällt mir sehr. Vielleicht amüsiert es *Sie*, aber es schockiert viele andere.

Andererseits habe ich nichts gegen obszönen Humor in der Werbung einzuwenden. So hatte ich keine Bedenken, den Großen Clio-Preis einem japanischen Seifen-Werbespot zu verleihen, in dem ein kleiner Junge in einem öffentlichen Bad pupste.

Die gewagteste Anzeige, die ich je gesehen habe, war für Paco Rabannes Eau de Cologne pour Homme. Der Absatz stieg um 25 Prozent, und die Anzeige wurde zur besten Zeitschriftenanzeige des Jahres 1981 erkoren.

Das britische Health Education Council bedient sich ebenfalls der Werbung, um junge Mädchen zur Verwendung kostenloser Verhütungsmittel zu ermutigen, die sie von den Family Planning Clinics erhalten können.

Wenn Sie meinem Rat folgen, machen Sie Ihre Hausaufgaben, vermeiden Gremien, beherzigen die richtigen Lehren der Marktforschung und des Direct Response und lassen die Finger von *irrelevantem* Sex.

In weiteren Kapiteln dieses Buches werde ich noch über einige Punkte plaudern, die ich bei der Entwicklung von Anzeigen gelernt habe und die die Registrierkassen klingeln lassen. Danach: Fernsehwerbung.

3. Jobs in der Werbung – und wie man sie bekommt

Cosimo de' Medici brachte den florentinischen Bildhauer Benvenuto Cellini dazu, für ihn zu arbeiten, indem er ihm einen Brief mit folgendem Schlußsatz schrieb: »Kommen Sie, und Sie werden in Gold ersticken.«

Die Werbebranche bietet vier unterschiedliche Karrieremöglichkeiten:

1. Sie können zu einer Fernseh- oder einer Rundfunkanstalt, einer Illustrierten oder einer Zeitung gehen und Werbezeit oder Anzeigenraum an Werbungtreibende und ihre Agenturen verkaufen.

2. Sie können zu einem Handelsunternehmen wie Sears Roebuck gehen und dort als Texter, Art Director oder Werbeleiter arbeiten.

3. Sie können bei einer Firma wie Procter & Gamble als Produktmanager arbeiten.

4. Sie können zu einer Werbeagentur gehen.

Natürlich ist ein Wechsel zwischen diesen Tätigkeiten möglich: Texter von Sears Roebuck oder Produktmanager von Procter & Gamble flüchten ins Agenturgeschäft, Mediaeinkäufer der Agenturen gehen zu Fernsehanstalten.

Ich bin nur kompetent, über Tätigkeiten in Werbeagenturen zu schreiben. Ich kenne allerdings auch keine andere Branche, die eine derartige *Vielfalt* bietet. Die Atmosphäre ist überaus stimulierend. Agenturen sind psychologische Treibhäuser, in denen man sich nie langweilt.

Sämtliche großen Agenturen arbeiten *weltweit* und bieten Jobs in Europa, Asien und Lateinamerika. Daher ist es hilfreich, eine Fremdsprache fließend zu beherrschen.

Am Anfang Ihrer Karriere in der Werbung ist *Lernen* wichtiger als der *Verdienst*. Manche Agenturen geben sich bei der Ausbildung ihrer Mitarbeiter extrem große Mühe. Genau wie in Krankenhäusern wenden ihre Topleute ungeheuer viel Zeit auf, um Mitarbeiter aus- und weiterzubilden. In Ländern, in denen die Werbung relativ weit entwickelt ist, stehen junge Agenturleute derartigen Ausbildungsversuchen jedoch nicht immer positiv gegenüber. Sie sind der Meinung, sie hätten nichts mehr hinzuzulernen. Demgegenüber werden Ausbildungskräfte in Asien und anderen Entwicklungsgebieten mit offenen Armen empfangen, und jedes ihrer Worte wird begierig aufgenommen. So muß es nicht überraschen, daß sich das Know-how beispielsweise in Asien extrem schnell verbessert. Ich habe inzwischen Werbekampagnen in Indien, Thailand, Singapur, Hongkong, Malaysia und Indonesien gesehen, die wesentlich wirksamer sind als viele Kampagnen aus Europa und den Vereinigten Staaten (vgl. Kapitel 17).

Texter

Genau wie alle anderen Branchen und Berufe hat auch die Werbebranche ihre institutionelle Einrichtung. Ihre wichtigsten Vertreter finden sich im Verzeichnis der 84 Männer und 4 Frauen, die in die vor 32 Jahren gegründete Advertising Hall of Fame gewählt worden sind. Zu meinem großen Bedauern sind nur 13 von ihnen Texter.

Obwohl Texter nicht zu den augenfälligsten Leuten in Werbeagenturen gehören, sind sie dennoch die wichtigsten. Zu den entscheidenden Eigenschaften eines potentiell erfolgreichen Texters gehören:

Extreme Neugier gegenüber Produkten, Menschen und der Werbung.

Sinn für Humor.

Bereitschaft zu harter Arbeit.

Die Fähigkeit, interessante Prosa für Printmedien sowie natürliche Dialoge für das Fernsehen zu schreiben.

Die Fähigkeit, *visuell* zu denken. Fernsehspots leben mehr von Bildern als von Worten.

Den Ehrgeiz, bessere Werbetexte zu schreiben als irgend jemand zuvor.

»Gute Texter«, so äußerte William Maynard von der Bates-Agentur, »lassen sich in zwei Kategorien einordnen: Dichter und Killer. Während Dichter eine Anzeige als Endresultat sehen, ist sie für die Killer ein Mittel zum Zweck.« Wenn Sie sowohl Killer *als auch* Dichter sind, werden Sie reich.

Art Director

Sie werden kaum eine Stelle als Art Director bekommen, wenn Sie nicht eine Ausbildung beim Film, in Gestaltung, in Fotografie oder Typographie vorweisen können. Darüber hinaus ist guter Geschmack überaus hilfreich.

Seit Printwerbung unmodern geworden ist, haben sich viele Art Directoren auf Fernsehproduktion umgestellt. Fernsehen als *visuelles* Medium bietet ihnen das für ihre Talente angemessene Betätigungsfeld.

> **Früher waren Art Directoren mehr oder weniger die Handlanger der Texter. Dies hat sich inzwischen jedoch grundlegend geändert.**

Früher waren Art Directoren mehr oder weniger die Handlanger der Texter. Dies hat sich jedoch grundlegend geändert. Manche von ihnen haben sich als Creative Directoren einen nachhaltigen Ruf erworben – in besonderem Maße Bob Gage von Doyle Dane Bernbach, Hal Riney von Ogilvy & Mather und Keith Reinhard von Needham, Harper & Steers.

Kundenberater

Die Hauptaufgabe der Kundenberater besteht darin, die anderen Abteilungen der Agentur zur optimalen Realisierung des Auftrages ihres jeweiligen Kunden zu motivieren. Außerdem haben sie täglich Kontakt mit den Kunden der Agentur.

Wenn ich Kundenberater werden wollte, würde ich zunächst einige Jahre im Produktmanagement bei Procter & Gamble verbringen und anschließend ein Jahr in einem Marktforschungsinstitut, um die Kaufmotive der Konsumenten kennenzulernen – insbesondere der Leute, die weniger gebildet sind, als ich es selber bin.

Manche Agenturen stellen heute mehr weibliche als männliche Kundenberater ein; so sind beispielsweise im New Yorker Büro von Ogilvy & Mather 69 Prozent der Kundenberater Frauen.

Früher wurden Kundenberater oft besser bezahlt als Produktmanager, die Gesprächspartner auf Kundenseite, die oft nicht nur für die Werbung, son-

JOBS IN DER WERBUNG – UND WIE MAN SIE BEKOMMT

dern für das gesamte Absatz- und Vertriebsprogramm verantwortlich sind. Diese Zeiten sind jedoch vorbei. Die Kunden rekrutieren ihre Leute heute bei denselben Business Schools und bezahlen höhere Gehälter als Agenturen. Als Folge reduzierte sich die Rolle der Kundenberater in vielen Agenturen auf die bloße Koordination. Vor nicht allzulanger Zeit habe ich im Flugzeug einmal das folgende Gespräch mitgehört:

»Was machen Sie beruflich?«
»Ingenieur. Und Sie?«
»Ich bin Kundenberater in einer Werbeagentur.«
»Schreiben Sie die Anzeigen?«
»Nein, das tun die Texter.«
»Das muß ein interessanter Job sein.«
»Es ist gar nicht so einfach. Wir betreiben sehr viel Marktforschung.«
»Machen Sie die Forschung?«
»Nein, dafür haben wir die Marktforschungsleute.«
»Akquirieren Sie neue Kunden?«
»Das ist nicht meine Aufgabe.«
»Entschuldigen Sie, aber was ist Ihre Aufgabe?«
»Marketing.«

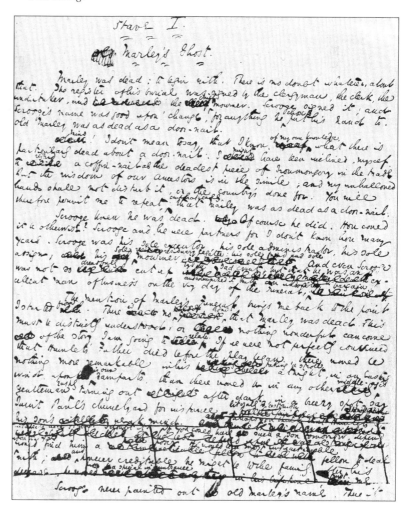

Eine Seite des Manuskripts von »Christmas Carol« mit den Korrekturen von Dickens. Gutes Schreiben ist Knochenarbeit.

»Sie machen das Marketing für die Kunden?«
»Nein, das machen sie selbst.«
»Sind Sie im Management?«
»Nein, aber ich werde es bald sein.«

Sofern Sie dieser merkwürdige Dialog nicht abschreckt und Sie noch immer eine Laufbahn als Kundenberater beginnen wollen, möchte ich meinen Rat wiederholen, den ich in meinen *»Geständnissen«* bereits formuliert habe: Sorgen Sie dafür, daß Sie bezüglich des Ihnen anvertrauten Werbeetats die bestinformierte Person der Agentur sind. Wenn es sich beispielsweise um einen Etat für Kraftstoffe handelt, lesen Sie Bücher über die Erdölgeologie und die Herstellung von Erdölprodukten. Lesen Sie außerdem die einschlägigen Zeitschriften, und verbringen Sie möglichst jeden Samstagmorgen an Tankstellen, um sich mit Autofahrern zu unterhalten. Besichtigen Sie darüber hinaus die Raffinerien und Forschungslabors Ihres Kunden.

Der größte Teil Ihrer Arbeit sind Routinetätigkeiten. Auf Ihre große Chance müssen Sie dagegen geduldig warten und sie bei entsprechender Gelegenheit beim Schopfe fassen. Vor einigen Jahren bat Lever Brothers seine sieben Agenturen, eine Dokumentation über das Fernsehen zu erstellen, das damals noch relativ neu war. Die anderen Agenturen reichten Berichte mit angemessenen fünf oder sechs Seiten ein. Einer meiner jungen Mitarbeiter aber machte sich die Mühe, jede nur denkbare Statistik zu sammeln, und legte nach drei Wochen harter Tag- und Nachtarbeit eine Analyse von 177 Seiten vor. Im darauffolgenden Jahr wurde er ins Board of Directors gewählt.

Junge Männer und Frauen finden oftmals die Reise- und Unterhaltungsmöglichkeiten, die mit der Funktion eines Kundenberaters verbunden sind, besonders attraktiv. Dabei stellen sie meistens nur zu bald fest, daß das Essen in einem teuren Restaurant überhaupt nicht lustig ist, wenn sie während des Soufflés einen sinkenden Marktanteil rechtfertigen müssen. Und das Kontrollieren von Testmärkten kann zu einem Alptraum werden, wenn eines ihrer Kinder im Krankenhaus liegt.

Kundenberater lassen sich in Treuhänder und Mitarbeiter unterteilen. Sie kommen vermutlich recht gut zurecht, wenn Sie Ihre Aufgabe als die eines Bindegliedes zwischen Ihrem Kunden und Ihren Dienstleistungsabteilungen ansehen, sich also wie ein Ober verhalten, der zwischen dem Küchenchef und den Gästen im Restaurant hin und her pendelt. Zweifellos werden Sie diese Funktion zu aller Zufriedenheit ausfüllen, aber ich hoffe, daß Sie mehr leisten.

Sie können allerdings noch so hart arbeiten und noch soviel Wissen speichern, Sie werden trotzdem nicht in der Lage sein, Ihre Agentur bei Ihren Kunden erfolgreich zu repräsentieren, wenn Sie nicht mindestens dreißig Jahre alt sind. Einer meiner Partner verdankt seinen schnellen Aufstieg unter anderem der Tatsache, daß er bereits mit 27 Jahren weiße Haare hatte.

Und Sie werden niemals ein erfolgreicher Kundenberater, solange Sie nicht gut präsentieren können. Bei den meisten Ihrer Kunden wird es sich um Unternehmen handeln, bei denen Sie Ihre Werbekampagnen einem Gremium zu verkaufen haben. Ihre Präsentationen müssen deshalb sorgfältig geschrieben sein und überzeugend vorgetragen werden.

Machen Sie auf keinen Fall den häufigen Fehler, Ihre Kunden als Trottel zu betrachten. Freunden Sie sich mit ihnen an, kaufen Sie Aktien ihrer Firmen, aber lassen Sie sich nicht zu sehr in die Politik der jeweiligen Unternehmen verwickeln.

Sagen Sie Ihrem Kunden ständig, was Sie an seiner Stelle täten, aber bedenken Sie, er hat das Vorrecht, über die von ihm gewünschte Werbung zu entscheiden. Schließlich ist es sein Produkt, sein Geld und letztlich auch seine Verantwortung.

Bei Ihren täglichen Verhandlungen mit Kunden und Kollegen sollten Sie für die Könige, Königinnen und Läufer kämpfen, auf die Bauern können Sie verzichten. Gewöhnen Sie sich bei trivialen Dingen eine großzügige Haltung an, und Sie werden dann bei der Durchsetzung wirklich wichtiger Fragen nur selten auf Widerstand stoßen.

Diskutieren Sie die Geschäfte Ihres Kunden nie in der Öffentlichkeit. Achten Sie stets streng auf die Wahrung des Geschäftsgeheimnisses, denn der Ruf von Schwatzhaftigkeit kann Ihr Ruin sein.

Lernen Sie, klare Aktennotizen zu schreiben. Die Leute, an die sie adressiert sind, haben mehr zu tun als Sie. Je länger und bombastischer Ihre Aktennotizen sind, um so weniger werden sie von den führenden Leuten, die aufgrund Ihrer Notiz etwas bewirken könnten, gelesen.

Marktforscher
Um eine Stelle in der Marktforschungsabteilung einer guten Agentur zu bekommen, benötigen Sie höchstwahrscheinlich einen Hochschulabschluß in Statistik oder Psychologie. Sie müssen analytisch denken und aussagefähige Berichte schreiben können.

Darüber hinaus müssen Sie imstande sein, mit den Kreativen gut zusammenzuarbeiten, obwohl die meisten von ihnen auf Marktforschung absolut allergisch reagieren. Vor allem aber müssen Sie intellektuell aufrichtig sein. Ein Marktforscher, der seine Berichte in irgendeiner Weise verzerrt, richtet ungeheuren Schaden an.

Obwohl ich den Marktforschern für ihre Unterstützung meiner Arbeit dankbar bin, muß ich neun Hühnchen mit ihnen rupfen:

1. Sie brauchen drei Monate, wenn nur drei Wochen zur Verfügung stehen. Als Eisenhower Präsident war, rief das Weiße Haus eines Abends

Warum brauchen Marktforscher in Werbeagenturen drei Monate für die Beantwortung einiger simpler Fragen?

Dr. Gallup an, Eisenhower wolle die öffentliche Meinung zu einer wichtigen Frage der Außenpolitik wissen. Der Bericht sollte am nächsten Morgen um acht Uhr auf dem Schreibtisch des Präsidenten liegen. Gallup ließ sofort sechs seiner Experten rufen und diktierte ihnen drei Fragen. Anschließend telefonierte jeder dieser sechs Leute mit sechs Interviewern in verschiedenen Teilen des Landes, die jeweils zehn Leute interviewten. Bis Mitternacht hatten sie ihre Resultate durchgegeben, Gallup konnte sie tabellarisch zusammenstellen, seinen Bericht schreiben und ihn einer Stenografin des Weißen Hauses diktieren. Der Bericht war zwei Stunden vor der Zeit auf Eisenhowers Schreibtisch.

Bei diesem Beispiel spielt es keine Rolle, daß es sich um den Präsidenten handelte. Als Robert Kennedy 1965 in Oregon die Vorwahlen verlor, hatte sein PR-Manager bereits achtzehn Stunden nach Schließung der Wahllokale einen Bericht auf seinem Schreibtisch, in dem die Gründe für die Niederlage analysiert wurden. Als ich zum erstenmal das Audience Research Institute für Dr. Gallup leiten mußte, brauchten unsere Statistiker *zwei Monate* für ihre Berichte. Ich brachte sie jedoch dazu, dieselbe Arbeit in *zwei Tagen* zu bewerkstelligen, wodurch die Berichte für unsere Kunden – Hollywoodmanager – eine wirklich verwertbare Informationsgrundlage, die auf aktuellen Analysen basierte, bildeten.

Auf die Frage, warum Marktforscher in Werbeagenturen drei Monate für die Beantwortung einiger simpler Fragen brauchen, gibt es meines Erachtens nur eine Antwort: Sie sind meistens extrem pedantisch und haben einfach Angst, Fehler zu machen.

2. Sie können sich untereinander nicht einigen, welche Methode angewandt werden soll. Die Leiter der Marktforschung der 21 größten Agenturen haben sich gerade kürzlich über die Prinzipien geeinigt, die bei Copy-Tests zugrunde gelegt werden sollten; dazu brauchten sie zwei Jahre. Als nächstes wollen sie die damit verbundene *Methodologie* diskutieren. Wird das dann fünf Jahre dauern?

3. In den Marktforschungsabteilungen findet man häufig die intellektuellen Eierköpfe der Werbebranche. Zu viele von ihnen interessieren sich mehr für Soziologie und Ökonomie als für Werbung. Sie konzentrieren sich oft auf Themen, die für die Werbung meistens nur periphere Bedeutung haben.

4. Entweder haben sie kein System oder nur ein kaum anwendbares, um bereits gewonnene Forschungserkenntnisse weiterzuverwenden. Die Berichte werden gelesen, manchmal in irgendeiner Weise verwertet und dann abgelegt. Zwei Jahre später arbeiten die an diesem Projekt beteiligten Marktforscher, Kundenbetreuer, Texter und Produktmanager an völlig neuen Aufgaben. Selbst wenn sich dann noch jemand daran erinnern sollte, daß eine entsprechende Umfrage bereits durchgeführt worden war, wird sie *niemand finden*.

Die Marktforschung ist voller Marotten.

5. Die Marktforschung ist voller Merkwürdigkeiten. So kamen in den sechziger Jahren Eye Cameras, Latin Squares, Zufallsblöcke, Greco-Latin Squares und dergleichen auf. Einige dieser Methoden waren hilfreich, andere haben sich jedoch nicht bewährt.

6. Die Meinungsforscher verwenden graphische Darstellungen, die für Laien unverständlich sind. Außerdem sind ihre Berichte zu lang. Als leitender Angestellter bei Procter & Gamble weigerte sich Ralph Glendinning mal, einen Untersuchungsbericht zu lesen, der über einen Zentimeter *dick* war.

7. Marktforscher haben es sich angewöhnt, in nahezu provokanter Weise Projekte abzulehnen, die nicht ihren perfektionistischen Maßstäben entsprechen, selbst wenn für das Projekt durchaus sinnvolle Ergebnisse ermittelt werden könnten. Winston Churchill sagte mal: »Perfektionismus schreibt sich wie Paralyse.«

8. 99 von 100 Marktforschern führen Untersuchungen durch, zu denen sie beauftragt sind, aber selten ergreifen sie von sich aus die Initiative. Sobald wir aufhören, ihnen Fragen zu stellen, werden sie mehr oder weniger lahmgelegt.

9. Am schlimmsten ist jedoch ihr absolut prätentiöser Jargon – Begriffe wie *Verhaltensparadigmen, beurteilenderweise, Entmassifizierung, neukonzipieren, suboptimal, symbiotische Verbindung, Divergenzen.*

Medialeute

Ich habe niemals in der Mediaabteilung einer Agentur gearbeitet; aufgrund meiner Beobachtung derjenigen, die auf diesem Gebiet erfolgreich waren, scheint es mir notwendig, daß sie analytisch denken können sowie die Fähigkeit haben, numerische Daten in nichtnumerischer Form mitzuteilen. Außerdem müssen sie unter Druck arbeiten und geschickt mit Verlagen sowie Fernseh- und Rundfunkanstalten verhandeln können.

Chief Executive Officer

Der schwierigste Job in einer Agentur ist der des Chief Executive Officer. Er (oder sie) muß vor allem imstande sein, verängstigte Leute zu führen. Er muß finanzielles Geschick zeigen sowie administrative Fähigkeiten und Vertrauen besitzen. Er muß den Mut haben, unfähige Leute zu entlassen. Er muß zudem ein guter Verkäufer sein, denn er ist auch für das New Business verantwortlich. Er muß in Notsituationen klar denken und entscheiden, muß vor allem physisches Durchhaltevermögen besitzen, um zwölf Stunden täglich zu arbeiten, mehrmals in der Woche auswärts zu essen und die Hälfte seiner Zeit in Flugzeugen zu verbringen.*

Creative Director

Da ich selbst Creative Director bin, kann ich die für diesen überaus harten Job erforderlichen Attribute im einzelnen auflisten. Danach müssen Sie

1. ein guter Psychologe sein,
2. bereit und fähig sein, hohe Maßstäbe zu setzen;
3. effizient in Verwaltungstätigkeiten sein,
4. fähig sein, strategisch zu denken – vor allem hinsichtlich Positionierung und dergleichen;
5. forschungsorientiert sein;
6. ebenso gut in Fernseh- und Printwerbung sein;
7. gleichermaßen gut in Konsumgüterwerbung und Etats anderer Branchen sein;
8. in Gestaltung und Typographie versiert sein;
9. ein harter und schneller Arbeiter sein;

---

* Im letzten Jahr ist mein Partner Michael Ball 300 000 Meilen geflogen und hat 131 Nächte in Hotels verbracht.

10. nicht sehr streitsüchtig sein;

11. bereit sein, die Anerkennung für gute Arbeit mit anderen zu teilen und Tadel für schlechte Arbeit auf sich zu nehmen;

12. gut präsentieren können;

13. gut unterweisen können und fähig sein, die richtigen Leute einzustellen,

14. voll von ansteckender Joie de vivre sein.

Vielleicht ist Ihnen aufgefallen, daß ich den »guten Psychologen« ganz obenan gestellt habe. Albert Lasker, der in der Geschichte der Werbebranche wohl das mit Abstand größte Vermögen akkumuliert hat, sagte einmal zu einer Gruppe von Textern: »Sie denken wohl, Texter zu motivieren und anzuleiten sei eine Kleinigkeit. Sie haben mir etliche graue Haare eingebracht. Ich hatte einen Nervenzusammenbruch, der mich fünfeinhalb Monate gekostet hat. Ich konnte keine fünf Minuten reden, ohne zu weinen.«

Frauen in der Werbung

Feministinnen tun der englischen Sprache schreckliche Dinge an. Ich weigere mich, »Chairperson«, »Househusband« oder »Womanhole« zu schreiben. Wie die meisten Männer meiner Generation wuchs ich mit der Vorstellung auf, daß Frauen ins Haus gehören, bis mir bewußt wurde, wie viel glücklicher meine Mutter war, nachdem sie angefangen hatte, zu arbeiten. Die erste Frau, die bei mir Vice-President wurde, war Reva Korda, eine brillante Texterin, die später die Leitung des kreativen Bereichs übernahm. Doch trotz ihres Intellekts und ihrer unumstrittenen Fähigkeiten hatte Reva immer wieder mit Textern und Art Directors zu tun, die Schwierigkeiten hatten, mit Frauen in Führungspositionen zu arbeiten. Heute gibt es im New Yorker Büro von Ogilvy & Mather jedoch immerhin 52 Frauen, die Vice-President sind und die wohl sämtlichst von den männlichen Mitarbeitern akzeptiert werden.

Überwiegend Werbeagenturen in den Vereinigten Staaten engagieren heute für die sogenannten »professional jobs« Frauen.

Entlassen und Einstellen

Früher haben die Agenturen ihre Mitarbeiter bei der kleinsten Gelegenheit gefeuert. So hatte beispielsweise die ansonsten hervorragende Agentur von Sterling Getchel in einem Jahr eine Personalfluktuation von 137 Prozent. Eine andere Agentur warf einen Texter raus, weil er es gewagt hatte, den Boß auf der Toilette anzusprechen. Heute hat sich die Situation jedoch ins Gegenteil umgekehrt: Die Mitarbeiter der Agenturen halten es bedauerlicherweise wie die Nomaden und wechseln häufig.

Man sollte annehmen, eine Branche, die voll und ganz vom Talent ihrer Leute abhängt, nimmt das Einstellen von Mitarbeitern sehr ernst. Leider ist das jedoch nicht immer der Fall. In den meisten Agenturen werden Einstellungen überaus nachlässig und wahllos gehandhabt. Und selbst heute ist es noch ausgesprochen selten, daß sich eine Agentur beim vorherigen Arbeitgeber eines Bewerbers über diesen erkundigt.

Ausbildung für die Werbung

87 amerikanische Universitäten bieten Studiengänge in Werbung an, manche von ihnen sogar einen Hochschulabschluß. Allerdings fehlt den Dozenten – abgesehen von einigen Ausnahmen – weitgehend jede praktische Erfahrung. Hinzu kommt, daß die miserable Qualität der Lehrbücher ihren Lehrauftrag

> Man sollte annehmen, eine Branche, die voll und ganz vom Talent ihrer Leute abhängt, nimmt das Engagieren von Mitarbeitern sehr ernst. Leider ist das jedoch nicht der Fall.

noch weiter erschwert; nur wenige von ihnen betreiben eigene Forschungen. Die meisten Absolventen gehen zu kleinen Agenturen, da die großen eher solche bevorzugen, die sich während des Studiums mit Geschichte, Sprachen, Ökonomie oder dergleichen beschäftigt haben.

Der Trend, Absolventen der Business Schools zu engagieren, scheint seinen Höhepunkt überschritten zu haben. Abgesehen von einigen wenigen Stars wie den Baker Scholars der Harvard Business School zeichnen sie sich eher durch Schwerfälligkeit und Arroganz als durch Phantasie aus.

Sozialer Status und Werbung
Während meiner Zeit als door-to-door Handelsvertreter, in der ich in Schottland Aga-Herde verkaufte, wagte ich es einmal, bei einem Adeligen vorzusprechen. Der warf mich mit der Frage, welches Recht ich hätte, in seine Privatsphäre einzudringen, kurzerhand wieder raus. Ich antwortete ihm damals: »Sie sind Direktor von zwei Unternehmen, die ihre Produkte ebenfalls an den Haustüren verkaufen. Wie können Sie mir etwas vorwerfen, was Ihre eigenen Vertreter täglich auch tun?« Seine Verachtung gegenüber Handelsvertretern spiegelt die snobistische Haltung des britischen Establishment gegenüber der Werbung wider. Das trifft in den Vereinigten Staaten jedoch nicht zu.

Schwarzarbeit
Wenn Sie mit Ihrem Gehalt nicht auskommen und Ihre Agentur nicht bereit ist, Ihnen mehr zu zahlen, können Sie sich ein bißchen durch Schwarzarbeit hinzuverdienen. Ich habe dies dreißig Jahre lang getan. Die Curtis Publishing Company schenkte mir zwei wunderschöne Porzellanlampen für die Entwicklung einer Anzeige im *Holiday Magazin*. Sie hatte über einen längeren Zeitraum ihre Redakteure tyrannisiert, und ich konnte mich des Eindrucks nicht erwehren, daß sie planten, dem wirklich hervorragenden Herausgeber von *Holiday*, Ted Patrick, zu kündigen. Deshalb überzeugte ich die Leiter der zwölf größten Agenturen, mit mir gemeinsam ein Empfehlungsschreiben für Ted aufzusetzen, in dem wir ihn zu seiner »Unabhängigkeit gegenüber verlegerischen Eingriffen« beglückwünschten. Die Curtis-Leute waren dumm genug, nicht zu erkennen, daß sie Ted daraufhin nicht mehr kündigen konnten, und veröffentlichten prompt meine Anzeige.

Die Uhrenfirma Omega zahlte mir 25 000 Dollar für Ratschläge zur Verbesserung ihrer Werbung, die ich ihnen während eines viertägigen Aufenthaltes in ihrer Schweizer Zentrale machte. Zu meiner großen Überraschung machte sich meine Beratung bezahlt. Und heute fungiere ich nach wie vor als Marketingberater bei der Campbell Soup Company.

»Sei glücklich, solange du lebst«
»Schach«, schrieb Raymond Chandler, »ist eine ebenso ausgeprägte Form der Verschwendung menschlicher Intelligenz wie die, die man überall außerhalb von Werbeagenturen finden könnte.« Selbst wenn Werbung eine Verschwendung von Intelligenz wäre, kann der daraus resultierende Verlust nicht sonderlich groß sein. Denn in den Vereinigten Staaten arbeiten nur etwa 100 000 Männer und Frauen in Werbeagenturen – das sind weniger als 0,1 Prozent aller Erwerbstätigen. In Agenturen in Großbritannien sind etwa auch nur 15 000 Menschen beschäftigt.

Die meisten Leute, die ich in Agenturen kenne, machen auf mich den Eindruck, für ihre Arbeit qualifiziert zu sein und sich darin einigermaßen wohl zu fühlen. Sobald ich das Gefühl habe, daß jemand seine Begabung in der Werbebranche verschwendet, mache ich keinen Hehl daraus. Einer meiner Partner

Rechts: *Die Curtis Publishing Company schenkte mir zwei wunderschöne Porzellanlampen für die Entwicklung einer Anzeige in meiner Freizeit. Sie kannten allerdings nicht mein eigentliches Motiv: Ich wollte sie daran hindern, den Redakteur des Holiday-Magazine zu entlassen. Die Unterzeichner waren die Leiter der 12 größten Agenturen – Kunden von Holiday.*

Gegenüber: *Aus Dankbarkeit für diese Anzeige spendete Reader's Digest der schottischen Schule, die ich als Kind besucht hatte, 10 000 Dollar. Und da diese Anzeige mit meiner Unterschrift erscheinen sollte, gab ich mir sehr große Mühe – bis sie so gut war, daß Raymond Rubicam sie als »Meisterwerk« bezeichnete. Wenn alle Kunden darauf bestünden, daß die Agenturen ihre Anzeigen namentlich unterzeichneten, erhielten sie sicher bessere Anzeigen.*

ist ein großartiger Naturfreund, der insgeheim jeden Tag in der Agentur verfluchte. Auf meinen Rat hin hörte er schließlich freiwillig auf und bemüht sich seitdem darum, gefährdete Tierarten vor dem Aussterben zu bewahren. Meines Erachtens sollte man sich unbedingt an das schottische Sprichwort halten: »Sei glücklich, solange du lebst, denn du bist eine lange Zeit tot.«

Dennoch gibt es in unserer Branche einige Leute, die Werbung als eine unseriöse Beschäftigung ansehen. So gab beispielsweise der Leiter der Pariser Agentur, die François Mitterrand zum Wahlsieg verhalf, seiner Autobiographie den Titel: »Sagen Sie meiner Mutter nicht, daß ich in einer Werbeagentur arbeite – sie denkt, ich spiele Klavier in einem Bordell.«

All diejenigen von uns, die regelmäßig die Meinungsumfragen lesen, sind sich bewußt, daß die breite Öffentlichkeit uns Werbeleute für Gauner hält. Dr. Gallup hat kürzlich in einer Meinungsumfrage gebeten, 24 Berufe in bezug auf ihre Aufrichtigkeit einzustufen. Die Spitzenpositionen gingen natürlich an Geistliche, während die unteren Ränge von Gewerkschaftsführern, Autoverkäufern und Werbeleuten eingenommen wurden. Der stereotype Begriff des »Reklamefritzen« ist offensichtlich nur schwer kaputtzukriegen. Trotzdem habe ich nie die Neigung verspürt, meinen Job aufzugeben und statt dessen Geistlicher zu werden. Ich liebe meine Arbeit und bin manchmal stolz auf ihre Resultate.

Ich habe niemals irgendeine Neigung verspürt, meinen Job aufzugeben und statt dessen Geistlicher zu werden.

Confessions of a magazine reader

by DAVID OGILVY
Author of "Confessions of an Advertising Man"

I READ 34 magazines every month. I like them all, but the one I *admire* most is Reader's Digest.

The editors of The Digest are in possession of a remarkable technique: *they know how to present complicated subjects in a way that engages the reader.*

This gives The Digest's editors great influence in the world. They put their influence to admirable use.

They are on the side of the angels. They are crusaders, and they carry their crusades, in 14 languages, to 75 million souls a month.

They crusade against cigarettes, which kill people. They crusade against billboards, which make the world hideous. They crusade against boxing, which turns men into vegetables. They crusade against pornography.

They crusade for integration, for the inter-faith movement, for the Public Defender system, for human freedom in all its forms.

Good Pope John once told The Digest editors, "How comforting it will be for you, when you come to the close of your lives on earth, to be able to say to yourselves: *We have served the truth.*"

No log-rolling, no back-scratching

Ten years ago Reader's Digest first opened its columns to advertising. This worried me. I was afraid that The Digest editors would start pulling their punches in deference to advertisers and even give editorial support to advertisers—an obvious temptation to magazine editors. But this has not happened; The Digest has remained incorruptible. No log-rolling, no back-scratching.

The success of The Digest is deserved. It does not depend on prurience, voyeurism or cheap sensationalism. What The Digest editors offer their readers are *ideas*, *education* (practical and spiritual) and *self-improvement*.

The instinct of these editors is toward *clarity of expression*. The current issue,

as I write, includes articles on religion in schools, on the Congo, urban renewal, violence on television, Abraham Lincoln and safe driving. Each of these subjects is presented in a way which I can understand. If I did not read about them in The Digest, I wouldn't read about them anywhere. I wouldn't have time.

Some highbrows may look down their noses at The Digest, charging it with superficiality and over-simplification. There is a modicum of justice in this charge; you *can* learn more about the Congo if you read about it in *Foreign Affairs Quarterly*, and you *can* learn more about Abraham Lincoln in Carl Sandburg's books about him. But have you time?

Never boring

I seldom read a highbrow magazine without wishing that a Digest editor had worked his will upon it. I would then find it more *readable*. The Digest articles are never long-winded, never obscure, never boring.

I also admire the editors' *courage*. They have the guts to open their readers' minds on delicate subjects. They grasp nettles. Like venereal disease, cancer, mental illness. They are not humorless prigs. Their sense of humor is uproarious. They make me *laugh*.

Editorial technique

Their *techniques* fascinate me. First, the way they present the contents on the cover—a tantalizing menu which invites you to the feast inside. (I have never understood why *all* magazines don't do this.)

Second, the ingenious way they write the titles on their articles. They pique your curiosity—and they promise to satisfy it. For example:

What Truckers Say About Your Driving
<u>Professional drivers sound off on the most common—and dangerous—faults of the amateur.</u>

How could anybody resist reading an article with a title like that?

I earn my living as a copywriter in an advertising agency. It is a matter of life and death for me to get people to read my advertisements. I have discovered that more than half the battle is to write headlines which grab people's attention and *force* them to read the copy. *I learned how to do this by studying headlines in The Digest.*

The Digest editors do not start their articles in the front of the magazine and carry them over in the back. They carry you through their magazine without this maddening interruption, and I bless them for it.

The battle for men's minds

You and I, gentle reader, live in the United States, and we think of The Reader's Digest as an *American* magazine. So it is—15 million Americans buy it every month. But it is also published in 20 other countries—10,500,000 copies a month. It is the most popular magazine in several countries abroad, including all of the Spanish-speaking countries.

The International editions of The Digest carry more or less the same articles as the U.S. editions. The editors have discovered that subjects which are important to people in Iowa, California and New York are equally important to people in France, Tokyo and Rio.

Thus it comes about that Digest editors have a profound influence on people who are free to read what they want. *This magazine exports the best in American life.*

In my opinion, The Digest is doing as much as the United States Information Agency to win the battle for men's minds.

Credit where credit is due. I know nobody who deserves the gratitude of their fellow Americans more than DeWitt and Lila Acheson Wallace. The Digest is the lengthened shadow of these two great editors. Theirs are the names at the top of the masthead. It is the most formidable of all mastheads: no less than 208 men and women. Among them you will find some of the most distinguished journalists in the world. No other magazine is so richly endowed with professional competence.

Some magazines are dominated by the men who sell advertising space. In my experience, there has never been a good magazine which was not, like The Digest, dominated by its *editors*.

Long live The Reader's Digest!

David Ogilvy

"Reader's Digest asked me if I would comment on why I think so many people all over the world read it," Mr. Ogilvy says. "I agreed to try, because I regard The Digest as a major force for good in the world, and I wanted to say so. In return for my work The Digest will make a donation to Fettes, the Scottish school which gave me my education on a full scholarship."

Wie man sich um eine Stelle bewirbt

Rufen Sie nicht an, sondern *schreiben* Sie statt dessen an drei oder vier Agenturen; fügen Sie einen kurzen Lebenslauf bei. Geben Sie sich mit Ihrem Brief viel Mühe, und schreiben Sie ihn auf jeden Fall mit der Maschine. Meine Partner Kenneth Roman und Joel Raphaelson geben in ihrem Buch »Writing that works«* folgende Ratschläge:

1. Schreiben Sie alle Namen richtig

Es ist überraschend, wie oft Stellenbewerber die Namen der Agenturen, bei denen sie arbeiten möchten, falsch schreiben. Damit erwecken Sie den Eindruck: »Dieser Bewerber kann sich nicht ernsthaft für eine Arbeit bei uns interessieren; denn er hat sich nicht einmal die Mühe gemacht, herauszufinden, wie unser Name geschrieben wird.«

2. Geben Sie genau an, um welche Stelle Sie sich bewerben

Sagen Sie zunächst deutlich, um welche Stelle es sich handelt und warum Sie sich für diese Stelle bewerben – aufgrund einer Stellenanzeige, der Empfehlung eines Freundes und dergleichen. Machen Sie es besser nicht so wie der Bewerber um die Stelle eines Marktforschers, der sein Schreiben auf folgende, geheimnisvolle Weise begann:

> »Sehr geehrte Frau Schmidt!
> Es ist bereits Frühling und damit höchste Zeit, an das Säen zu denken. Manche Samen sind klein wie zum Beispiel Apfelsamen. Andere sind größer wie zum Beispiel Kokosnußsamen. Egal, ob klein oder groß, ein Samenkorn kann wachsen und gedeihen, wenn es in den richtigen Boden gepflanzt wird.«

Der Bewerber hätte seinen Brief besser folgendermaßen begonnen:

> »Sehr geehrte Frau Schmidt!
> Hiermit möchte ich mich um die von Ihnen ausgeschriebene Stelle eines Marktforschers bewerben.«

Frau Schmidt hat keine Zeit, ihre Post zu enträtseln.

3. Seien Sie konkret und sachlich

Nachdem Sie klargemacht haben, welche Stelle Sie haben möchten, nennen Sie Ihre wichtigsten Qualifikationsmerkmale. Vermeiden Sie dabei egoistische Abstraktionen wie: »Einer meiner stärksten Pluspunkte ist mein Ehrgeiz, der mit dem permanenten Streben nach herausragender Leistung gepaart ist.«

4. Seien Sie persönlich, direkt und natürlich

Sie sind nichts weiter als ein Mensch, der an einen anderen Menschen schreibt. Keiner von Ihnen beiden ist eine Institution. Deshalb sollten Sie sich sachlich und höflich ausdrücken, aber niemals steif und unpersönlich.

Je mehr Ihr Brief Sie selbst widerspiegelt, um so mehr wird er sich von den Briefen Ihrer Mitbewerber abheben. Versuchen Sie jedoch nicht, Ihren Leser mit Ihrer schillernden Persönlichkeit zu blenden. In einem persönlichen Gespräch würden Sie dies ja auch nicht machen, warum dann in einem Brief? Wenn Sie jeden Satz so formulieren, wie Sie ihn auf der anderen Seite des Schreibtisches sitzend *sagen* würden, wird Ihr Brief einen Großteil Ihrer Persönlichkeit zum Ausdruck bringen.

Gegenüber: *Dies ist die erste Anzeige, die ich als Chef meiner eigenen Agentur schrieb – mit 39 Jahren.*

* Harper & Row, New York 1981.

GUINNESS GUIDE TO OYSTERS

CAPE CODS: An oyster of superb flavor. Its chief enemy is the starfish, which wraps its arms about the oyster and forces the valves open with its feet. The battle lasts for hours, until the starfish is rewarded with a good meal, but alas, no Guinness.

NEW ORLEANS: This was Jean Lafitte's oyster, which is now used in Oysters Rockefeller. Valuable pearls are never found in *ostrea virginica*, the family to which East Coast oysters belong.

GREENPORT: These oysters have a salty flavor all their own. They were a smash hit with the whalers who shipped out of Greenport in olden days. Oysters contain iron, copper, iodine, calcium, magnesium, phosphorous, Vitamin A, thiamine, riboflavin and niacin. The Emperor Tiberius practically lived on oysters.

OYSTER BAY: Oyster Bays are mild and heavy-shelled. It is said that oysters yawn at night. Monkeys know this and arm themselves with small stones. They watch for an oyster to yawn and then pop the stone in between the shells. "Thus the oyster is exposed to the greed of the monkeys."

TANGIER: This is one of the sweetest and most succulent oysters. It comes from the Eastern Shore of Maryland. Pocahontas fed Tangiers to Captain John Smith, with famous results. Oysters go down best with Guinness, which has long been regarded as the perfect complement for all sea-food.

BLUEPOINTS: These delicious little oysters from Great South Bay somewhat resemble the famous English 'natives' of which Disraeli wrote: "I dined or rather supped at the Carlton ... off oysters, Guinness and broiled bones, and got to bed at half past twelve. Thus ended the most remarkable day hitherto of my life."

LYNNHAVEN: These gigantic oysters were Diamond Jim Brady's favorites. More fishermen are employed catching oysters than any other sea food. The Damariscotta mound in Maine contains three million bushels of oyster shells, piled there by prehistoric Bradys.

DELAWARE BAY: This was William Penn's favorite oyster. Only 15% of oysters are eaten on the half-shell. The rest find their way into stews, or end their days in a blaze of glory as "Angels on Horseback." One oyster was distinctly heard to whistle.

CHINCOTEAGUES: Many epicures regard Chincoteagues as the supreme aristocrats of the oyster tribe, but some West Coast gourmets prefer the Olympia oyster, which is no bigger than your thumbnail. Both Chincoteagues and Olympias are at their best with Guinness.

ALL OYSTERS taste their best when washed down with drafts of Guinness—what Professor Saintsbury in "Notes On A Cellar-Book" called "that noble liquor—the comeliest of black malts." Most of the malt used in brewing Guinness comes from the fertile farms of Southern Ireland, and the yeast is descended from the yeast used by Guinness in Dublin one hundred and ninety years ago.

For a free reprint of this advertisement, suitable for framing, write Arthur Guinness Son & Co., Inc., 47-24 27th Street, Long Island City, New York.

Guinness® Stout brewed by Arthur Guinness Son & Co., Inc., Long Island City, N.Y. ©1951

5. Bringen Sie den Wunsch nach einem persönlichen Gespräch deutlich zum Ausdruck

Beenden Sie Ihren Brief mit einer klaren und genauen Formulierung, in der deutlich wird, wie der nächste Schritt für Sie aussehen soll. Vermeiden Sie Phrasen wie:

»In der Hoffnung, bald von Ihnen zu hören.«

»Ich würde mich freuen, wenn ich Gelegenheit hätte, einzelne Punkte persönlich mit Ihnen besprechen zu können.«

Mit derartigen Sätzen wird die Initiative Ihrem überaus beschäftigten, potentiellen Arbeitgeber auferlegt. Warum sollte *er* in *Ihrem* Interesse arbeiten? Tun Sie dies besser selber, etwa so:

»Ich werde am Mittwochnachmittag in Ihrem Büro anrufen, um zu hören, ob Sie ein persönliches Gespräch mit mir vereinbaren möchten.«

»Ich stehe Ihnen jeden Morgen bis 8.45 Uhr und am Donnerstag ab 14.30 Uhr für ein Gespräch zur Verfügung. Ich werde Mittwochnachmittag in Ihrem Büro anrufen, um zu fragen, ob ich zu einem dieser Termine zu einem persönlichen Gespräch zu Ihnen kommen könnte.«

Damit erleichtern Sie dem Empfänger Ihres Briefes die Arbeit. Der entscheidende Punkt ist, Ihrem potentiellen, künftigen Arbeitgeber die Vereinbarung eines Treffens zu einem Zeitpunkt, der Ihnen paßt, soweit wie möglich zu erleichtern.

✳   ✳   ✳   ✳   ✳

Ich bin immer wieder über den Mangel an Bildung überrascht, den ich bei vielen weiblichen und männlichen Bewerbern feststellen muß. Mit Bewerbungen wie dieser werde ich überhäuft:

»Mein Ziel ist die Suche nach weiteren herausfordernden Erfahrungen, um meine Fähigkeiten in Marketing und in der Werbung fortzubilden. Ich habe das Gefühl, auf meinem Berufsweg nicht voranzukommen. Mein Berufsziel ist eine Spitzenposition im Management, wo ich meine umfangreichen Erfahrungen auf dem Gebiet der Marketingkommunikation als grundlegenden Beitrag zur Förderung der Unternehmensziele nutzbringend anwenden könnte. Mein kreativer Background und meine Fachkenntnis vermitteln ein breites Feld von Aktivitäten in der Entwicklung von Vorgaben, Strategien und Absatzprogrammen, um diese Ziele zu erreichen.«

Aus meiner Erfahrung rate ich Ihnen, nehmen Sie keine Stelle in der Werbung an, wenn die Werbung für Sie nicht mehr bedeutet als alles andere in der Welt.

Es gibt sehr verschiedene Tätigkeiten, die unterschiedliche Fähigkeiten erfordern, angefangen von der Art Direction bis zur Statistik. Sämtliche Funktionen können von Frauen ausgefüllt werden, in manchen Fällen sogar besser als von Männern.

Die Bezahlung ist gut, aber erwarten Sie nicht das Gold, das Cosimo de' Medici Cellini versprach. Es gibt einfachere Wege, um reich zu werden.

4. Wie man eine Werbeagentur leitet

Die Leitung einer Werbeagentur erfordert einen überdurchschnittlichen persönlichen Arbeitseinsatz, überragende Fähigkeiten als Verkäufer, größte Belastbarkeit, Mut, Vertrauen und die Genialität, die Motivation von Frauen und Männern, die in einem permanenten Zustand von Angst arbeiten, zu fördern.

Gemeinhin wird zwar angenommen, die Werbebranche ziehe Neurotiker, die eine natürliche Neigung zu Angstgefühlen haben, an. Ich glaube das nicht. Die Agenturarbeit an sich ist vielmehr die Ursache dafür, daß selbst die phlegmatischsten Leute Menschen voller Sorgen sind.

So lebt beispielsweise der *Texter* in ständiger Angst. Wird er noch vor Dienstagmorgen eine Big Idea haben? Wird der Kunde sie akzeptieren? Wird sie ein gutes Testergebnis kriegen? Wird sie dazu beitragen, das Produkt zu verkaufen? Ich habe keine Anzeige getestet, ohne zunächst das Gefühl gehabt zu haben, DIESMAL WERDE ICH VERSAGEN.

Auch der *Kundenberater* hat gute Gründe, ständig in Sorge zu sein. Er repräsentiert die Agentur gegenüber dem Kunden und den Kunden gegenüber der Agentur. Wenn die Agentur einen Fehler macht, wird *er* vom Kunden dafür verantwortlich gemacht. Und wenn der Kunde ekelhaft ist, gibt die Agentur *ihm* die Schuld.

Auch der *Leiter der Agentur* hat ständig Sorgen. Wird der Klient die Agentur wechseln? Wird ein wertvoller Mitarbeiter kündigen? Wird man die New-Business-Präsentation am Donnerstag verpatzen?

Wenn Ihre Mitarbeiter keinen Spaß an ihrer Arbeit haben, werden sie keine gute Werbung machen.

Es muß *Spaß* machen, in Ihrer Agentur zu arbeiten. Wenn Ihre Mitarbeiter keinen Spaß an ihrer Arbeit haben, werden sie keine gute Werbung machen. Töten Sie Mißmut mit Gelächter. Ermutigen Sie die Heiterkeit. Trennen Sie sich von »Trauerklößen«, die alles nur in düsteren Farben sehen.

Wodurch zeichnen sich die Männer und Frauen, die Werbeagenturen erfolgreich leiten, besonders aus? Nach meinen Beobachtungen sind sie sämtlichst Enthusiasten. Sie sind intellektuell aufrichtig und haben den Mut, harte Entscheidungen zu treffen und durchzustehen. Sie lassen sich in Notsituationen nicht unterkriegen. Die meisten besitzen einen natürlichen Charme und sind keine Tyrannen. Sie fördern die Kommunikation nach oben und sind gute Zuhörer. Viele von ihnen trinken zuviel und lesen wenig, außer Geschäftspapieren, in denen sie ersticken.

Wenn Sie die Leitung einer Ogilvy & Mather-Niederlassung übernehmen, erhalten Sie von mir eine dieser russischen Matruschkas. In der kleinsten finden Sie folgende Botschaft: »Wenn jeder von uns Leute einstellt, die kleiner sind als wir selbst, werden wir eine Gesellschaft von Zwergen werden. Wenn aber jeder von uns Leute einstellt, die größer sind als wir, wird Ogilvy & Mather ein Unternehmen von Riesen.«

Von wenigen Ausnahmen abgesehen, sind es anständige Menschen, die zu kennen durchaus lohnend ist. Das war jedoch nicht immer so. Als ich zum erstenmal nach New York kam, wurden einige Agenturen von Gaunern und Schwindlern geleitet.

Zu den interessantesten Aspekten der Führungstätigkeit gehört, daß die zu betreuenden Etats aus verschiedenen Industriezweigen kommen. So diskutieren Sie beispielsweise vormittags die Probleme und Chancen eines Seifenfabrikanten, während Sie am Nachmittag mit einer Bank, einer Fluggesellschaft oder einem Pharmahersteller zu tun haben. Allerdings, diese Vielfalt hat ihren Preis. Jedesmal, wenn Sie einen Klienten sprechen, müssen Sie so hinreichend über seine Branche informiert sein, daß Sie ihn tatsächlich beraten können. Während meiner Tätigkeit als Chief Executive meiner Agentur habe ich jeden Abend zwei Aktentaschen mit Geschäftspapieren mit nach Hause genommen und vier Stunden darin gelesen. Für meine Frau war das nicht sehr lustig. Mein zweitschlimmster Feind – neben meinen Hausaufgaben – war das Telefon. Im Schnitt hatte ich täglich einen Rückstand von 25 Anrufen aufzuholen.

Werbeagenturen sind eine nahezu ideale Domäne für Konkurrenzkämpfe. Wird Cadwallader vor Balfour ein Eckbüro bekommen? Warum haben Sie Pennypacker und nicht Morgan zum Mittagessen eingeladen? Warum wurde Winterbottom vor Sidebottom zum Vice-President ernannt? Die Agentur, die ich am besten kenne, hat zwei Chairmen, drei Presidents, zwei Managing Directors, acht Executive Vice-Presidents, 24 Senior Vice-Presidents und 249

WIE MAN EINE WERBEAGENTUR LEITET

Vice-Presidents. Sie meinen vermutlich, niemand würde einen solchen Unfug ernst nehmen; trotzdem, es wird sehr ernst genommen. Die Vergabe von Titeln erinnert mich stets an Ludwig XIV.: »Jedesmal, wenn ich jemandem einen Titel verleihe, mache ich hundert Leute ärgerlich und einen undankbar.«

Welche Möglichkeiten hat man, um Rivalitäten unter Kollegen auf einem Minimum zu halten? Vor allem sollten Sie *fair* sein und sollten Bevorzugungen möglichst vermeiden. Dr. William Menninger sagte einmal: »Der Spitzenmanager ist unvermeidlich eine Vaterfigur. Damit er ein guter Vater sein kann, ganz gleich, ob seinen Kindern gegenüber oder seinen Mitarbeitern, muß er verständnisvoll, rücksichtsvoll und so menschlich sein, um gütig sein zu können.« Und wenn Menninger in der transaktionalen Analyse bewandert gewesen wäre, hätte er sicherlich hinzugefügt, daß die besten Väter weniger »kontrollieren« als »umhegen«.

Laien sind häufig der Meinung, daß jeder, der in einer Werbeagentur arbeitet, an der unmittelbaren Erstellung der Werbung beteiligt ist. Tatsache ist jedoch, daß 90 Prozent der Mitarbeiter dies *nicht* tun. Ein Großteil ist vielmehr mit Marktforschung, der Erarbeitung von Mediaplänen, dem Kaufen von Anzeigenraum und Sendezeiten sowie mit allen gemeinhin als Marketing bezeichneten Aktivitäten beschäftigt. Und etwa 60 Prozent leisten schlichtweg Verwaltungsarbeit.

Reibereien zwischen Textern und Kundenberatern finden sich in sämtlichen Agenturen. Texter betrachten Kundenberater normalerweise als gehirnlose Schikaneure. Ich kenne zwar einige Kundenberater, die diesem Stereotyp entsprechen, die meisten sind jedoch sensibel und geistig beschlagen. Demgegenüber sehen Kundenberater Texter oft als verantwortungslose Primadonnen. Und damit haben sie teilweise nicht ganz unrecht.

Das Einstellen von Mitarbeitern
Erfolg in der Leitung einer Agentur ist in wesentlichem Maße auch das Resultat Ihrer Fähigkeit, Frauen und Männer mit außergewöhnlicher Begabung einzustellen, sie gründlich auszubilden und ihre Talente bestmöglich zu nutzen. Dabei sind insbesondere solche schwierig zu finden, die die Anlage zu guten Textern haben. In der Regel sind sie ziemlich beschlagen, bezüglich ihrer Umwelt ausgesprochen neugierig und jedwedem Ereignis gegenüber sehr aufgeschlossen. Sie sind überdurchschnittlich humorvoll und haben ein fanatisches Interesse an unserem Handwerk. Früher war ich der Ansicht, niemand unter Dreißig könne gute Werbung machen. Bei einem Besuch in Frankfurt hatte ich dann eines Tages Gelegenheit, die Verfasserin einer außergewöhnlich guten Werbekampagne kennenzulernen; sie war gerade erst achtzehn.

Ich bewundere die Fähigkeit mancher Texter, mit der sie Jahr für Jahr ihre Kreativität unter Beweis stellen. George Cecil schrieb beispielsweise vierzig Jahre lang erfolgreich die Werbetexte für American Telephone. Zur Tragik der Werbebranche gehört, daß ihre besten Leute fast immer ins Management berufen werden.

✣ ✣ ✣ ✣ ✣

Ich habe es mir zur Gewohnheit gemacht, jedem, dem die Leitung einer Niederlassung der Ogilvy-&-Mather-Gruppe übertragen wird, eine Matruschkapuppe aus Gorki zu schicken. Ist er neugierig genug, sie zu öffnen, und tut dies so lange, bis er zur kleinsten Puppe kommt, findet er folgende Botschaft: *»Wenn jeder von uns Leute einstellt, die kleiner sind als wir selbst, werden wir eine Gesellschaft von Zwergen werden. Wenn aber jeder von uns Leute einstellt, die größer sind als wir, wird Ogilvy & Mather ein Unternehmen von Riesen.«*

47

Wenn ich beispielsweise eine Anzeige für einen Creative Director aufgebe, sage ich deutlich, was ich erwarte.

> **Wanted by Ogilvy & Mather International**
>
> # Trumpeter Swans
>
> In my experience, there are five kinds of Creative Director:
>
> 1. Sound on strategy, dull on execution.
> 2. Good managers who don't make waves...and don't produce brilliant campaigns either.
> 3. Duds.
> 4. The genius who is a lousy leader.
> 5. TRUMPETER SWANS who combine personal genius with inspiring leadership.
>
> We have an opening for one of these rare birds in one of our offices overseas.
>
> Write in inviolable secrecy to me, David Ogilvy, Touffou, 86300 Bonnes, France.
>
> *David Ogilvy*

Selbst wenn Sie jemanden finden, der besser ist als Sie selber, ist es nicht sicher, daß Sie ihn tatsächlich für sich gewinnen können. So gelang mir es, weder den großen Art Director Helmut Krone oder die durch ihre Clairol-Werbung bekannte Shirley Polykoff zu engagieren, noch einen jungen Kundenberater namens Bart Cummings, der später Leiter der Agentur Compton wurde.

Ich habe mich immer bemüht, »Gentlemen mit Grips«, wie J. P. Morgan sie nannte, einzustellen. Dabei bin ich mir zwar nicht ganz sicher, ob er in diesem Zusammenhang »Gentlemen« im snobistischen Sinne meinte, vermute es jedoch. Im Grunde ist niemals hinreichend anerkannt worden, was die Vereinigten Staaten Männern wie Roosevelt, Dean Acheson, Averell Harriman, Robert Lovett, John J. McCloy, den Rockefeller-Brüdern und vielen anderen Aristokraten verdanken. Ich selbst habe besonderes Glück gehabt mit Absolventen von St. Pauls und Harvard, insbesondere mit meinen Partnern Esty Stowell und Jock Elliot. Gleichzeitig habe ich aber auch mit Gentlemen im weiteren Sinne des Wortes sehr gute Erfahrungen gemacht.

Was heißt nun *»mit Grips«*? Für mich ist es nicht unbedingt gleichbedeutend mit einem hohen IQ. Es beinhaltet vielmehr Neugier, gesunden Menschenverstand, Weisheit, Phantasie und Belesenheit. Warum Belesenheit? Weil ein Großteil der Kommunikation zwischen Agenturen und Kunden schriftlich geschieht. Damit will ich nicht sagen, daß Sie ein Schriftsteller sein müssen, aber Sie werden auf der Erfolgsleiter sicher nicht sehr hoch aufsteigen, wenn Sie keine klaren Aktennotizen verfassen können. Ich habe zwei meiner Partner dazu überredet, ein Buch über dieses Thema zu schreiben; und ich kann es Ihnen nur empfehlen.*

Sie sollten vor allem nach jungen Frauen und Männern ausschauen, die eines Tages Ihre Agentur *leiten* können. Die Frage ist, ob man die Fähigkeit zum Führen in irgendeiner Weise vorhersagen kann. Dabei ist meines Erachtens die einzige Möglichkeit, sich über ihre Aktivitäten auf der Universität genaue Informationen zu verschaffen. Wenn sie im Alter zwischen 18 und 22 Jahren bereits Führungsfunktionen innehatten, ist die Wahrscheinlichkeit, daß sie in der Mitte ihres Lebens wieder eine führende Position einnehmen können und wollen, relativ hoch.

Achten Sie darauf, daß einer Ihrer Vice-Presidents für die Revolution zuständig ist, um Ihre konventionelleren Kollegen ein wenig anzustacheln.

Kronprinzen

Halten Sie unter Ihren Mitarbeitern Ausschau nach möglichen Aufsteigern, und planen Sie deren Karrieren besonders sorgfältig. Royal Dutch/Shell bezeichnet die folgenden Eigenschaften als zuverlässigste Kriterien für die Auswahl von sogenannten »Kronprinzen«:

1. Analytisches Denken,

2. Phantasie,

3. Realitätssinn,

4. die »Helikoptereigenschaft« - die Fähigkeit, Tatsachen und Probleme im Gesamtzusammenhang zu erfassen.

Der angesehene ehemalige Chef von Shell, John Loudon, ist hingegen der Auffassung, daß der *Charakter* bei der Auswahl von Personen für leitende Positionen wichtiger ist als irgendeine dieser Eigenschaften. Für mich, und es fällt mir ziemlich schwer zu gestehen, ist die *Graphologie* im Laufe der Zeit ein wesentlicher Faktor zur Beurteilung des Charakters geworden. In den Vereinigten Staaten wird sie allerdings als Schwindel abgetan, während sie in Frankreich auch im Geschäftsleben weit verbreitet ist.

Die entscheidende Frage ist, ob man lieber seine eigenen Mitarbeiter befördern oder freie Stellen mit Leuten von außen besetzen sollte. Andrew Carnegie erzählte mal, daß Morgan seine Partner *einkaufte,* während er selbst sie *heranzüchtete.* In den ersten Jahren von Ogilvy & Mather sah ich mich gezwungen, möglichst niedrige Gehälter zu zahlen. Da mir sehr wohl bewußt war, daß ich – in Anlehnung an ein Zitat von Jimmy Goldsmith – mit winzigen Gehältern nur Affen bekommen könnte, entschloß ich mich, nicht meine Affen zu befördern, sondern die wichtigen Positionen von außen mit Stars wie Esty Stowell, Jock Elliot und Andrew Kershaw zu besetzen. Selbst eine erfahrene Agentur mit einem Stamm potentieller Führungskräfte tut gut daran, ihr Blut gelegentlich durch neue Partner von außen aufzufrischen.

Wen man nicht einstellen sollte

Stellen Sie nie Ihre Freunde ein. Diesen Fehler habe ich dreimal gemacht; ich mußte alle drei wieder entlassen. Heute sind sie nicht mehr meine Freunde.

* »Writing that works« von Kenneth Roman und Joel Raphaelson, Harper & Row, 1981.

Stellen Sie nie die Kinder eines Ihrer Kunden ein.

Stellen Sie nie die Kinder eines Ihrer Kunden ein.

Wenn Sie diesen kündigen müssen, verlieren Sie dabei unter Umständen gleichzeitig auch Ihren Klienten. Diesen Fehler habe ich auch gemacht.

Stellen Sie nie Ihre eigenen Kinder oder die Ihrer Partner ein. Wie begabt sie auch sein mögen, wenn sie ehrgeizig sind, werden sie niemals in einer Umgebung bleiben, in der Nepotismus praktiziert wird. Diesen Fehler habe ich mir erspart; mein Sohn arbeitet im Immobiliengeschäft in dem sicheren Bewußtsein, daß er seinen Erfolg in keiner Weise seinem Vater zu verdanken hat.

Seien Sie auch vorsichtig bei der Einstellung von neuen Mitarbeitern, die in anderen Gebieten erfolgreich waren. Ich habe es mit einem Zeitschriftenredakteur, einem Rechtsanwalt und einem Ökonomen versucht; keiner von ihnen hat jedoch je ein echtes Interesse an der Werbung entwickelt.

Und engagieren Sie unter keinen Umständen einen Ihrer Kunden. Die Eigenschaften, die jemanden zu einem guten Kunden machen, haben nichts mit den Eigenschaften zu tun, die für den Erfolg in der Werbebranche erforderlich sind. Auch diesen Fehler habe ich zweimal gemacht.

Büropolitiker

In der in Werbeagenturen herrschenden Treibhausatmosphäre können Formen psychologischer Kriegführung entstehen, die ohne weiteres mit den Rivalitäten an Universitätsfakultäten vergleichbar sind.* In der Agentur Milton Biow gingen diese Auseinandersetzungen so weit, daß man gezwungen war, die Agentur zu schließen. Ich kann Ihnen sieben Möglichkeiten aufzählen, wie Sie derartige Konflikte im Keim ersticken können:

1. Trennen Sie sich von den schlimmsten Intriganten. Sie erkennen sie daran, wie oft sie Ihnen heimlich Kopien giftiger Aktennotizen an ihre Rivalen schicken.

2. Wenn jemand in Ihr Büro kommt und seinen Rivalen als inkompetenten Gauner beschimpft, lassen Sie diesen auch kommen, damit er ihm seine Behauptungen direkt ins Gesicht sagen kann.

3. Wehren Sie sich mit allen Ihnen zur Verfügung stehenden Mitteln gegen jede Form von Papierkrieg. Lassen Sie Ihre Mitarbeiter ihre Konflikte direkt miteinander austragen.

4. Richten Sie innerhalb der Agentur einen Mittagstisch ein; dadurch können Feinde zu Freunden werden.

5. Entmutigen Sie Plagiate.

6. Vermeiden Sie jede Form von Bevorzugung.

7. Lassen Sie die Finger von Intrigen. Wenn Sie die unmenschliche Kunst des *Divide et impera* praktizieren, wird in Ihrer Agentur bald das Chaos ausbrechen.

Disziplin ist hilfreich

Bestehen Sie darauf, daß Ihre Mitarbeiter pünktlich erscheinen, selbst wenn Sie ihnen dafür eine Prämie zahlen müssen. Bestehen Sie weiterhin darauf, daß Telefonanrufe sofort beantwortet werden. Machen Sie es zu einem ungeschriebenen, für jeden verbindlichen Gesetz, daß die Geheimnisse Ihrer Kunden gewahrt bleiben; Indiskretionen in Fahrstühlen und Restaurants, der frühzei-

---

* Als Senator Benton die Agentur Benton & Bowles verließ und an die Universität von Chicago ging, fand er die Intrigen dort sehr viel schlimmer.

tige Einsatz von externen Schriftsetzern sowie das Aushängen in Vorbereitung befindlicher Anzeigen an Schwarzen Brettern können Ihren Kunden sehr großen Schaden zufügen.

Bleiben Sie bezüglich des Leistungsniveaus Ihrer Mitarbeiter absolut kompromißlos; es ist tödlich, zweitklassige Leistungen zuzulassen. Bestehen Sie auf der Einhaltung von Terminen, selbst wenn dies Nacht- und Wochenendarbeit bedeutet. Nach einem schottischen Sprichwort ist noch niemand durch harte Arbeit umgekommen. Wenn mal eine Nacht durchgearbeitet werden muß, kann sich dies überaus positiv auf die Moral auswirken – vorausgesetzt, Sie selbst sind mit dabei. Verlassen Sie nie die Brücke im Sturm.

Der heilige Augustin hat folgendes über Leistungsdruck geschrieben:

»Druck ist nahezu unausweichlich. Er findet sich überall in der ganzen Welt: im Krieg, bei Belagerungen und bei sämtlichen staatspolitischen Problemen. Wir alle kennen Menschen, die auf Druck mürrisch reagieren und sich beklagen. Dies sind Feiglinge, ihnen fehlt Größe. Aber es gibt noch eine andere Sorte von Menschen, die genau denselben Druck ohne Klagen aushalten. Denn letztlich ist es die Reibung, die abschleift. Es ist der Druck, der sie verfeinert und veredelt.«

Zugegebenermaßen habe ich den Leistungsdruck manchmal unerträglich gefunden; dabei war es letztlich aber meine eigene Schuld, daß ich soviel Zeit auf Dinge verwandte, die nichts brachten. Es ist ziemlich sinnvoll, am Anfang eines Jahres genau niederzuschreiben, was man erreichen möchte, um dann am Jahresende zu überprüfen, was man tatsächlich geschafft hat.

Führung
Ich hatte einmalige Gelegenheiten, Männer, die große Unternehmen leiten, kennenzulernen – meine Kunden. Die meisten von ihnen lösen Probleme pragmatisch und treffen klare Entscheidungen, aber nur wenige sind herausragende Führungspersönlichkeiten. Manche erzielen sogar den entgegengesetzten Effekt, indem sie ihre Mitarbeiter frustrieren, anstatt sie zu inspirieren.

Überzeugende Führung ist aufgrund der von ihr ausgehenden Motivation in jedem Unternehmen der wesentliche Impulsgeber für die zu erfüllende Leistung. Ich hatte das große Glück, für drei sehr inspirierende Führungspersönlichkeiten zu arbeiten – dies waren Monsieur Pitard, der in der Küche des Hotels Majestic in Paris mein Chef war, ferner George Gallup sowie Sir William Stephenson vom britischen Geheimdienst. Die Eigenschaften von Führernaturen sind intensiv erforscht. Die Sozialwissenschaftler sind sich heute darin einig, daß erfolgreiche Führung von verschiedenen Gegebenheiten abhängt. So kann beispielsweise ein Mann, der ein hervorragender Führer in einem Industriekonzern war, als Secretary of Commerce in Washington ein Versager sein. Auch der Führungsstil, der in einem jungen Unternehmen erfolgreich ist, muß nicht unbedingt für etablierte Unternehmen geeignet sein.

Zwischen Führungsfähigkeiten und akademischen Leistungen besteht generell gesehen kein direkter Zusammenhang. Ich war sehr erleichtert, als ich dies erfuhr, denn ich selber habe keinen Hochschulabschluß. Die Motivation, die einen Menschen zu einem guten Studenten macht, ist nicht unbedingt die Motivation, die ihn auch zu einem guten Chef macht.

Große Konzerne neigen häufig dazu, leitende Personen, die nicht konkret ihren Vorstellungen entsprechen, abzulehnen. Wie viele Unternehmen würden beispielsweise einen Einzelgänger wie Charly Kettering von General Motors aufbauen? Und wie viele Werbeagenturen würden einen 38jährigen Mann ein-

Eine »innere Form geistiger Energie« zeichnete diese großen Führungspersönlichkeiten aus. Marvin Bower von McKinsey, Ted Moscose aus Puerto Rico, Henry Alexander von Morgan Guaranty.

stellen, dessen Lebenslauf lautet: »Arbeitsloser Bauer, ehemaliger Koch mit abgebrochenem Universitätsstudium?« (Genau dies war ich in dem Jahr, als ich Ogilvy & Mather gründete.)

Die überzeugendsten Führungspersönlichkeiten finden sich vermutlich unter den leitenden Angestellten, deren Charakter durch eine deutlich ausgeprägte Tendenz zu unorthodoxen Entscheidungen bestimmt wird. Statt sich Innovationen zu widersetzen, greifen sie diese vielmehr auf, sind mit diesen nahezu gleichzusetzen – und ohne Innovationen können Unternehmen schließlich nicht wachsen.

Große Führer strahlen stets *Selbstvertrauen* aus; sie sind verantwortungsbewußt und niemals kleinlich. Nach Niederlagen richten sie sich aus eigener Kraft wieder auf.

Starke Persönlichkeiten üben ihren Beruf mit fanatischer Hingabe aus und kennen das einengende Bedürfnis, von allen geliebt zu werden, nicht. Sie haben den Mut, unpopuläre Entscheidungen zu treffen – zu denen unter anderem auch die Entlassung leistungsschwacher Mitarbeiter gehört.

Ich habe miterlebt, wie der Chefkoch des Hotels Majestic einen Bäcker hinauswarf, weil es dem armen Teufel nicht gelang, die Brioches richtig aufgehen zu lassen. Seine Härte gab indes allen anderen Köchen das Gefühl, in der besten Küche der Welt zu arbeiten.

Manche Männer eignen sich vor allem zur Führung der Massen – ganz gleich, ob es die Mitarbeiter ihres Unternehmens sind oder aber die Wähler ihres Landes. Genau diese Männer sind meistens jedoch außerstande, eine kleine Gruppe zu leiten.

Gute Führer zeichnen sich durch Entschiedenheit aus und meistern Schwierigkeiten auf Anhieb. Manche von ihnen sind merkwürdige Persönlichkeiten. Lloyd George beispielsweise war sexuell chaotisch veranlagt; General Grant, der den Bürgerkrieg gewann, trank wie ein Faß ohne Boden. Dazu veröffentlichte der *New York Herald* am 26. November 1863 ein Zitat Lincolns: »Ich wünschte, man würde mir die Whiskymarke nennen, die Grant trinkt. Ich würde meinen anderen Generälen gern ein Faß davon schenken.«

Winston Churchill war ebenfalls ein starker Trinker, außerdem war er launisch und ungeduldig. Er nahm keinerlei Rücksicht auf seine Mitarbeiter, sondern war ein extremer Egoist. Dennoch schrieb sein Stabschef über ihn:

> »Die Jahre, in denen ich mit ihm zusammenarbeitete, waren für mich die schwierigsten und härtesten meines Lebens. Dennoch danke ich Gott, daß ich Gelegenheit hatte, neben einem solchen Mann arbeiten zu dürfen, und ich mit eigenen Augen erleben konnte, daß es auf dieser Erde gelegentlich diese Art Übermenschen gibt.«

Meines Erachtens werden gute Führer Angst nie als Druckmittel einsetzen, denn die beste Arbeit wird in der Regel in entspannter Atmosphäre geleistet. Persönliche Entwicklung und Innovationen sind ganz wesentlich von der eigenen Lebensfreude abhängig. Ich bin Charlie Brower von BBDO für seine Ergänzung des 13. Verses von Paulus' 1. Brief an die Korinther zutiefst dankbar: »Ein Mann, der sein Leben damit verbringt, Gold für das Schatzamt der Vereinigten Staaten zu sammeln, und auf jeden Spaß verzichtet, ist ein Riesendummkopf und totaler Idiot.«

Die großen Führer, die ich gekannt habe, waren ziemlich *schwierige* Männer. Der ehemalige Präsident des Massachusetts Institute of Technology, Howard Johnson, bezeichnete diese Tatsache als »eine innere Form geistiger Energie, die einen Führer mit dem Element des *Geheimnisvollen* umgibt«. Ich habe eine derartige geheimnisvolle Energie sowohl bei Marvin Bower von

McKinsey, Ted Moscoso aus Puerto Rico als auch bei Henry Alexander von Morgan Guaranty beobachtet.

Eine erfolgreiche Führungspersönlichkeit wird stets darauf bedacht sein, den auf sie konzentrierten psychologischen Bedürfnissen ihrer Anhänger nachzukommen. So ist es beispielsweise etwas völlig anderes, Amerikanern, die in demokratischer Tradition aufgewachsen sind und ein starkes Bedürfnis nach Unabhängigkeit besitzen, ein guter Führer zu sein, als die amerikanische Form demokratischen Führungsstils in Europa anwenden zu wollen. Da die leitenden Angestellten in Europa ein psychologisches Bedürfnis nach *autokratischer* Führung haben, läßt sich amerikanischer Führungsstil dort nur selten erfolgreich realisieren. Dies ist auch einer von vielen Gründen, warum amerikanische Agenturen in ihren ausländischen Niederlassungen unbedingt ortsansässige Kräfte beschäftigen sollten.

Für eine Agentur ist es eher nachteilig, wenn ihr Chef seine Führungsfunktionen nie an seine Führungskräfte delegiert. Je mehr Führungszentren Sie schaffen, um so besser wird sich Ihre Agentur entwickeln. Der Umgang mit Gefolgsleuten ist keineswegs immer ganz einfach. Als der erste Herzog von Marlborough einmal in der Nacht vor einer wichtigen Schlacht mit seinen Leuten zu Pferde das Terrain erkundete, ließ er plötzlich einen Handschuh fallen. Daraufhin stieg sein Stabschef Cadogan vom Pferd, hob den Handschuh auf und reichte ihn Marlborough. Die anderen Offiziere hielten dies für außerordentlich wohlerzogen. Später am Abend erteilte Marlborough seinen letzten Befehl: »Cadogan, stellen Sie dort, wo ich meinen Handschuh fallen gelassen habe, eine Kanonenbatterie auf.«

»Das habe ich bereits getan«, antwortete Cadogan. Er hatte Marlboroughs Gedanken erraten und seinen Befehl antizipiert. Cadogan war ein Gefolgsmann, der einem Führer seine Aufgaben ausgesprochen leicht machte. Ich habe Männer gekannt, die sich überhaupt nicht führen ließen.

Die meisten Führungspersönlichkeiten, die ich kenne, haben die Fähigkeit, Zuhörer durch ihre *Reden* zu motivieren. Wenn Sie selbst keine motivierenden Reden schreiben können, beschäftigen Sie Ghostwriter – aber bitte nur *gute*. Roosevelt bediente sich hierzu des Dichters Archibald MacLeish sowie der Dramatiker Robert Sherwood und Judge Rosenmann. Darin liegt einer der Gründe, warum er seine Zuhörer stärker begeistern konnte als sämtliche anderen Präsidenten – wenn man einmal von John F. Kennedy absieht, der ebenfalls hervorragende Ghostwriter hatte.

Nur wenige Chief Executives sind rhetorisch begabt. Deshalb kann es vorkommen, daß selbst eine noch so gute Rede in schauderhafter Weise vorgetragen wird. Sämtliche großen Politiker haben deshalb Experten eingestellt, um von ihnen die Kunst der Rhetorik zu lernen.*

Der Mann, der mit Abstand das Vernünftigste über Führungsqualitäten geäußert hat, war Feldmarschall Montgomery:

»Der Führer muß sowohl ansteckenden Optimismus sowie die Entschlossenheit ausstrahlen, bei sich abzeichnenden Schwierigkeiten entschlossen durchzuhalten. Er muß Vertrauen verbreiten, selbst wenn er sich des Ausgangs einer Sache gar nicht so sicher ist. Bezeichnend für einen Führer ist der Eindruck, den er nach einer Konferenz bei Ihnen hinterläßt. Fühlen Sie sich motiviert und voller Zuversicht?«

---

* Lesen Sie hierzu »Speed Dynamics« von Dorothy Sarnoff, Doubleday, 1970.

Alkoholiker

Nach zuverlässigen Untersuchungen sind sieben von hundert leitenden Angestellten in der amerikanischen Wirtschaft Alkoholiker. Sie können ohne weiteres davon ausgehen, daß der Anteil in Ihrer Agentur mindestens ebenso hoch ist. Dabei verstehe ich unter Alkoholiker jemanden, dessen Trinken sowohl eine ernsthafte Beeinträchtigung seines Familienlebens als auch seiner Leistungen in der Agentur bewirkt. Er wird über kurz oder lang seine Stellung verlieren, seine Ehe wird kaputtgehen, und schließlich wird er an Leberzirrhose sterben.

Zu diesen Alkoholikern gehören vielleicht einige Ihrer besten Leute. Das Problem ist, sie *herauszufinden* – was nicht immer leicht sein wird, da sie stets von ihren Sekretärinnen und Kollegen gedeckt werden. Laden Sie seine Frau zu einem Überraschungstreffen mit ihrem Mann ein, und beginnen Sie das Gespräch mit der Bemerkung, wie sehr alle Anwesenden ihn mögen. Dann sagen sie ihm, daß Sie sich wegen seines Trinkens Sorgen machen. Seine Familie wollte ihn verlassen, und Sie stünden kurz davor, ihm zu kündigen, *es sei denn, er täte, was Sie von ihm verlangen.* Dann eröffnen Sie ihm, daß Sie ab heute für ihn einen Platz in einem Entziehungsheim reserviert haben.

Die meisten Alkoholiker lassen sich ohne weiteres darauf ein. Die Mehrheit der Entziehungsheime braucht eine Woche, um Alkoholiker zu entwöhnen, und weitere vier Wochen, um sie zu rehabilitieren. Nach ihrer Heimkehr müssen sie mindestens ein Jahr lang an den täglichen Treffen der Anonymen Alkoholiker teilnehmen.

Diese Methode funktioniert in etwa 60 Prozent aller Fälle. Ich habe erlebt, daß damit einige äußerst wertvolle Menschen beiderlei Geschlechts gerettet wurden. Sollten Sie weitere Ratschläge zu diesem Thema benötigen, wenden Sie sich an die nächste Vertretung der Anonymen Alkoholiker.

Schriftlich fixierte Grundsätze

Marvin Bower, der McKinsey zu dem gemacht hat, was es heute ist, vertritt die Überzeugung, daß jedes Unternehmen seine Grundsätze und Ziele schriftlich fixieren sollte. Deshalb hatte ich meine ausgearbeitet und sie Marvin zur Durchsicht zugeschickt. Auf der ersten Seite hatte ich sieben Ziele aufgelistet, von denen das erste lautete: »*Jedes Jahr mehr Gewinn erwirtschaften.*« Daraufhin machte mir Marvin die Hölle heiß, denn nach seiner Meinung verdient jedes Dienstleistungsunternehmen, das dem Gewinn höhere Priorität einräumt als dem Dienst am Kunden, nur den Konkurs. Ich änderte deshalb die Reihenfolge und nannte den Gewinn erst an letzter Stelle auf meiner Liste.

Sie mögen es für übertrieben halten, einige Grundsätze als Leitlinie für das Management einer Werbeagentur schriftlich zu definieren. Aus Erfahrung kann ich Ihnen nur sagen, daß sich meine schriftliche Zielsetzung in der täglichen Praxis einer überaus komplizierten Firma als unverzichtbar erwiesen hat.

Der Gewinn und alles Finanzielle

Ich halte mich definitiv nicht für ein Finanzgenie, aber ich habe einige Dinge von meinem Partner Shelby Page gelernt, der seit dem Bestehen von Ogilvy & Mather für die Finanzen der Agentur verantwortlich ist. Der durchschnittliche Gewinn einer Agentur beträgt nach Steuern weniger als ein Prozent. Wenn Sie bei Ihrem Service etwas knauserig sind, können Sie vielleicht mehr herausholen, aber Ihre Kunden werden abwandern. Ist Ihr Service zu großzügig, werden Ihre Kunden Sie lieben, aber Sie werden bankrottgehen.

Größe und Gewinn sind nicht dasselbe. So erwirtschaftete Ogilvy & Mather 1981 mehr Gewinn als eine Agentur, die den doppelten Umsatz hatte.

> Ist Ihr Service zu großzügig, werden Ihre Kunden Sie lieben, aber Sie werden bankrottgehen.

Agenturen erweitern ihr Dienstleistungsangebot wie Universitäten ihr Vorlesungsprogramm. Dagegen ist grundsätzlich nichts einzuwenden, solange Sie gleichzeitig Leistungen aufgeben, die nicht mehr relevant sind. Wenn Sie mit Ihrem Schiff im Wasser vorankommen wollen, müssen Sie auch ständig die Muscheln vom Kiel abkratzen.

Sieben der zwölf größten Agenturen sind Aktiengesellschaften. Ihre Kurse stiegen in den letzten zehn Jahren um 439 Prozent.

Viele Anlageberater sind noch immer der Auffassung, Agenturen seien eine schlechte Investition. Dies gilt jedoch nicht für Warren Buffett, einen der erfolgreichsten Investoren in der ganzen Welt. Er hat an drei als Aktiengesellschaften arbeitenden Agenturen beträchtliche Anteile erworben und soll angeblich geäußert haben: »Das beste Geschäft ist eine Gewinnbeteiligung am Wachstum von Firmen, die selbst nur sehr wenig Kapital benötigen – *wie beispielsweise an erstklassigen, internationalen Werbeagenturen.*«

Wenn Sie Zeitungsberichte über Werbung lesen, bekommen Sie den Eindruck, die Werbebranche sei äußerst instabil. Der Grund hierfür liegt in der Berichterstattung der Presse, die nur Verschiebungen von Werbeetats von einer Agentur zur anderen meldet. Tatsächlich wechseln jedoch im Laufe eines Jahres nur 4 Prozent der gesamten amerikanischen Werbung die Agentur.

Die 25 größten Agenturen des Jahres 1972 sind mit einer Ausnahme heute – das heißt elf Jahre später – nach wie vor die 25 Branchenführer; acht der zehn Spitzenagenturen werden bereits von der fünften oder sechsten Managementgeneration geführt. Lediglich bei Ogilvy & Mather sitzt der Gründer immer noch im Direktorium.

Das Agentureinkommen

Sie müssen zwischen dem traditionellen Provisionssystem und der neueren Honorarabrechnung wählen.* Dabei hat die Berechnung auf Honorarbasis vier Vorteile:

1. Das werbungtreibende Unternehmen bezahlt genau die Leistungen, die es haben möchte – nicht mehr und nicht weniger.

2. Jeder auf Honorarbasis laufende Etat wird gesondert geführt. Auf diese Weise belasten unrentable Etats nicht gewinnbringende Etats, was beim Provisionssystem der Fall ist.

3. Vorübergehende Etatkürzungen bei einzelnen Kunden zwingen Sie nicht zu personellen Einschränkungen.

4. Wenn Sie einem Kunden empfehlen, seine Werbeausgaben zu erhöhen, kann er Ihnen keine eigennützigen Motive unterstellen.

Früher habe ich mich zwar für die Einführung der Honorarabrechnung eingesetzt, heute ist es mir jedoch gleich, nach welchem System ich abrechne, vorausgesetzt, ich erziele einen angemessenen Gewinn. 1981 betrug der durchschnittliche Nettogewinn amerikanischer Agenturen 0,83 Prozent des Agenturumsatzes. Halten Sie das für übertrieben?

Was tun mit den Gewinnen?

In den Vereinigten Staaten fallen zunächst 52 Prozent Körperschaftsteuer an. Wenn Sie das dann Verbleibende Ihren Aktionären als Dividende auszahlen,

---

* Die Provision wird der Agentur vom jeweiligen Medium – Print, Fernsehen Radio – vergütet, in dem die Agentur Anzeigenraum bzw. Einschaltzeiten im Auftrag ihres Kunden kauft. Bei dieser Regelung finanziert die Agentur die Dienste für ihren Kunden aus den von den Medien gewährten Provisionen, statt dem Kunden für getätigte Leistungen Honorar in Rechnung zu stellen.

müssen diese weitere 40 Prozent als Einkommensteuer abführen. Und wenn diese ihre Dividenden *ausgeben* wollen, müssen sie überdies noch Umsatzsteuer zahlen. Daraus errechnet sich, der Staat erhält von jedem Dollar Gewinn, den Sie erwirtschaftet haben, 73 Cent.

Einige Agenturen haben ihre Gewinne in völlig anderen Geschäftszweigen investiert – wie beispielsweise in Versicherungsgesellschaften, Reisebüros, Handelsketten, in Filmgesellschaften oder sogar in kleine Ölgesellschaften. Für mich ist es keineswegs überraschend, daß sich dabei so ziemlich alle die Finger verbrannt haben. Ich habe dieser Versuchung widerstanden.

Der gegenwärtige Trend ist, einen Teil des Gewinns in den Ankauf anderer Agenturen zu investieren. Dabei sollten Sie aber bedenken, Agenturen werden meistens nur dann verkauft, wenn sie in irgendeiner Form Schwierigkeiten haben. Am besten ist es, Sie geben den wichtigsten Mitarbeitern einer solchen Agentur Fünfjahresverträge, falls Sie befürchten, die Kunden würden kündigen, wenn die Bezugspersonen nicht mehr da wären. Wenn die Auffassungen und Geschäftspraktiken aber zu unterschiedlich sind, kann es schnell zu sehr starken und unerfreulichen Reibungen kommen.

Auf die berechtigte Frage, ob es bessere Investitionsmöglichkeiten für Ihre Gewinne gibt, kann ich Ihnen drei Alternativen bieten:

1. Sie können Filialen in anderen Städten oder Ländern eröffnen. Dies hat den Vorteil, daß Sie nicht die Fehler irgendwelcher Vorgänger übernehmen und ihrer eigenen Firmenphilosophie treu bleiben können. Der Nachteil ist jedoch, daß Ihre Startkosten sich nicht kapitalisieren lassen und damit Ihren Erlös pro Aktie verringern.

2. Sie können das Gebäude kaufen, in dem sich Ihr Büro befindet. Genau dies tat Young & Rubicam vor zwei Jahren in New York.

3. Sie können eine Reserve für Notfälle bilden. In Wall Street wird dies zwar als Dummheit bezeichnet, doch in schweren Zeiten überleben Verrückte manchmal länger als ihre abenteuerlustigeren Konkurrenten.

Agenturen werden meistens nur dann verkauft, wenn sie in irgendeiner Form Schwierigkeiten haben.

Ein ganz neuer Gag ist, Agenturen aufzukaufen und sie völlig sich selbst zu überlassen. Das heißt, Sie können sogar so weit gehen, daß Sie mit ihnen bei New-Business-Präsentationen konkurrieren. Eine der Riesenagenturen ist inzwischen kaum mehr als eine Holdinggesellschaft für eine bunte Mischung aus voneinander unabhängig arbeitenden Tochtergesellschaften.

Riesenvermögen

Albert Lasker hat mit seiner Agentur Lord & Thomas (heute Foote, Cone & Belding) meines Erachtens das größte Vermögen erwirtschaftet, gefolgt von Ted Bates, Jim Mithune, Leo Burnett und Cliff Fitzgerald. Ich schätze, daß jeder im Schnitt auf 20 Millionen Dollar kommt.

Andere haben sich durch den Verkauf ihrer Agenturen an Interpublic ein Vermögen erworben; hierzu gehören unter anderem David Williams, Tom Adams, Al Seaman und Hagen Bayles, die nach meinen Schätzungen jeweils einen Schnitt von 6 Millionen Dollar gemacht haben dürften. Der bewundernswerte Bill Marsteller hat wahrscheinlich durch den Verkauf seiner Agentur an Young & Rubicam noch mehr bekommen, ebenso die Esty-Partner, als sie an Bates verkauften, und die Teilhaber von Compton, als sie sich zum Verkauf an Saatchi & Saatchi entschlossen.

Ed Ney, Chef von Young & Rubicam, ist der einzige Agenturboß, der ein Vermögen aufgebaut hat, ohne Teile des Geschäftes verkauft oder das Unternehmen in eine Aktiengesellschaft umgewandelt zu haben. Wie groß dieses Vermögen auch sein mag, Ney ist jeden Pfennig wert.

WIE MAN EINE WERBEAGENTUR LEITET

Fünf Tips

1. Lassen Sie niemals zwei Mitarbeiter eine Arbeit tun, die einer allein machen könnte. George Washington bemerkt hierzu: »Wenn eine Person eine Aufgabe mit entsprechendem Eifer gut erfüllen kann, führen zwei Personen diese weitaus schlechter aus; wenn drei oder mehr Leute damit beauftragt sind, schaffen sie sie fast gar nicht.«
2. Bestellen Sie nie Ihre Mitarbeiter in Ihr Büro; es erschreckt sie. Gehen Sie statt dessen zu ihnen, und zwar unangekündigt. Ein Chef, der niemals in seiner Agentur zu sehen ist, ist wie ein unsichtbarer Eremit.
3. Wenn Sie Anweisungen erteilen, tun Sie dies *mündlich*. Und wenn Sie bei Konferenzen die Entscheidungen zu Ihren Gunsten beeinflussen wollen, müssen Sie unbedingt daran teilnehmen. Denken Sie an das französische Sprichwort: »Der Abwesende hat immer unrecht.«
4. Es zeugt von ausgesprochen schlechtem Geschäftsstil, wenn Sie persönlich Produkte verwenden, die mit denen Ihrer Kunden konkurrieren. Nachdem ich den Sears-Roebuck-Etat bekommen hatte, kaufte ich meine Kleidung nur noch bei Sears. Dies hat zwar meine Frau geärgert, aber im darauffolgenden Jahr wählte mich die Vereinigung der Bekleidungshersteller zum bestgekleideten Mann Amerikas. Nicht im Traum dächte ich daran, andere Reiseschecks als die von American Express zu verwenden, anderen Kaffee als Maxwell zu trinken oder mich mit einer anderen Seife als Dove zu waschen. Da die Zahl der von Ogilvy & Mather werblich vertretenen Marken inzwischen auf über 2000 angestiegen ist, wird die Auswahl allmählich kompliziert.
5. Leisten Sie sich nie den Luxus, Beschwerdebriefe zu schreiben. Nach meiner ersten Transatlantiküberquerung schrieb ich meinem Reisebüro, um mich über den schlechten Service und die scheußliche Dekoration auf der »Queen Mary« zu beschweren. Drei Monate später hatten wir den Cunard-Etat fast in der Tasche, als sie wie zufällig meinen Brief sahen. Es dauerte immerhin zwanzig Jahre, bis Cunard mir vergab und uns mit der Werbung beauftragte.

Rechts: Als ich den Rolls-Royce-Werbeetat bekam, befolgte ich mein Prinzip, die Produkte meiner Kunden zu benutzen. Andere Rolls-Royce-Besitzer waren Rudyard Kipling, Henry Ford I., Ernest Hemingway, Woodrow Wilson, Charlie Chaplin, Baden-Powell und Lenin. Mein Rolls hielt 22 Jahre.

5. Wie man Kunden gewinnt

Oben: *Ein großer Kunde kommt herein. (aus: »White Collar Zoo« von Clare Barnes jr.)*

Auch an dieser Stelle muß ich mich wieder ein wenig selbst loben. Sicherlich gibt es bessere Texter und auch weitaus bessere Administratoren als mich, aber ich bezweifle, daß sehr viele Werbeleute mit meinem New-Business-Rekord mithalten können.

In meinen »Geständnissen« habe ich erzählt, daß einer meiner ersten Schritte war, mir eine Liste von Klienten zusammenzustellen, die ich unbedingt haben wollte – General Foods, Lever Brothers, Bristol-Myers, Campbell Soup Company und Shell. Dies dauerte zwar eine Weile, aber nach einiger Zeit hatte ich sie alle. Und dazu auch American Express, Sears Roebuck, IBM, Morgan Guaranty, Merrill-Lynch sowie einige andere, drei Regierungen eingeschlossen. Obwohl einige dieser Kunden inzwischen wieder abtrünnig wurden, belaufen sich ihre gesamten Umsätze bei Ogilvy & Mather auf mehr als 3 Milliarden Dollar – bisher.

In meiner Firmenpolitik habe ich mich zwar stets an J. P. Morgans Grundsatz »nur erstklassige Geschäfte in erstklassiger Ausführung« orientiert – aber in den ersten Jahren mußte ich dennoch alles nehmen, was möglich war, um überhaupt die Miete bezahlen zu können. Dazu gehörten unter anderem Produkte wie eine Patenthaarbürste, eine Schildkröte und ein englisches Motorrad.

Andererseits hatte ich das große Glück, vier kleinere Etats zu gewinnen, die mir die Möglichkeit gaben, genau die Art auffallender und anspruchsvoller Werbung zu realisieren, durch die eine Agentur Beachtung erregen kann; und zwar waren dies: Guinness, Hathaway-Hemden, Schweppes und Rolls-Royce.

Der einfachste Weg, neue Klienten zu gewinnen, ist, *gute Werbung zu machen*. Wir haben es immerhin sieben Jahre geschafft, sämtliche Etats, um die wir uns beworben hatten, für uns zu gewinnen. Dabei tat ich nichts anderes, als die von uns entwickelten Kampagnen vorzulegen. Und manchmal war nicht einmal dies erforderlich; so kam beispielsweise eines Nachmittags völlig unangemeldet ein Besucher in mein Büro und übertrug mir den IBM-Etat; er kannte unsere Arbeit.

In den letzten Jahren haben die Hersteller ihre Vorgehensweise bei Agenturauswahl auf unsinnige Weise verkompliziert. Sie versenden zunächst umfangreiche Fragebögen an ein Dutzend oder mehr Agenturen mit absolut unsinnigen Fragen wie: »Wie viele Leute sind in Ihrer Produktionsabteilung beschäftigt?« Darauf antwortete ich: »Ich habe nicht die geringste Ahnung, denn ich war seit sieben Jahren nicht mehr in dieser Abteilung. Inwiefern halten Sie dies für wichtig?«

Gegenüber: *Der einfachste Weg, neue Klienten zu gewinnen, ist gute Werbung zu machen.*

WIE MAN KUNDEN GEWINNT

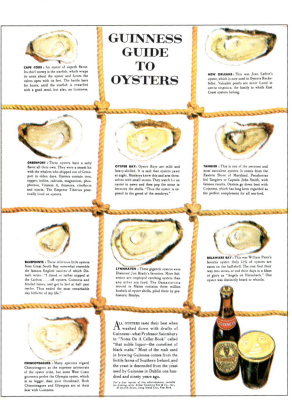

Wenn Sie höflicher sind und die Fragen überwiegend richtig beantworten, kommen Sie auf eine reduzierte Liste. Sie werden von einer Delegation besucht werden, die Sie dann vor allem nach der Höhe Ihrer Provision fragen wird. Meine Antwort lautet meistens: »Wenn Sie Ihre Agentur nach Kriterien des Preises auswählen, schauen Sie durch das falsche Ende des Fernrohres. Viel wichtiger als der Preis, den Sie für die Leistungen der Agentur bezahlen, ist doch wohl die Verkaufskraft Ihrer Werbung.«

Die für die Auswahl Verantwortlichen möchten wissen, was Sie für *sie* tun könnten, und fordern Sie deshalb auf, ihre Probleme zu analysieren und fertige Werbespots zu liefern. Diese werden dann getestet. Wenn Sie bessere Testergebnisse erzielen als Ihre Mitbewerber, gewinnen Sie den Etat.

Manche Agenturen geben heute gut 500 000 Dollar für New-Business-Präsentationen aus. Dabei gehen sie davon aus, daß sie diese Kosten wieder hereinbekommen – sollten sie den Etat gewinnen und zwanzig Jahre lang behalten. Agenturen, die für derartige Vabanquespiele keine ausreichende Kapitaldecke haben, sind zwangsläufig im Nachteil.

Dieses umständliche und teure Verfahren garantiert keineswegs, daß von den in Frage kommenden Agenturen die vergleichsweise beste ausgesucht wird. Die Agentur, die über Jahre hinweg die erfolgreichste Werbung gemacht hat, mag vielleicht in den wenigen Wochen der Ausschreibung nicht das Glück haben, die beste Kampagne zu entwickeln.

Die Präsentation

Plazieren Sie bei Präsentationen die Repräsentanten Ihres Kunden nicht auf der einen Seite des Tisches und Ihre eigenen Leute gegenüber – das erweckt leicht den Eindruck von Gegnern. Achten Sie statt dessen auf eine gemischte Sitzordnung.

Proben Sie die Präsentation vorher, aber lesen Sie dabei nicht von vorbereitetem Text ab; dadurch legen Sie sich vielleicht auf eine Situation fest, die im Laufe des Gesprächs irrelevant werden könnte.

Vor allem aber *hören Sie zu*. Je mehr Sie den potentiellen Kunden reden lassen, um so leichter können Sie hinterher entscheiden, ob Sie den Etat tatsächlich haben wollen. So hat mir beispielsweise mal der ehemalige Vorstand von Magnavox einen zweistündigen Vortrag über Werbung gehalten, obwohl er überhaupt nichts davon verstand. Ich habe ihm eine Tasse Tee angeboten und ihn hinausgeleitet.

Schildern Sie Ihrem potentiellen Kunden Ihre eigenen Schwachpunkte, bevor er sie selbst herausfindet. Das macht Sie glaubwürdiger, als wenn Sie ihm Ihre Stärken aufzählen.

Machen Sie nicht den Fehler, Gesprächspartner mit Fallbeispielen oder gar Testergebnissen zu langweilen. Sie wirken ermüdend. Bisher hat noch kein Unternehmen eine Agentur engagiert, weil sie den Marktanteil irgendeines anderen Auftraggebers gesteigert hat.

Schreiben Sie dem potentiellen Kunden am Tag nach der Präsentation einen drei Seiten langen Brief, in dem Sie die Gründe noch einmal zusammenfassen, warum er Ihre Agentur beauftragen sollte. Damit erleichtern Sie ihm die richtige Entscheidung.

Wenn Ihnen aufgrund unzureichender Kapazitäten die Werbung von Neukunden zu aufwendig ist, können Sie sie auch *kaufen* – indem sie Agenturen aufkaufen. Diese Praxis birgt jedoch gewisse Risiken in sich. Adolph Toigo konnte dadurch zwar die Umsätze von Lennen & Newell verfünffachen, aber war dennoch außerstande, seine Akquisitionen zu einem harmonischen Ganzen zusammenzufügen.

Kreditrisiken

Gehen Sie möglichst keine Kreditrisiken ein, denn Ihre Gewinnspanne ist einfach zu gering, um den Zusammenbruch eines künftigen Klienten zu überstehen. Wenn ich bezüglich eines Kunden Zweifel habe, erkundige ich mich stets bei der Geschäftsleitung seiner bisherigen Agentur.

Zahlen Sie nie Provision an einen Außenseiter, der Ihnen neue Kunden vermitteln will. Ein Kunde, der versucht, seine Agentur auf diesem Wege zu finden, ist es nicht wert, von Ihnen betreut zu werden; und häufig genug sind irgendwelche dunklen Geschäfte damit verbunden. Sechs Wochen nach Eröffnung meiner Agentur suchte ich derart verzweifelt nach Aufträgen, daß ich einem jüngeren Bekannten von mir 10 Prozent unserer Aktien anbot, wenn er den Etat eines Staubsaugerherstellers einbrächte, den er angeblich in der Tasche hatte. Hätte er mein Angebot akzeptiert, wäre sein Aktienpaket bei Ogilvy & Mather heute 19 Millionen Dollar wert. Zum Glück lehnte er ab.

Arbeiten Sie nicht mit Kunden zusammen, deren Geschäftsethos nicht mit dem Ihrigen übereinstimmt. Deshalb habe ich beispielsweise Charles Revson von Revlon und Lou Rosenstiel von Schenley nicht als Kunden akzeptiert.

Seien Sie bei risikoreichen Aufträgen zurückhaltend; sie bringen im Moment nur wenig oder gar nichts ein, können eines Tages aber – sofern alles gut geht – große Kunden werden. Die Arbeit für derartige Negativbudgets kann sehr kostspielig werden, und nur wenige schaffen es wirklich. Natürlich gibt es Ausnahmen. Ich habe einmal den Fehler gemacht, ein kleines Unternehmen, das Büromaschinen herstellte, abzuweisen, weil ich nie davon gehört hatte. Sein Name war Xerox.

✣ ✣ ✣ ✣ ✣

Die Unterschiede zwischen den einzelnen Agenturen sind geringer, als sie selbst vermutlich glauben wollen. Die meisten können nachweisen, daß die Umsätze zumindest einiger ihrer Kunden durch die von ihnen gemachte Werbung gestiegen sind, die meisten haben kompetente Media- und Marktforschungsabteilungen, und dank der Inflation haben so ziemlich alle ihre Umsätze deutlich erhöht. Wodurch unterscheiden sie sich dann überhaupt?

Bei Wettbewerben um New Business liegt der entscheidende Unterschied häufig in der Persönlichkeit der Geschäftsführer der Agentur. Viele Kunden gingen beispielsweise zu Foote, Cone & Belding, weil sie von Fax Cones Stil überaus beeindruckt waren. Andererseits werden New-Business-Präsentationen oft auch deshalb verloren, weil der potentielle Kunde den Leiter der Agentur unsympathisch findet.

✣ ✣ ✣ ✣ ✣

Nebenbei: Ich habe fünfmal häufiger Auftraggebern gekündigt, als mir selbst gekündigt wurde. Der Grund für meine Kündigung war stets der gleiche: Das Verhalten des Kunden untergrub die Moral der Mitarbeiter, die für diesen Etat arbeiteten. Das kann einer Agentur unermeßlichen Schaden zufügen.

Multinationale Werbeetats

Wenn Sie einen neuen Kunden bekommen, dessen Produkte auch in ausländischen Märkten angeboten werden, haben Sie eine große Chance, seine Werbung weltweit zu betreuen. Ich bezeichne dies als das *Dominosystem* bei New-Business-Akquisitionen. J. Walter Thompson, McCann-Erickson und Young & Rubicam haben ihre eigenen ausländischen Agenturnetze aufgebaut, um den Anforderungen multinationaler Konzerne wie General Motors, Coca-Cola, Esso und General Foods entsprechen zu können. Als ich den Shell-Etat für die Vereinigten Staaten bekam, fragte mich der damalige Präsident von

Shell, Max Burns, ob ich auch den Etat für Kanada übernehmen wolle. Meine Antwort war: »Natürlich gern, aber ich habe kein Büro in Kanada.« »Dann richten Sie eins ein«, sagte Max. So fing es an; heute ist meine Agentur in vierzig Ländern vertreten.

In solchen Fällen sind Ihre Hauptkonkurrenten die ortsansässigen Agenturen in den betreffenden Ländern. Sie berufen sich häufig auf die heimische Flagge und verlangen von ihren nationalen Regierungen protektionistische Maßnahmen zum Schutz gegen uns ausländische Eindringlinge. Sie werfen uns vor, ihnen eine fremde Kultur aufzudrängen; diese Argumentation wird besonders gern von den Ländern benutzt, die kaum eine eigene Kultur besitzen.

Dabei ist es eine unbestreitbare Tatsache, daß nahezu sämtliche Niederlassungen amerikanischer Agenturen in Übersee von Landsleuten aus den jeweiligen Ländern geleitet werden. Und diese haben gar keine Möglichkeit, die amerikanische Kultur zu verbreiten, selbst wenn sie dumm genug wären, es zu versuchen.

∗ ∗ ∗ ∗ ∗

Die lange Zeit praktizierte Methode, eine neue Agentur zu gründen, bestand darin, bei der Agentur, für die man bisher gearbeitet hatte, auszusteigen und einige Kunden mitzunehmen. Genau das tat Ted Bates, als er bei Benton & Bowles aufhörte und seine eigene Agentur gründete. Diese Möglichkeit wurde inzwischen allerdings durch juristische Entscheidungen erheblich erschwert. Ein Mann namens Jones hatte eine gutgehende Agentur, aber war Alkoholiker und schlief ständig während der Präsentationen ein. Aufgrund dieser unhaltbaren Situation baten ihn seine Partner, freiwillig auszuscheiden. Da er diesem Wunsch nicht nachkommen wollte, gründeten sie auf der anderen Straßenseite eine eigene Agentur – unter Mitnahme einiger seiner Klienten. Daraufhin ging er vor Gericht und gewann den Prozeß. Seine anerkannten Schadenersatzfor-

Multinationale Kunden haben die Agenturen in den internationalen Markt gedrängt. Shell war verantwortlich dafür, daß ich ein weltweites Agenturnetz aufbaute. Diese Shell-Anzeige stammt aus dem Frankfurter Ogilvy & Mather-Büro.

derungen an seine ehemaligen Partner waren so hoch, daß sie ihre Agentur wieder schließen mußten.

1981 prozessierte eine Agentur in Neuseeland erfolgreich gegen ihren ehemaligen Managing Director und Creative Director, die sich mit siebzehn Mitarbeitern und neun Etats aus dem Staub gemacht hatten. Verehrter Leser, ich hoffe, Sie sind hinreichend gewarnt.

Mit etwas Glück bekommen Sie Etats, die regelmäßig *erhöht* werden. Als mir 1962 American Express übertragen wurde, betrug der Etat 1 Million Dollar; heute beläuft er sich auf 70 Millionen. General Foods begann mit 3,5 Millionen Dollar und gibt heute das Dreißigfache über unsere Agentur aus.

Ihre Mitarbeiter erwarten von Ihnen als Leiter einer Agentur, daß Sie ständig neue Kunden akquirieren. Gelingt Ihnen dies über einen längeren Zeitraum nicht, besteht die Gefahr, daß Sie das Vertrauen Ihrer Mitarbeiter verlieren. Machen Sie in einer solchen Situation nicht den Fehler, jeden verfügbaren Etat zu akzeptieren. Als sich die PanAm-Krise abzeichnete, wechselte sie mit ihrem Etat von J. Walter Thompson, die 29 Jahre hervorragende Arbeit geleistet hatten, zu Carl Ally. Sieben Jahre später, als die Geschäfte noch immer schlecht gingen, versuchten sie es mit N. W. Ayer und drei Jahre darauf mit Doyle, Dane Bernbach. Nach sechs weiteren Monaten beauftragten sie Wells, Rich, Green. Ein derart häufiger Wechsel ist glücklicherweise jedoch selten. Die American Telephone Company, General Motors und Exxon arbeiteten immerhin über siebzig Jahre mit denselben Agenturen zusammen, DuPont, General Electric, Procter & Gamble und Scott Paper mehr als fünfzig Jahre.

Für Sie ist es wichtig zu wissen, welchen Ruf Ihre Agentur in der Marketingwelt genießt. Verlassen Sie sich jedoch nicht auf das, was Sie selber hören, denn objektive Aussagen erhalten Sie nur durch eine unparteiische Umfrage eines Marktforschungsinstitutes. Dabei an Ihrem Image deutlich werdende Schwachpunkte lassen sich vermutlich korrigieren, aber es wird länger dauern, als Sie vermuten.

Wenn Sie Kunden der unterschiedlichsten Branchen werblich betreuen wollen, muß Ihr Angebotsspektrum vielseitig und an den jeweiligen Gegebenheiten orientiert sein. Eine nur auf Konsumgüter spezialisierte Agentur disqualifiziert sich automatisch für eine institutionelle Werbung; eine Agentur, die ständig *emotionale* Werbekampagnen entwickelt, wird kaum je einen Auftrag von einem Hersteller für Triebwerke erhalten. Je breiter Ihr Spektrum ist, desto vielfältiger wird auch das Spektrum Ihrer Kundenliste sein.

Dementsprechend sollten Sie vielseitig begabte Mitarbeiter einstellen. Eine Agentur muß wie ein Orchester unterschiedlichste Stücke – von Palestrina bis zu Jean-Michel Jarre – mit gleicher Virtuosität spielen können.

Große kontra kleine Agenturen
Für kleine Agenturen ist es in der Regel ausgesprochen schwierig, große Etats zu gewinnen. Zu den Hauptgründen zählt, daß sie sich die vielen Spezialabteilungen, die für die Bearbeitung großer Etats erforderlich sind, nicht leisten können. Außerdem verfügen sie meistens nicht über genügend Mitarbeiter, um der Anzahl der Gesprächspartner auf der Kundenseite zu entsprechen. Aus der Sorge, einen großen Kunden zu verlieren, geben sie darüber hinaus allzu leicht ihre Unabhängigkeit in der Beurteilung, die man sich auf jeden Fall gegenüber einem Kunden bewahren sollte, auf.

Die Kehrseite der Medaille ist, daß eine Agentur mit zunehmender Größe stets auch immer bürokratischer wird. Persönliche Führung wird durch Hierarchie ersetzt, und schließlich erkennt der Geschäftsführer der Agentur seine Mitarbeiter nicht mal mehr im Fahrstuhl. Ich fand die Arbeit bei Ogilvy &

Mather sehr viel angenehmer, als wir noch eine kleine Agentur waren. Da ich aber unbedingt große Kunden haben wollte, blieb mir keine andere Wahl, als eine große Agentur aufzubauen.

Dennoch wird die Anzahl kleinerer Etats in Relation zu großen stets überwiegen. Schon deshalb sind kleine Agenturen keineswegs sonderlich gefährdet. Im Rahmen ihrer Möglichkeiten können sie die Leistungen der großen oft sogar übertreffen. Kreativität ist nicht von der Größe abhängig – denken Sie nur an das Motto: Klein, aber fein.

Herr Doktor, denken Sie auch an sich

Es verwundert mich immer wieder, warum Agenturen so selten für sich selbst Werbung machen. Vielleicht liegen die Gründe darin, daß sich die Partner nicht über den Stil der Werbung einigen können; der eine möchte vielleicht das Image der Agentur hinsichtlich der Kreativität verbessern, während der andere lieber künftige Klienten von den Marketingfähigkeiten der Agentur überzeugen will. Und andere wiederum möchten möglichst schnell in neuen Märkten die führende Rolle spielen. Formulieren Sie zuerst die Ziele, die Sie werblich erreichen wollen, und beginnen Sie dann mit Ihrer Eigenwerbung.

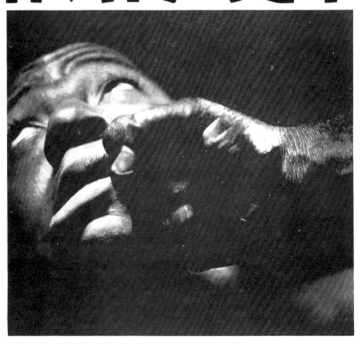

Rechts: Werbeagenturen machen nur selten Werbung für sich selbst. Nur Young & Rubicam hat regelmäßig, 40 Jahre lang, in jeder Fortune-Ausgabe geworben. Dies ist die fünfte Anzeige der Serie und die beste, die jemals für eine Agentur geschaltet wurde. Raymond Rubicam schrieb sie, und Vaughn Flannery war der Art Director.

WIE MAN KUNDEN GEWINNT

Es gibt Texter, die Kampagnen für die eigene Agentur entwickeln, um andere Texter zu beeindrucken, und etliche Art Directoren entwerfen Layouts, um damit vor anderen Art Directoren zu glänzen. Potentielle Kunden, die nur Finanzierungs- und Produktions- oder Absatzprobleme im Kopf haben, lassen sich jedoch nur sehr selten durch ausgefallene Layouts oder phantasiereiche Texte beeindrucken. Werbetexte zur Selbstdarstellung der Agentur sollten nur von solchen Textern geschrieben werden, die sich in die Gedanken- und Problemwelt von Spitzenmanagern hineinversetzen können. Zudem sollten sie genügend *Geduld* besitzen. Es hat immerhin 22 Jahre gedauert, bis meine Partner meine ersten Eigenanzeigen akzeptiert haben.

Ziel meiner Anzeigen war, das Image der Agentur dahingehend zu projizieren, *daß sie mehr über Werbung weiß*. Sie können einwenden, daß dieser Ansatz falsch war, denn Wissen allein ist noch keine Garantie für Kreativität. Trotzdem aber war die Kampagne einzigartig, da keine andere Agentur derartige Anzeigen entwickeln konnte – sie hatten nicht das erforderliche Know-how. Meine Anzeigen *versprachen* nicht nur nützliche Informationen, sondern *vermittelten* sie auch. Und sie waren erfolgreich – in vielen Ländern.

Mit diesen Anzeigen informierte Ogilvy & Mather potentielle Klienten über die breit gefächerte Erfahrung der Agentur.

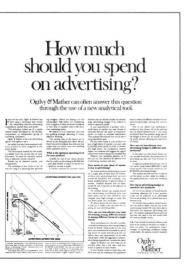

6. Ein offener Brief an einen Kunden, der eine Agentur sucht

Sehr geehrte Damen und Herren!
Wenn Sie sich entschieden haben, eine neue Agentur mit der Durchführung Ihrer Werbung zu beauftragen, erlauben Sie mir, Ihnen diesbezüglich einige Vorschläge zu unterbreiten.

Überlassen Sie die Auswahl nicht einem Gremium, denn dieses trifft häufig die falsche Entscheidung. Suchen Sie die Agentur selbst aus.

Blättern Sie zunächst einige Zeitschriften durch, und sammeln Sie die Anzeigen, die Sie bemerkenswert gut finden. Versuchen Sie dann herauszufinden, welche Agenturen sie gemacht haben.

Schauen Sie sich drei Abende das Werbefernsehen an, und machen Sie sich eine Liste der Werbespots, die Sie beneidenswert gut finden. Versuchen Sie auch hier herauszufinden, von welchen Agenturen sie stammen.

Damit verfügen Sie über eine Liste von Agenturen, die für Sie interessant sind. Als nächstes müssen Sie ermitteln, welche von diesen für Ihre Konkurrenten arbeiten und somit für Sie nicht in Frage kommen.

Durch diese Selektion hat sich Ihre Liste schon reduziert. Treffen Sie sich mit den Geschäftsführern und Creative Directoren der noch in Frage kommenden Agenturen. Achten Sie bei Ihren Gesprächen darauf, ob zwischen Ihnen ein gutes persönliches Einverständnis herrscht; glückliche Ehen sind bekanntlich fruchtbar, unglückliche hingegen nicht.

Kümmern Sie sich zunächst nicht um die Mitarbeiter, die gegebenenfalls mit der Bearbeitung Ihres Etats beauftragt werden, vielleicht sind sie Ihnen sympathisch, ohne daß Sie jedoch ihre *Fähigkeiten* beurteilen können, oder aber Sie finden sie unsympathisch, was bei besonders begabten Leuten durchaus vorkommt. So passierte es mir einmal, daß ein potentieller Klient Ogilvy & Mather nicht mit seiner Werbung betraute, weil der überaus befähigte Texter, den ich ihm vorstellte, lange Haare hatte.

Lassen Sie sich von jeder dieser Agenturen die sechs nach ihrer eigenen Ansicht besten Anzeigen und Fernsehspots vorführen. *Entscheiden Sie sich danach dann für die Agentur, deren Kampagnen Sie am meisten überzeugen.*

Sprechen Sie auch die Frage der Honorarforderungen an. Sind es 15 Prozent, bestehen Sie auf 16 Prozent. Das eine zusätzliche Prozent wird Sie nicht umbringen, aber den Durchschnittsverdienst der Agentur verdoppeln und sichert Ihnen bessere als nur durchschnittliche Leistungen.

Sie sollten auf keinen Fall um das Honorar für die Agentur feilschen. Ein mir bekanntes großes Unternehmen bestand darauf, daß seine Agenturen die Geschäftsbedingungen mit der Einkaufsabteilung vereinbarten, als ob es sich um Büromöbel handelte. Ich frage mich in solchen Fällen, ob sie auch mit Rechtsanwälten und Wirtschaftsprüfern so verfahren?

Bestehen Sie auf einem Fünfjahresvertrag. Der Agentur wird dies überaus willkommen sein – und er schützt Sie vor der Kündigung durch die Agentur, falls einer Ihrer Konkurrenten jemals versuchen sollte, Ihre Agentur mit einem höheren Budget abzuwerben.

EIN OFFENER BRIEF AN EINEN KUNDEN, DER EINE AGENTUR SUCHT

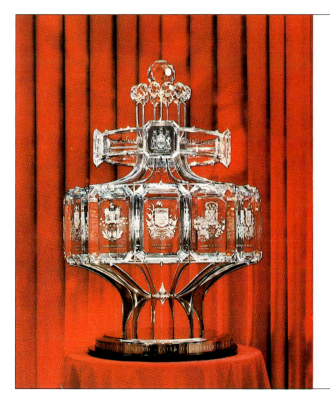

Wozu brauchen Sie einen Hund, wenn Sie dann doch selbst bellen? Als Arthur Houghton mir die Werbung für Steuben-Glas anbot, sagte er: »Wir machen das beste Glas. Ihre Aufgabe ist es, die beste Werbung zu machen.« Eine wunderbare Arbeitsteilung.

Jeder kann eine schlechte Anzeige verfassen, es bedarf jedoch einer gewissen Charakterstärke, eine gute nicht einfach zu kopieren.

Nachdem Sie sich nun eine Agentur ausgesucht haben, bleibt noch die Frage, *ob und wie Sie aus ihr das Beste herausholen*. Agenturen machen meistens für ihre Auftraggeber die Werbung, die diese erwarten. Ich kenne einige, die Unglück bringen, und andere, die segenbringend sind.

Warum wollen Sie einen Hund und dann selbst bellen? Jeder kann eine schlechte Anzeige verfassen, es bedarf jedoch schon einer gewissen Charakterstärke, eine gute nicht einfach zu kopieren. Gerade als ich mit der Präsentation einer neuen Kampagne bei Charlie Kelstadt, dem Chairman von Sears Roebuck, fertig war, kam sein Controller herein, begann gleich, meinen Text zu lesen – und zog seinen Füllfederhalter aus der Tasche. »Stecken Sie Ihren Füller sofort wieder ein«, fuhr Kelstadt ihn an.

Bewerten Sie die Leistungen Ihrer Agentur einmal jährlich in einem zusammenfassenden, grundlegenden Schreiben. Dies kann zugleich als Vorwarnung für eventuelle Probleme verstanden werden, die für alle Betroffenen unerfreuliche Folgen haben könnte, falls sie ignoriert wird.

Einer der weltgrößten Konzerne läßt seine Werbung durch fünf verschiedene Instanzen überprüfen. Jede hat zwar ein Vetorecht, aber nur der Chief Executive Officer hat die endgültige Entscheidungsbefugnis. Aus meiner Erfahrung rate ich Ihnen, lassen Sie die Arbeit Ihrer Agentur höchstens *zwei* Instanzen durchlaufen.

Selbst die souveränsten Texter sind überaus empfindlich. Wenn Sie ihre Arbeit tatsächlich mal kritisieren müssen, bleiben Sie dabei äußerst zurückhaltend; loben Sie sie in den Himmel, wenn sie gute Leistungen erbringen. Schließlich sind die Texter die Hennen, die die goldenen Eier legen können. Deshalb sollten Sie alles tun, um sie dazu zu ermutigen. Der Klient, der mich am überzeugendsten motivierte, war Ted Moscoso, der Wirtschaftsminister von Puerto Rico. Als er uns engagierte, sagte er zu mir: »Bevor wir mit der

OGILVY ÜBER WERBUNG

Werbung beginnen, müssen wir uns einigen, was wir aus Puerto Rico machen wollen: eine Brücke zwischen Lateinamerika und den Vereinigten Staaten? Eine Oase alter spanischer Kultur? Oder einen modernen Industriepark?« Wir haben die ganze Nacht darüber diskutiert. Jedesmal, wenn ich bei späteren Gelegenheiten einen Vorschlag machte, der ihm zusagte – wie beispielsweise die Organisation eines Musikfestivals in San Juan –, machte sich Moscoso eine Notiz, um kurze Zeit danach den Gedanken in die Tat umzusetzen. Teds Chef, Gouverneur Muñoz Martin, hätte den Vereinigten Staaten ein sehr guter Präsident sein können. Als seine Partei bei späteren Gouverneurswahlen unterlag, vergab sein Nachfolger die Werbung an die Agentur, die für seine Wahlkampagne verantwortlich gewesen war. Nie wieder in meinem Leben habe ich so bitterlich geweint.

Diese Anzeige gehört zu einer Serie für Puerto Rico. Die Kampagne wurde von Ted Moscose initiiert, damals Mitglied der puertoricanischen Regierung.

68

EIN OFFENER BRIEF AN EINEN KUNDEN, DER EINE AGENTUR SUCHT

Konflikte

Nach einem ungeschriebenen Gesetz sollten Agenturen nie für mehrere Kunden aus einer Branche tätig sein. Wenn wir beispielsweise die Werbung für Bloggs Schuhcreme machen, wird von uns erwartet, daß wir nicht gleichzeitig für Moggs Schuhcreme werben. Manche Kunden reagieren überaus empfindlich, wenn ihre Agenturen gegen dieses Gesetz verstoßen, und sehen darin eventuell sogar einen Grund, die Geschäftsbeziehungen zu beenden.

Das hört sich zwar plausibel an, ist in der täglichen Realität jedoch beinahe wie ein Minenfeld. Nehmen wir beispielsweise an, Ihre Agentur verwaltet den Etat eines Schuhcremeherstellers, und einer Ihrer Kunden aus einer anderen Branche würde sich ebenfalls für die Produktion von Schuhcreme entscheiden. Was wollen Sie dann tun?

Oder nehmen wir an, unser Wiener Büro betreut einen Schuhcremeetat, und unser Büro in Kuala Lumpur erhielte ein Angebot von einem anderen Schuhcremehersteller. Wie sollen wir dann entscheiden?

Manche Kunden definieren die Wettbewerbsbeschränkungen sogar so eng, daß sie jedes Produkt einbeziehen, durch das ihr Umsatz *indirekt* verringert werden könnte. Wenn wir einen Schuhcremeetat betreuten, und uns würde ein Etat für Sandalen angeboten – Holzsandalen, die nicht mit Schuhcreme gepflegt werden –, wie sollten wir uns verhalten?

Derartige Konflikte sind für Agenturen schwer lösbar. Marvin Bower von McKinsey äußerte zu diesem Themenkomplex mal:

»Zur Firmenpolitik einiger Unternehmen gehört es, daß sie den für sie tätigen Agenturen auferlegen, keine Aufträge von Konkurrenzfirmen anzunehmen. Das basiert stets auf der Befürchtung, über die Agenturen könnten interne Informationen an die Konkurrenz gelangen. Gleichzeitig wird bei diesen Firmen damit auch ein Mangel an Selbstbewußtsein dokumentiert. Bei realistischer Betrachtungsweise muß man erkennen, daß nicht einmal ein nahezu vollständiger Informationsaustausch derjenigen untereinander, die für miteinander im Wettbewerb stehende Firmen tätig sind, die Interessen in irgendeiner Weise beeinträchtigen würde. Trotzdem würde dies natürlich kein verantwortungsbewußtes Dienstleistungsunternehmen machen – abgesehen davon tun sie alles, um selbst einen unbeabsichtigten Informationsaustausch zu vermeiden. Dessen ungeachtet bin ich, besonders da mir seit vielen Jahren vertrauliche Informationen zugänglich gemacht werden, davon überzeugt, daß die Entwicklung, die Produktpräsentation, die Geschäftspraktiken, die Einstellung der Mitarbeiter sowie die Unternehmensphilosophie und Arbeitsweise selbst direkt miteinander konkurrierender Unternehmen in der Regel grundverschieden sind. Selbst wenn interne Informationen weitergegeben würden, würde deshalb daraus kein Schaden entstehen können.«

Ich an Ihrer Stelle würde es mir reiflich überlegen, ob ich meiner Agentur im Falle nachgewiesener »Bigamie« kündigen würde; eine andere Agentur könnte Ihnen vielleicht keine so gute Werbung machen. *Amour propre* kann bekanntlich ein teurer Luxus sein.

David Ogilvy

P. S. Wenn Ihr Werbebudget zu klein sein sollte, um für eine gute Agentur interessant zu sein, suchen Sie sich einen im Ruhestand lebenden, erfahrenen Texter und beauftragen Sie ihn mit Ihrer Werbung. Es wird ihm Spaß machen, wieder zur Feder zu greifen, und das Geld kann er sicher gut gebrauchen.

7. Mein Wunsch: Eine Renaissance in der Printwerbung

»Der Teufel steckt im Detail«

Agenturleute konzipieren meistens viel lieber Fernsehspots als Anzeigen für Zeitungen und Zeitschriften. Selbst die Arbeit nur mittelmäßig Begabter kann in der Regel durch Filmproduzenten sehr aufgewertet werden. Darüber hinaus haben sie im Winter den Vorteil, zu Filmaufnahmen in bezaubernde Erholungsorte zu fahren, während ihre Kollegen vom Print in kalter Öde zurückbleiben müssen.

Kürzlich las ich den *Cri de cœur* einer leitenden Angestellten eines Lebensmittelherstellers:

»Das Fernsehen ist ein derart beherrschendes Medium, daß man sämtliche Agenturen durchkämmen muß, um noch einen von der alten Garde zu finden, der genau weiß, wie man einigermaßen gute Printwerbung für Nahrungsmittel macht. Für die anderen ist die Lebensmittelwerbung immer wieder von neuem ein Feld, bei dem sie nicht wissen, wo vorne und hinten ist.

Das Ärgerliche dabei ist nur, daß es eigentlich einige fast unfehlbare Vorgaben für die Entwicklung von Anzeigen gibt, mit denen die Aufmerksamkeit von Frauen geweckt werden kann. Man sollte sie auf jeden Fall so lange berücksichtigen, bis die Botschaft eindeutig aufgenommen ist. Wenn diese Grundvoraussetzungen verstanden sind, können selbst junge Produktmanager Beachtung findende Lebensmittelanzeigen zusammenstellen. Die Hochbegabten unter ihnen schaffen es sogar, daß sich die Leserinnen die Anzeigen herausreißen und in der Küchenschublade aufheben.

Versuchen Sie, dies mal Ihren Agenturen klarzumachen. Meistens haben die noch nie etwas von den Grundbegriffen der Lebensmittelwerbung gehört. Erläutern Sie ihnen die Grundregeln, und Sie werden erleben, wie kleinlaut sie mit ihrer sensiblen Kreativität werden.«

Das mangelnde Know-how im Printbereich stellt sich für Zigarettenhersteller sowie für all jene Unternehmen, die keine Fernsehwerbung betreiben *dürfen*, als ein ernstes Problem dar. Diese Situation ermöglicht es andererseits Textern und Art Directoren, sich dieses Know-how anzueignen und sich dann damit zu profilieren.

In diesem Kapitel werde ich schildern, was ich über Printwerbung gelernt habe. Dabei muß ich jedoch einige Punkte wiederholen, die ich bereits an anderer Stelle niedergeschrieben habe und die noch immer zutreffend sind. Eigentlich bin ich selbst immer wieder über die stets gleichbleibende, Ort und Zeit außer acht lassende Resonanz der Konsumenten auf verschiedenartigste Headlines, Abbildungen, Layouts und Texte erstaunt.

MEIN WUNSCH: EINE RENAISSANCE DER PRINTWERBUNG

Meine wichtigsten Informationsquellen sind die Faktorenanalysen, die ich regelmäßig von Gallup und Robinson bekomme, der Starch Readership Service, die Ergebnisse von Direct-Response-Tests sowie meine eigenen Beobachtungen.

Headline

Im Durchschnitt wird die Headline einer Anzeige etwa fünfmal häufiger gelesen als der Fließtext. Hieraus folgt, daß Sie 90 Prozent Ihres Geldes verschwenden, wenn Sie Ihr Produkt nicht bereits über die Headline verkaufen.

Dabei ist meistens die Headline die beste, die dem Leser Vorteile verspricht – wie zum Beispiel weißere Wäsche, mehr Kilometer pro Liter, keine Karies und so weiter. Blättern Sie nur mal eine Illustrierte durch, und zählen Sie dabei die Anzeigen, deren Headlines irgendeinen positiven Nutzen versprechen.

Ebenso erfolgreich sind Headlines, die *Neues* ankündigen: beispielsweise die Einführung eines neuen Produktes oder einer Verbesserung eines alten Produktes oder auch eine neue Methode der Verwendung eines alten Produktes wie die neue Methode, Campbell Suppen eisgekühlt zu servieren. Der

Der Erinnerungswert bei Anzeigen, die etwas Neues vermitteln, liegt um 22 % höher als bei Anzeigen ohne eine derartige Information. Dabei muß es nicht einmal die Ankündigung eines neuen Produkts sein, es kann auch die neue Anwendungsmöglichkeit eines alten Produkts sein wie in dieser Anzeige.

71

Darling, I'm having the most extraordinary experience...

I'm head over heels in DOVE!

No, darling—DOVE. D—like in *delicious*. I told you, sweet. I'm in the tub. Taking a bath. A DOVE bath—my very first.

And what a positively gorgeous time I'm having! It's just as if I'd never *really* bathed before!

No, dear, it isn't a *soap*. Soap was never like this! So wickedly *creamy*. That man on TV said that DOVE is one-quarter cleansing cream—that it *creams* my skin while I bathe—and now I really *believe* him.

Why, DOVE even *smells* creamy. Such a lovely, lush, *expensive* smell!

Remember "The Great Ziegfeld," dear? How Anna Held bathed in milk? And Cleopatra—one hundred mares or something *milked* every day for her bath?

Well, darling, I'm all over *cream*. Just imagine, cream tip to toe. Arms. Legs. *All* of me!

And *clean!* Simply *smothered* in suds. Oodles of suds! Oceans of. I don't know what I ever did to *deserve* DOVE!

And you know how soap leaves your skin so *dry?* That nasty stretched feeling? Well, DOVE

makes me feel all velvet and silk, all *soft and smooth*. Just the most pampered, most spoiled, *girliest* girl in the world.

Darling, I'm *purring*.

And did I tell you DOVE is sort of *me*-shaped? That it's curved to fit my hand, so it doesn't keep slithering away in the tub? Soap is soap, but a bath with DOVE is *heaven!*

And just think, darling—tomorrow night, I can *do it again.*

NOTE TO EAVESDROPPERS

You can buy the remarkable new bath and toilet bar called DOVE today. DOVE is a completely new formula. DOVE makes rich lather in hardest water. DOVE leaves *no* bathtub ring. Lever Brothers guarantee that DOVE is better for *your face, your hands, all of you*, than regular toilet soap. If you don't agree, we'll return every penny you paid.

DOVE creams your skin while you bathe

MEIN WUNSCH: EINE RENAISSANCE DER PRINTWERBUNG

Headlines mit zehn Worten sind verkaufsträchtiger als kurze.

durchschnittliche Erinnerungswert liegt bei Anzeigen, die etwas Neues vermitteln, 22 Prozent höher als bei Anzeigen ohne eine derartige Information.

Wenn Sie die Chance haben, etwas Neues ankündigen zu können, verstecken Sie es nicht im Fließtext, der von 90 Prozent der Leser nicht zur Kenntnis genommen wird. Sagen Sie es statt dessen überzeugend und deutlich in der Headline. Und dabei können Sie auf so bewährte Worte wie *erstaunlich, Einführung, jetzt, plötzlich* getrost zurückgreifen.

Headlines, die für den Leser *hilfreiche Informationen* anbieten, wie zum Beispiel WIE MAN FREUNDE GEWINNT UND LEUTE BEEINFLUSST, erzielen einen überdurchschnittlich hohen Aufmerksamkeitswert.

Den Markennamen sollten Sie auf jeden Fall in der Headline nennen, denn sonst werden 90 Prozent der Leser (die den Text ja nicht lesen) nicht wissen, für welches Produkt Sie werben.

Wenn das beworbene Produkt nur für eine kleine Gruppe von Leuten interessant ist, müssen sich diese durch einen entsprechenden Begriff in der Head-

Links: *Ich habe das Wort »Liebling« in der Headline benutzt, weil ein Psychologe Hunderte von Worten auf ihre emotionale Wirkung hin getestet hat und »Liebling« dabei am besten abschnitt. Ich wußte damals nicht, daß es gefährlich ist, beim Baden zu telefonieren.*

Oben: *Bei Inseraten in örtlichen Zeitungen erzielen Sie bessere Ergebnisse, wenn Sie jeweils den Namen der betreffenden Stadt in der Headline nennen. In den meisten Fällen interessieren sich die Leser für das, was dort, wo sie leben, passiert.*
Rechts: *Im Durchschnitt sind lange Headlines verkaufsträchtiger als kurze. Diese Headline aus einem Wort ist die Ausnahme, die die Regel bestätigt.*

Oben: *Konkrete Aussagen sind glaubwürdiger und haben bessere Erinnerungswerte als allgemeine Formulierungen. Deshalb habe ich hier betont, daß der Gewinn von Sears bei weniger als fünf Prozent liegt.*

Gegenüber: *Die Leserquote bei Texten mit Ratschlägen ist durchschnittlich um 75 % höher als bei nur produktbeschreibenden Texten. Diese Anzeige schildert, wie Rinso Flecken entfernt. Sie wurde von mehr Testpersonen gelesen, und es erinnerten sich mehr an sie als an irgendeine andere Reinigungsmittel-Anzeige, die getestet wurde. Trotzdem wurde sie niemals geschaltet, weil sie nicht das Produktversprechen »Rinso wäscht weißer« enthielt. Das Foto zeigt verschiedene Flecken. Das Blut war sogar mein eigenes: Ich bin der einzige Texter, der im wahrsten Sinne des Wortes für seine Kunden geblutet hat.*

line wie beispielsweise *Asthma, Bettnässer, Frauen über 35* unmittelbar angesprochen fühlen.

Nach Angaben von Starch werden Headlines mit mehr als zehn Worten seltener gelesen als kürzere. Andererseits ergab eine Analyse von Einzelhandelsanzeigen, daß Headlines mit zehn Worten verkaufsträchtiger sind als kurze. Schlußfolgerung: *Brauchen* Sie eine lange Überschrift, schreiben Sie sie, brauchen Sie eine kurze, ist dies genauso richtig. So hat beispielsweise in einer VW-Anzeige die berühmte Überschrift »Lemon« entscheidend zum Erfolg des VW-Käfers in den Vereinigten Staaten beigetragen.

Konkrete Aussagen sind in jedem Fall erfolgversprechender als allgemeine Formulierungen. Nachdem Umfragen ergeben hatten, daß der Durchschnittskäufer der Meinung war, Sears Roebuck würde einen Gewinn von etwa 37 Prozent erzielen, schrieb ich in der Headline einer Anzeige: *»Sears makes a profit of 5 per cent.«* Diese Aussage war wesentlich überzeugender, als wenn ich geschrieben hätte, Sears' Gewinne seien »geringer als üblicherweise angenommen« oder ähnlich vage Behauptungen aufgestellt hätte.

Wenn Sie die Headline dazu noch in *Anführungszeichen* setzen, steigert sich der Erinnerungswert durchschnittlich um 28 Prozent.

Bei Insertionen in lokalen Zeitungen erzielen Sie bessere Ergebnisse, wenn Sie jeweils den Namen der Stadt in der Headline nennen, denn die meisten Leute interessieren sich für alles, und haben intensives Interesse an allem, was in *ihrem* Wohnort geschieht.

Ein Psychologe hat bei einem Test Hunderte von Worten auf einen Bildschirm projiziert und dabei mit Hilfe eines elektronischen Apparates die emotionalen Reaktionen der Probanden gemessen. Da unter anderem das Wort *Liebling* extrem hohe Werte erreichte, habe ich es in der Headline einer Anzeige für die Seife Dove verwandt.

Manche Texter schreiben sehr *raffinierte* Headlines – mit Doppeldeutigkeiten, Wortspielen und hintergründigen Begriffen. Damit erzeugen sie jedoch eher den entgegengesetzten Effekt. In der Regel muß eine Headline in einer

MEIN WUNSCH: EINE RENAISSANCE DER PRINTWERBUNG

How to take out
STAINS

USE RINSO AND FOLLOW THESE EASY DIRECTIONS

If you have ever used Rinso in your washer, you've probably noticed that it gets clothes exceptionally *white*. This is due to the SOLIUM in Rinso.

What many women *don't* know is that Rinso also works like a charm on most common *stains* — if you know how to go about it. Here are some simple, tested hints from the scientists at Lever Brothers Company. Be *sure* fabric is colorfast and washable before following these directions.

1. GREASE & OIL. Use warm Rinso suds. Put plenty of Rinso on stained part, rub between hands.

2. BLOOD. Soak in cold water until stains turn light brown, then wash in warm Rinso suds.

3. COFFEE & TEA. To remove fresh stains, pour boiling water on stain from 2- or 3-foot height, then wash in warm Rinso suds. If any stain remains, dry in sun or use bleach. Do not bleach silk or wool.

4. GRASS. Use hot water and Rinso, rubbing well. If stains remain, use bleach. Once again, do not bleach silk or wool.

5. OIL PAINT, VARNISH, ENAMEL. Remove fresh stains from washable materials by washing with plenty of Rinso suds. If stain has dried, soften it first by rubbing in Spry, lard or vaseline.

6. MILDEW. Rinso suds will remove very fresh mildew stains from washable materials. Drying in sun helps bleach spots. If stain remains, use bleach except on silk or wool.

7. INDELIBLE LIPSTICK. Work vaseline or lard into stain. Then sponge with cleaning fluid. Remove any ring which may remain by laundering in Rinso suds. On rayon and colored materials, use 1 part alcohol to 2 parts water. Then launder with Rinso.

8. CHOCOLATE & COCOA. First scrape off excess with dull knife, then launder in warm Rinso suds.

9. CHLOROPHYLL. Wash with warm Rinso suds. If stain remains, use bleach except on silk or wool.

10. SCORCH. Use Rinso suds to remove slight stains from washable materials. Dry in the sun a day or two.

11. TOMATO JUICE, CATSUP. Sponge thoroughly with cold water, then work glycerine into stain, let stand half hour. Then wash in Rinso suds.

12. SHOE POLISH. Sponge thoroughly with plenty of Rinso suds.

SAVE 20%

You usually pay about 20% less for Rinso than for detergents because it now costs Lever Brothers less to make Rinso. This saving goes to you. Rinso is guaranteed, of course. To obtain free reprints of this page, write Lever Brothers Company, P.O. Box 44, New York 46, N.Y.

Tageszeitung mit 350 anderen konkurrieren. Die Leser überfliegen dieses vielseitige Informationsangebot in Windeseile. Deshalb sollte Ihre Headline das, was Sie zu sagen haben, *kurz und prägnant* vermitteln.

Manche Headlines sind »blind«; sie enthalten keine Aussage über das beworbene Produkt und/oder den damit für den Leser verbundenen Nutzen. Dementsprechend ist der Erinnerungswert um etwa 20 Prozent geringer.

Da erfahrungsgemäß Headlines mehr als der gesamte sonstige Inhalt für den Erfolg oder Mißerfolg einer Anzeige bestimmend sind, wäre es absolut töricht, eine Anzeige ohne Headline zu schalten.

Falls Sie zum Schreiben von Headlines weitere Hinweise und Anregungen suchen, empfehle ich Ihnen das Buch von John Caples »Tested Advertising Methods« (Prentice-Hall).

Visuals

Ein Bild kann mit seiner Aussage tausend Worte und mehr wert sein. Die Cowboyfotos von Marlboro und Elliott Erwitts Aufnahmen in den Anzeigen für Puerto Rico und Frankreich sind hierfür gute Beispiele.

Ich gebe Ihnen nachfolgend fünfzehn Anhaltspunkte für die möglichst effektive Verwendung von Visuals:

1. Das *Motiv* Ihres Bildes ist überaus wichtig. Wenn Sie dafür keine besonders überzeugende *Idee* haben, kann Ihnen der beste Fotograf nicht helfen.

2. Am erfolgreichsten sind meistens die Fotos, die die Neugier des Lesers wecken. Er sieht das Bild und fragt sich selbst: »Worum geht es denn

MEIN WUNSCH: EINE RENAISSANCE DER PRINTWERBUNG

Oben und rechts: *Als ehemaliger Küchenchef (oben) dachte ich, daß Hausfrauen das Rinso-Foto genau so interessant fänden wie ich. Dem war aber nicht so.*

hier?« Dann liest er den Text, um darauf eine Antwort zu finden. Harold Rudolph sieht darin ein subtiles Element, das er als »Story Appeal« bezeichnet. Dabei hat er nachgewiesen, daß je subtiler die Fotografien in Anzeigen sind, desto stärker werden die Anzeigen beachtet.

3. Wenn für Ihr Produkt kein Foto relevant ist, das zu einer Story anregt, ist es meistens sinnvoll, die *Verpackung*, in der es angeboten wird, zum Gegenstand der Visuals zu machen.

4. Ferner hat es sich als vorteilhaft erwiesen, das mit der Verwendung Ihres Produktes zu erzielende Ergebnis abzubilden. Fotos, die den Zustand vor und nach der Anwendung zeigen, scheinen Leser besonders zu faszinieren. Bei einer Analyse von siebzig Kampagnen, deren Umsatzergebnisse bekannt waren, ermittelte Gallup, daß die »Vorher-und-Nachher«-Kampagnen sämtlichst zu Umsatzsteigerungen geführt hatten.

5. Als ich mit unserem kleinen Büro auf der Madison Avenue anfing, wurden die meisten Anzeigen mit *Zeichnungen* illustriert. Später fand man

Oben: *Wenn Sie mit Ihrem Foto keine Geschichte zu erzählen haben, machen Sie Ihr Produkt zum Gegenstand des Bildes. Dieses Foto wurde von Irving Penn für Philippe Saalburg von der Agentur FCB-Impact in Paris aufgenommen.*

heraus, daß durch Fotos viel mehr Leser angesprochen wurden, Fotos dazu glaubwürdiger sind und den Erinnerungwert steigern. Als ich die »Come-to-Britain«-Kampagne übernahm, ersetzte ich die Zeichnungen, die die vorherige Agentur verwandt hatte, durch Fotos. Sowohl die Leserquote der Anzeigen als auch der Reiseverkehr nach Großbritannien verdreifachten sich. Direct-Response-Werbeleute haben zudem herausgefunden, daß bei Verwendung von Fotos in Anzeigen die Quote eingesandter Antwortcoupons höher ist als bei Zeichnungen. Vergleichbar sind die Untersuchungen von Kaufhäusern, die aufgrund von Anzeigen mit Fotos eine Zunahme des Verkaufs der so beworbenen Waren ermittelten. Oft sind Fotos in Zeitungen jedoch so schlecht reproduziert, daß eine Strichzeichnung ein lebhafteres Bild vermittelt hätte. Ich habe beispielsweise die Erfahrung gemacht, daß Strichzeichnungen in Anzeigen für Schuhe von Thom McCan verkaufswirksamer waren als Fotos.

6. Die Abbildung von Persönlichkeiten, die Leser aus Ihren Fernsehwerbespots schon kennen, steigert den Erinnerungswert Ihrer Anzeige.

7. Verwenden Sie möglichst *gut erfaßbare* Illustrationen, bei denen sich das Interesse auf eine Person konzentriert. Massenszenen sind meistens weniger anziehend.

8. Vergrößern Sie Gesichter nie über die natürliche Größe hinaus; dies scheint bei den Lesern nicht anzukommen.

9. Historische Inhalte langweilen die meisten Leser.

10. Gehen Sie nicht davon aus, daß Inhalte, die *Sie* interessieren, zwangs-

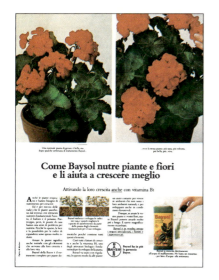

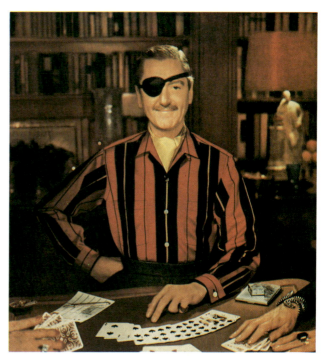

Oben: *Vorher-und-Nachher-Fotos faszinieren die Leser. In dieser Anzeige des Mailänder Ogilvy & Mather-Büros ist die linke Pflanze im Gegensatz zur rechten nicht mit Baysol behandelt worden.*
Rechts: *Die Augenbinde ist das magische Element des »Story Appeal«. Das Modell war Baron Wrangel I, der die dumme Angewohnheit hatte, vor der Kamera zu schwanken. Wir mußten ihn deshalb an einer Eisenstange festbinden.*

läufig auch für die Konsumenten interessant sind. Als ehemaliger Küchenchef war ich immer der Ansicht, daß Köche bei *jedem* Interesse wecken würden. Als ich sie deshalb mal in einer Anzeige abbildete, fand diese jedoch bei den Hausfrauen, die meine Zielgruppe waren, nur sehr geringe Beachtung. Ein bei der Campbell's Soup Company tätiger Freund erzählte mir daraufhin, er habe ebenfalls festgestellt, daß Hausfrauen auf Köche negativ reagieren.

11. Vor längerer Zeit erkundigte sich mein Bruder Francis mal bei einem Redakteur des Londoner *Daily Mirror*, welche Fotografien seine Leser am meisten interessieren würden. Er sagte ihm: »Süße Babys, süße Tiere und alles, was man Sex nennen könnte.« Dies gilt nach wie vor.

12. Als ich noch für Dr. Gallup arbeitete, fiel mir auf, daß sich Kinobesucher mehr für Schauspieler gleichen Geschlechts interessierten als für die des anderen. Dasselbe gilt für Anzeigen: Wenn Sie die Fotografie einer Frau verwenden, wird Ihre Anzeige von Männern ignoriert.

13. Vierfarbanzeigen sind 50 Prozent teurer als Schwarzweißanzeigen; ihr Erinnerungswert ist durchschnittlich aber um 100 Prozent höher. Offenbar ein lohnendes Geschäft.

14. Ich kann der Versuchung nicht widerstehen, an dieser Stelle einen Vers zu zitieren, der wertvolle Hinweise bezüglich der Verwendung von Illustrationen enthält:

> Wenn der Kunde beklagt sein Los,
> mach das Firmenzeichen doppelt groß.
> Und wenn er noch nicht Ruhe gibt,
> zeig ein Bild von sein'm Betrieb.
> Nur eines tu ganz sicher nicht:
> zeig ein Foto von sein'm Gesicht.

15. Bei Werbung für Produkte, die zum Kochen benötigt werden, sprechen Sie mit einem Foto des fertigen Gerichts mehr Leser an, als wenn Sie nur die Zutaten zeigen.

Warnung

Mein ehemaliger Partner Douglas Haines hat vor einiger Zeit nachgewiesen, daß die Visuals in Anzeigen oftmals *falsch verstanden* werden. Bei einer Pilotstudie interviewte er eine Frau, die tatsächlich meinte, das in einer Zigarettenanzeige benutzte Foto eines luxuriösen Hotelfoyers sei ein Bild von einem Krankenhaus für Krebspatienten.

Der Fließtext

»Niemand liest den Text.« Zutreffend oder nicht? Das hängt von zwei Dingen ab: Erstens, wie viele Personen an dem Produkt interssiert sind, für das Sie werben; so werden beispielsweise viele Frauen einen Text über Lebensmittelprodukte lesen, während sie einen über Zigarren wohl ignorieren werden. Zweitens hängt es davon ab, wie viele Personen durch die Visuals und die Headline angesprochen werden.

Der *durchschnittliche* Anteil derjenigen, die den Text von Anzeigen in Zeitschriften lesen, beträgt etwa 5 Prozent. Das scheint wenig, sofern Sie sich nicht verdeutlichen, daß 5 Prozent der Leser von *Reader's Digest* immerhin 1,5 Millionen Männer und Frauen sind.

Selbst unter dieser Voraussetzung dürfen Sie jedoch nicht den Fehler machen, Ihre Leser so anzusprechen, als ob sie in einem Sportstadion versammelt wären. Wenn Konsumenten Ihren Text lesen, dann sind sie meistens *allein*. Stellen Sie sich deshalb vor, Sie würden jedem einzelnen im Namen Ihres Kunden einen Brief schreiben und ihn direkt ansprechen.

Königin Viktoria beklagte sich, daß Gladstone so mit ihr redete, als ob er in einer öffentlichen Versammlung spräche. Sie bevorzugte deshalb die Gespräche mit Disraeli, der sie wie einen verständigen Menschen behandelte. Orientieren Sie sich beim Schreiben Ihres Textes lieber an Disraeli, obwohl dies nicht so einfach ist, wie Sie vielleicht meinen.

Mit einem langweiligen Text werden Sie nie irgend jemanden zum Kaufen veranlassen – damit können Sie höchstens ein Interesse am Kauf wecken.

Kurze, prägnante Sätze und kurze Absätze sind ebenso sinnvoll, wie Sie auch schwierige Worte vermeiden sollten. In einer Anzeige für Dove habe ich mal den Begriff »obsolet« verwandt und mußte feststellen, daß die Mehrzahl der Hausfrauen die Bedeutung des Wortes nicht kannte. Deshalb habe ich es

---

Mit einem *langweiligen Text* werden Sie nie auch nur irgend jemand zum Kaufen veranlassen.

MEIN WUNSCH: EINE RENAISSANCE DER PRINTWERBUNG

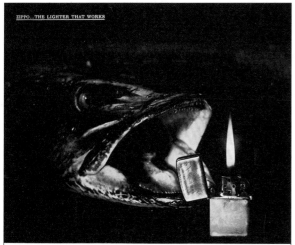

Oben: *Beachten Sie das Zeitungslayout und die jeweils gewählte Geschichte, beides positive Faktoren. Diese Anzeige versprach:* »Falls es aus irgendeinem Grund nicht funktionieren sollte, wir reparieren es umsonst.« *Daraufhin kamen jeden Morgen mit der Post Hunderte von alten und kaputten Feuerzeugen. Sie wurden noch am gleichen Tag repariert und kostenlos zurückgeschickt.*

Oben rechts: *John Caples berühmte Werbung für die US-Musikschule demonstriert eindringlich den »Story Appeal«.*

durch »altmodisch« ersetzt. Und als ich in einem Text für Hathaway mal das Wort *»ineffable«*[*] verwandte, rief mich ein Reporter an und fragte mich, was es bedeute. Dummerweise hatte ich nicht den geringsten Schimmer. Seitdem liegt ständig ein Wörterbuch neben meinem Telefon.

Wenn sich Texter mit mir über einen ausgefallenen Begriff streiten, den sie gern verwenden würden, empfehle ich ihnen: »Fahren Sie mit einem Bus nach Iowa. Bleiben Sie dort eine Woche auf einem Bauernhof, und reden Sie mit den Bauern. Kommen Sie dann mit dem Zug nach New York zurück, und sprechen Sie unterwegs mit Ihren Mitreisenden im Abteil. Wenn Sie diesen Begriff danach *immer noch* verwenden wollen, dann tun Sie es.«

Ein Text sollte in der täglichen Umgangssprache verfaßt sein, so wie die Menschen tagtäglich miteinander sprechen. Als Beispiel dafür dieser anonyme Vers:

> Carnation-Milch ist die beste im Land,
> hier sitze ich mit 'ner Dose in der Hand.
> Brauch' keine Zitzen zu melken, kein Heu zu bring'n,
> schlag nur ein Loch in das Scheißding.

Schreiben Sie auf keinen Fall Essays. Sagen Sie Ihrem Leser, warum er das Produkt braucht, und nennen Sie möglichst konkrete Fakten.

Oder formulieren Sie Ihren Text wie eine *Geschichte*; beispielsweise wie in

---

[*] »Unbeschreiblich« (Anm. d. Red.).

Unten: *Schön aber langweilig. Diese Schweizer Anzeige hätte wesentlich mehr Hausfrauen interessiert, wenn sie ein fertiges Gericht und nicht nur die Zutaten gezeigt hätte. Außerdem wäre sie überzeugender gewesen, wenn der Text nicht vage Allgemeinplätze, sondern einige konkrete Aussagen enthalten hätte.*

Gegenüber rechts: *Sie können eine ganze Anzeige wie diese für Austin auf Testimonials aufbauen. Als der Direktor von Groton erfuhr, daß der »anonyme Diplomat« der Autor dieses Buches war, hielt ich es für besser, meinen Sohn auf eine andere Schule zu schicken.*

der Anzeige mit der Headline: »Die erstaunliche Geschichte eines Zippos (Feuerzeugs), das immer noch funktionierte, nachdem man es in einem Fischbauch gefunden hatte.« Zu den berühmtesten Anzeigen gehört die, die John Caples für die International Correspondence School geschrieben hat; sie hatte folgende Headline: »Sie lachten, als ich mich an das Klavier setzte – aber als ich zu spielen begann ...«

Analogien sollten Sie unbedingt vermeiden. Gallup hat herausgefunden, daß sie häufig mißverstanden werden. Wenn Sie beispielsweise in einem Text für eine Gesichtscreme schreiben: »Pflanzen brauchen Feuchtigkeit, dasselbe gilt auch für Ihre Haut«, wird diese gedankliche Verbindung von den Lesern meistens nicht nachvollzogen.

Benutzen Sie keine Superlative wie »Unser Produkt ist das beste der Welt«. Gallup nennt dies *Prahlerei und Angeberei*, mit der Sie niemanden überzeugen können.

Ihr Text wird durch ein *Testimonial* in der Regel glaubwürdiger. Für Leser sind die Aussagen realer Personen häufig überzeugender als die Behauptungen anonymer Texter. James Webb Young, einer der besten Texter, den die Werbebranche je hatte, sagte hierzu mal: »Jeder Werbetreibende hat dasselbe Anliegen: Er will *glaubwürdig* sein. Im Versandgeschäft weiß jeder, daß es in dieser Hinsicht keine überzeugenderen Aussagen als Testimonials gibt; dennoch werden sie in der klassischen Werbung nur selten eingesetzt.«

MEIN WUNSCH: EINE RENAISSANCE DER PRINTWERBUNG

Manchmal werden Sie eine Anzeige vollständig auf Testimonials aufbauen. Meine erste Anzeige für Austin-Autos enthielt einen Brief eines »anonymen Diplomaten«, der seinen Sohn auf die Schule nach Groton schicken konnte, weil er mit dem Austin so viel Geld gespart hatte. Die Anzeige war eine Mischung aus Snobismus und Wirtschaftlichkeit. Unglücklicherweise kam ein Redakteur von *Time* auf die Idee, ich selbst könne der anonyme Diplomat sein, und fragte diesbezüglich beim Direktor von Groton an. – Daraufhin mußte ich meinen Sohn auf eine andere Schule schicken.

Obwohl Testimonials berühmter Persönlichkeiten im allgemeinen hohe Erinnerungswerte erreichen, verwende ich sie nicht mehr. Die Leser erinnern sich meistens nur an die Persönlichkeit und vergessen dabei das Produkt. Demgegenüber können Empfehlungen von Experten äußerst überzeugend wirken – wie beispielsweise die Bestätigung eines ehemaligen Safeknackers, es sei ihm nie gelungen, einen Chubb-Safe zu öffnen.

Die meisten Texter glauben, Preisnachlässe und Sonderangebote seien langweilig. Die Verbraucher sind da aber ganz anderer Meinung. Dementsprechend kann man damit auch überdurchschnittlich hohe Aufmerksamkeit erzielen.

Versuchen Sie möglichst stets, den *Preis* Ihres Produktes anzugeben. Im Schaufenster eines Juweliers sehen Sie eine Halskette, denken jedoch nicht daran, sie zu kaufen, da der Preis nicht angegeben ist und Sie zu schüchtern sind, im Geschäft danach zu fragen. Genau dasselbe gilt für Anzeigen. Wird der Preis des angebotenen Produktes nicht genannt, blättern viele Leser einfach weiter. Als sich Jetté Ellerton von Hathaway zurückzog, um statt dessen

Oben: *Testimonials von Experten können ausgesprochen überzeugend sein. Diese Anzeige von Ogilvy & Mather erschien in Singapur.*

Unten: *Die zweiseitige Anzeige für den World Wildlife Fund erschien in der* New York Times. *Sie enthält 3232 Worte.*

Gegenüber: *Diese Anzeige enthält 6450 Worte – die höchste Anzahl, die jemals auf einer einzigen Seite untergebracht wurde. Nach Schaltung der Anzeige in der* New York Times *gingen 10 000 Anforderungen für das am Ende des Textes beiläufig erwähnte kleine Buch ein. Den Text schrieb der inzwischen verstorbene Louis Engel von Merrill Lynch.*

mit Bildern zu handeln, verletzte er die Gepflogenheiten des Kunsthandels, indem er den Preis der Bilder in seinen Anzeigen angab. Leider ist dies den meisten Herstellern nicht möglich, da sie den Einzelhändlern die Preise nicht vorschreiben können. Bedauerlicherweise verringert sich dadurch der Verkaufserfolg ihrer Anzeigen deutlich. Bei Konsumgütern ist dies vermutlich nicht so gravierend, spielt jedoch bei hochpreisigen Produkten wie Autos, Kühlschränken und Fernsehgeräten eine nicht unwesentliche Rolle.

Ich bin der Ansicht, daß auf jeder Anzeige auch der *Name der Agentur* stehen sollte. Dies ist jedoch in den Vereinigten Staaten grundsätzlich nicht üblich und wird damit begründet, der werbungtreibende Hersteller kauft Anzeigenraum für seine Produkte und nicht für seine Agentur. Das ist kurzsichtig. Nach meinen Erfahrungen gäbe sich eine Agentur wesentlich mehr Mühe, wenn sie ihre Anzeigen namentlich zeichnen müßte. Als ich auf Wunsch von *Reader's Digest* eine Anzeige für ihre Zeitschrift textete (vgl. Seite 41), bestanden sie darauf, daß ich sie unterzeichnen sollte. Ich habe dafür ganz schön geschuftet, denn jeder konnte ja lesen, von wem sie stammte.

In Deutschland und Frankreich ist es heute allgemein üblich, daß in Anzeigen auch der Name der Agentur genannt wird. Die Pariser Agentur FCB-Impact nennt zusätzlich sogar die Namen der jeweiligen Texter. Das finde ich prima.

Viyella robe by State o' Maine; breakfast-set by Wedgwood.

See The Conquering Hero Comes — in a Viyella® Robe!

Sound the trumpets, beat the drums, see the conquering hero comes — dressed to the nines in a Viyella robe, and armed with Sunday breakfast for his deserving bride. The superb thing about a Viyella bathrobe is that you can *wash* it. If it shrinks, we replace. Lamby-soft Viyella (rhymes with hi-fella) wears for *years*. A customer who bought a Viyella shirt eleven years ago tells us that he has had it washed and cleaned more than sixty times. "The colors are just as bright and distinct as when it was new ... the only casualty throughout the years has been the loss of two buttons." Viyella robes (like the one our hero is wearing) come in authentic tartans, tattersalls, checks, stripes and plain colors. They weigh only 21 ounces and can be packed in your brief case next time you travel. $28.50 at fine stores everywhere. For the name of your nearest retailer write William Hollins & Company, Inc., 347 Madison Avenue, New York 17, New York. MU 4-7330.

MEIN WUNSCH: EINE RENAISSANCE DER PRINTWERBUNG

Kurzer oder langer Text?
Nach meinen Erfahrungen ist ein langer Text bei den meisten Produkten sehr viel wirkungsvoller als ein kurzer. Bislang hatte ich mit langen Texten nur zwei Mißerfolge: einmal bei einer Anzeige für eine sehr preiswerte Zigarre und das andere Mal für einen hochpreisigen Whisky. Nachfolgend nenne ich Ihnen sieben Beispiele für erfolgreiche Anzeigen mit langen Texten:

1. Der inzwischen verstorbene Louis Engel schrieb eine Anzeige für Merrill-Lynch, die 6 450 Worte enthielt. Nach einmaligem Erscheinen in der *New York Times* erhielten sie 10 000 Zuschriften, obwohl die Anzeige keinen Antwortcoupon enthielt.

2. Claude Hopkins schrieb eine Anzeige für Schlitz-Bier, die fünf engbedruckte Textseiten umfaßte. Innerhalb weniger Monate stieg der Umsatz von Schlitz-Bier vom fünften auf den ersten Platz.

3. Meine erste Anzeige für Puerto Rico enthielt 600 Worte (sie war zwar von Beardsley Ruml unterzeichnet, aber von mir geschrieben). 14 000 Leser schickten den Antwortcoupon zurück, einige von ihnen bauten später Fabriken in Puerto Rico.

4. Eine Serie von Zeitungsanzeigen für Shell bestand aus 800 Worten. 26 Prozent der männlichen Leserschaft lasen mehr als die Hälfte, und als Ergebnis stieg Shells Marktanteil nach siebenjährigem Abwärtstrend endlich wieder an.

5. Meine Anzeigen für Ogilvy & Mather enthielten 2 500 Worte. Sie brachten uns zahlreiche neue Geschäftsverbindungen.

Links und unten: *Dieses Layout habe ich jahrelang in allen Zeitschriften verwandt: ein großes Foto, eine Headline bis zu 9 Worten sowie ein Text mit 240 Worten. Das Layout ist zu empfehlen, wenn das Bild die Hauptaufgabe des Verkaufens übernehmen soll.*

Unten rechts: *Dies ist mein zweitliebstes Layout: ein breites, niedriges Foto, eine bis zu 20 Worten lange Headline, darunter eine Subheadline bis zu 28 Worten, 4 oder 5 Zwischenüberschriften und 600 Worte Text. Dieses Layout ist sehr gut, wenn Ihnen der Text wichtiger ist als das Bild.*

6. In einer Anzeige für den World Wildlife Fund verwandte ich 3 750 Worte.

7. Eine Anzeigenserie für Morgan Guaranty umfaßte 800 Worte und hatte für die Bank eine Menge positiver Auswirkungen.

Ich könnte Ihnen noch zahlreiche weitere Beispiele für erfolgreiche Anzeigen mit langen Texten aufzählen, die beachtliche Verkaufserfolge erbrachten, so beispielsweise auch eine Serie für Mercedes-Benz-Automobile.

Ich glaube – ohne daß ich dies belegen kann –, daß Anzeigen mit langen Texten beim Leser den Eindruck vermitteln, *Sie haben etwas Wichtiges mitzuteilen*; unabhängig davon, ob der Text gelesen wird oder nicht.

Nachdem Dr. Charles Edwards Anzeigen von Einzelhändlern analysiert hatte, kam er zu dem Schluß, daß »man um so mehr verkauft, je mehr Fakten man mitzuteilen hat«. Dementsprechend nehmen die Erfolgschancen einer Anzeige proportional zu, je mehr sachbezogene Informationen dem Leser über das Warenangebot in einer Anzeige übermittelt werden.

Die Werber aus dem Direct-Response-Bereich *wissen*, daß die aufgrund kurzer Texte erreichten Verkaufsergebnisse schlechter sind. Bei Vergleichstests haben lange Texte stets bessere Resultate erzielt als kurze.

Allerdings werden lange Texte nur dann *gelesen*, wenn sie gut formuliert sind. Besonders der erste Absatz sollte das Interesse des Lesers wecken. Kaum jemand wird einen langen Anzeigentext lesen, wenn Sie mit einer Wischiwaschiaussage wie der folgenden, die ich in einer Anzeige für einen Erholungsort fand, beginnen: »Urlaub ist ein Vergnügen, auf das sich jeder freut.«

Ein Harvardprofessor pflegte seine Vorlesungsreihe mit einem Satz, der seinen Studenten den Atem verschlug, zu beginnen: »Cesare Borghia ermordete seinen Schwager aus Liebe zu seiner Schwester, die die Geliebte ihres Vaters war – des Papstes.«

Wie man guter Texter wird

Sicher ist es nicht die schlechteste Methode, Werbung durch Nachahmen der älteren, erfahrenen und besseren Kollegen zu erlernen. Helmut Krone, einer der wirklich innovativen Art Directoren, sagte einmal: »Ich habe kürzlich einen meiner Texter gefragt, was ihm wichtiger wäre, seine eigenen Vorstellungen zu realisieren oder eine Anzeige so gut wie nur möglich zu machen. Seine Antwort war: Die eigenen Vorstellungen zu verwirklichen. Dieser Ansicht muß ich auf das schärfste widersprechen. Ich möchte Ihnen statt dessen einen für unsere Zeit neuen Vorschlag machen: Bis Sie eine bessere Lösung haben, *kopieren* Sie. Ich habe fünf Jahre lang Bob Gage kopiert, und zwar bis hin zum Zeilenabstand. Dabei hat Bob ursprünglich Paul Rand kopiert, und Rand hat den deutschen Typographen Jan Tschichold nachgeahmt.«

Ich selbst habe auch auf diese Weise angefangen. Während meiner Tätigkeit in einer Londoner Agentur habe ich ständig die besten amerikanischen Anzeigen als Muster benutzt und kopiert. Erst viel später begann ich, meine eigenen Vorstellungen zu verwirklichen.

Layouts

Die Werbung wird hin und wieder von der vereinzelt auftretenden Epidemie »Art Directoritis« heimgesucht. Alle, die dieses Leiden plagt, sprechen mit gedämpfter Stimme von den »kühlen grauen Satzstreifen«, so als ob Anzeigentext nichts weiter als ein *Design*element wäre. Außerdem übertreiben sie die Bedeutung von Bewegung, Gleichgewicht und anderen geheimnisvollen Designprinzipien.

In den ersten Jahren von Ogilvy & Mather habe ich für Zeitschriftenanzeigen ständig dasselbe einfache Layout verwandt (vgl. Seiten 86 und 87). Als mir ein Konkurrent vorwarf, unseren sämtlichen Kunden einen Hausstil aufzuoktroyieren, entwickelte ich ein zweites Layout, das mehr Raum für Text bot.

Leser nehmen stets zuerst das Visual, dann die Headline und dann den Text auf. Folglich ordnen Sie diese Elemente genau in dieser Reihenfolge an – das Bild ganz oben, die Headline darunter und dann den Text. Dies ergibt sich quasi von selbst aus der üblichen Betrachtungsabfolge. Plaziert man die Headline *über* das Bild, verlangt man von den Lesern, die Anzeige in einer Reihenfolge aufzunehmen, die nicht ihren visuellen Gewohnheiten entspricht.

Headlines, die sich *unter* dem Bild befinden, werden von etwa 10 Prozent mehr Lesern gelesen als Headlines *über* dem Bild. Vielleicht meinen Sie, dieser kleine Unterschied wäre nicht der Rede wert, aber Sie sollten sich vergegenwärtigen, daß 10 Prozent von, sagen wir mal, 20 Millionen Lesern *2 Millionen* Anzeigenleser ergeben. Trotzdem finden Sie bei 59 Prozent aller Anzeigen in Zeitschriften die Headlines *über* den Illustrationen.

Wenn Sie viele verschiedene Verkaufsargumente mitzuteilen haben, sollten Sie sie aufzählen. Aufzählungen haben bei Recall-Tests überdurchschnittlich gut abgeschnitten.

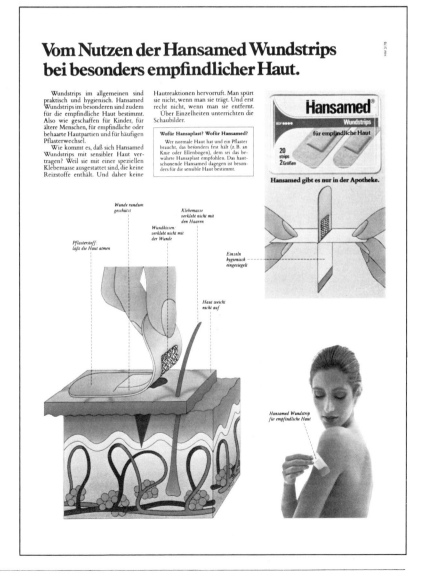

Manche, die meinen, besonders klug zu sein, plazieren ihre Headlines sogar unter den Text!

Da Bildunterschriften häufig stärker beachtet werden als der Fließtext, sollte eine Illustration stets mit einer Bildunterschrift versehen werden, die unter anderem den Namen des Produktes und sein Produktversprechen enthält.

Werbeleute leben unbewußt in dem Glauben, Anzeigen sollten wirklich wie Anzeigen *aussehen*. Dabei gibt es keine Vorschriften, nach denen Anzeigen genau wie Anzeigen auszusehen haben. Wenn Sie statt dessen wie redaktionelle Seiten gestaltet werden, erreichen Sie einen weitaus größeren Aufmerksamkeitswert. Ein Zeitungsartikel mit durchschnittlichem Informationsgehalt wird von etwa sechsmal soviel Leuten gelesen wie eine ebenfalls durchschnittliche Anzeige. Nur wenige Anzeigen werden so sehr beachtet, daß sie von mehr als einem Leser aus einem Kreis von zwanzig gelesen werden. Demnach haben Redakteure offensichtlich bessere Kommunikationsmöglichkeiten mit ihren Lesern als die Werbeleute.

Sehen Sie sich mal die Nachrichtenmagazine mit den hohen Leserzahlen genauer an: *Time* und *Newsweek* in den Vereinigten Staaten, *L'Express* und *Le Point* in Frankreich, Der *Spiegel* in Deutschland, *L'Espresso* in Italien, *Cambio 16* in Spanien. Sämtlichst bedienen sie sich derselben gestalterischen Mittel:

○ Der Text besitzt gegenüber dem Visual Priorität.

○ Der Text ist in Antiquaschriften mit Serifen gesetzt.

○ Es gibt drei Satzspalten pro Seite, je 35 bis 45 Buchstaben breit.

Unten links: *Pierre Lemonnier und Philippe Saalburg von der Agentur FCB-Impact in Paris haben meine Zeitungs-Layouts stiebitzt und sie überdies verbessert. Ihre Anzeigen sehen überhaupt nicht wie Anzeigen aus.*

Unten rechts: *Sämtliche Nachrichtenmagazine verwenden dasselbe Format; der Text hat dem Bild gegenüber Priorität. Es gibt 3 Textspalten pro Seite, die in Antiqua-Schriften mit Serifen gesetzt sind; alle Abbildungen sind untertitelt. Die gestalterischen Mittel werden bei Anzeigen jedoch nicht berücksichtigt, so daß sie nur von wenigen gelesen werden. Wenn Sie das nächste Mal eine Anzeige entwerfen, tun Sie so, als seien Sie ein Redakteur. Sie werden bessere Ergebnisse erzielen.*

MEIN WUNSCH: EINE RENAISSANCE DER PRINTWERBUNG

○ Jedes Foto hat eine Bildunterschrift. Der Text beginnt mit Initialen.

○ Der Text ist positiv schwarz auf weiß gedruckt.

Schauen Sie sich im Vergleich dazu die Anzeigen in denselben Zeitschriften an, und Sie werden feststellen:

○ Den Bildern wird gegenüber dem Text Priorität eingeräumt.

○ Der Text wird häufig in einer serifenlosen Groteskschrift abgesetzt, die sich schwerer lesen läßt, da wir durch Bücher, Zeitschriften und Zeitungen an Serifenschriften gewöhnt sind.

○ Der Text ist oft einspaltig in einer Breite von 120 Buchstaben oder mehr gesetzt, also zu breit, um lesbar zu sein.

○ Nur selten haben Fotos Bildunterschriften, denn die Art Directoren sind sich nicht der Tatsache bewußt, daß die Lesefrequenz bei Bildunterschriften höher ist als beim Fließtext.

○ Man findet selten große Initialen, weil Art Directoren nicht beachten, daß sich damit die Leserquote erhöhen würde.

○ Der Text wird häufig in negativer Schrift – weiß auf schwarz – gesetzt. Ich habe sogar Coupons in Negativschrift gesehen; diese kann man natürlich nur dann ausfüllen, wenn man auch weiße Tinte im Haus hat.

Unten: *Verwenden Sie nur dann angeschnittene Doppelseiten, wenn es sich um ein langes Produkt handelt, das Sie horizontal zeigen müssen wie diesen Hammer. Wenn Sie statt einer Doppelseite die doppelte Anzahl von Anzeigen veröffentlichen, können Sie die Reichweite resp. Frequenz verdoppeln.*

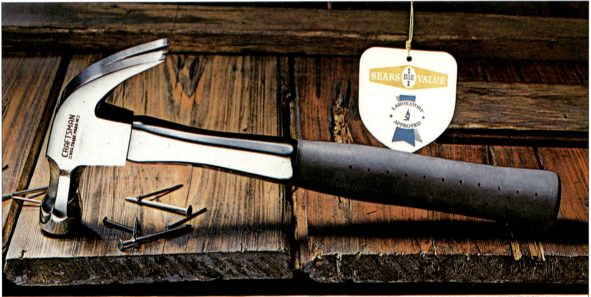

Wenn Sie so tun, als seien Sie ein Redakteur, und Ihre Anzeigen entsprechend anlegen, erzielen Sie mit Sicherheit bessere Ergebnisse. Sollte eine Zeitschrift darauf bestehen, daß Ihre Anzeigen deutlich als »Anzeigen« zu erkennen sind, und dadurch Ihr Konzept verändern, setzen Sie sie am besten kursiv und negativ. Dann kann sie wenigstens niemand mehr lesen.

Die Agentur FCB-Impact in Paris produziert durchweg bessere Zeitschriftenanzeigen als sämtliche anderen Agenturen. *Keine von ihnen sieht aus wie eine Anzeige.* »Hut ab vor Pierre Lemonnier, dem Texter, der Impact personifiziert, und vor Philippe Saalburg, der viele Jahre sein Art Director war. Sie haben meine Techniken stiebitzt und sie überdies verbessert.«

Wenn Sie statt der üblichen Anzeigenlayouts redaktionell aufgemachte einsetzen, werden sich Ihre Kampagnen wie Inseln des guten Geschmacks in einer ansonsten nur gewöhnlich wirkenden Umgebung abheben.

* * * * *

Rechts: Ein zeitungsähnliches Layout macht sich auch gut in Zeitungen. Ich habe diese Einführungsanzeige für Guinness so gestaltet, daß sie wie die Titelseite einer Zeitung aussieht.
Gegenüber links: Diese Anzeige ist wie die Titelseite einer Tageszeitung gestaltet. Sie richtet sich an potentielle Englandreisende, die ein hohes Informationsbedürfnis haben.
Gegenüber rechts: Dieses Titelseiten-Layout ist ideal für die Einführung eines neuen Produkts.
Gegenüber unten: Ein hervorragendes Beispiel für den Stil der Agentur FCB-Impact, hier für Champagner von Mumm.

MEIN WUNSCH: EINE RENAISSANCE DER PRINTWERBUNG

93

Layouts werden in Sitzungen oft an Tafeln aufgehängt und aus einer Entfernung von ungefähr fünf Metern beurteilt, beinahe so, als ob es sich um Plakate handelte. Die Folge sind in einer Schriftgröße von 72 Punkt gesetzte Überschriften, die bei einer normalen Entfernung von knapp 50 Zentimetern kaum zu lesen sind.

Lohnen sich eigentlich angeschnittene Doppelseiten? Sie kosten doppelt soviel wie eine Seite, bewirken jedoch nur selten eine Verdoppelung der Aufmerksamkeit oder der Couponrückläufe.

Gelegentlich kann es durchaus funktionelle Gründe für die Verwendung von Doppelseiten geben, so zum Beispiel, wenn es sich um ein langes, horizontal zu zeigendes Produkt handelt. Dennoch sind Doppelseiten in neun von zehn Fällen nur dem Ehrgeiz der Art Directoren zu verdanken, die ihre Anzeigen möglichst groß und eindrucksvoll sehen möchten. Wenn Sie auf Doppelseiten verzichten, können Sie für den gleichen Betrag die doppelte Anzahl von Anzeigen veröffentlichen und damit Ihre Reichweite verdoppeln.*

---

* Dies ist natürlich eine meiner übertriebenen Vereinfachungen. Starch meint, daß Doppelseiten *durchschnittlich* nur um 28 Prozent höhere Werte erzielen als Einzelseiten. Edwin Bird Wilson hat gleichzeitig jedoch darauf hingewiesen, daß Doppelseiten für *Finanzanzeigen* eine um 150 Prozent höhere Leserschaft erreichen als Einzelseiten. Offenbar bestehen hinsichtlich der Lesefrequenz Zusammenhänge zwischen Produkten und Anzeigengrößen; bei Anzeigen für Produkte, für die ein relativ geringes Interesse besteht, nimmt die Leserschaft bei großformatiger Präsentation eher zu als bei Anzeigen für Produkte, die generell von hohem Interesse sind.

Unten: *Ein Beispiel für eine Plakatserie, die in den dreißiger Jahren in England herauskam und Guinness zum Bestandteil des englischen Lebens machte. Sie ist nie und nirgendwo übertroffen worden.*

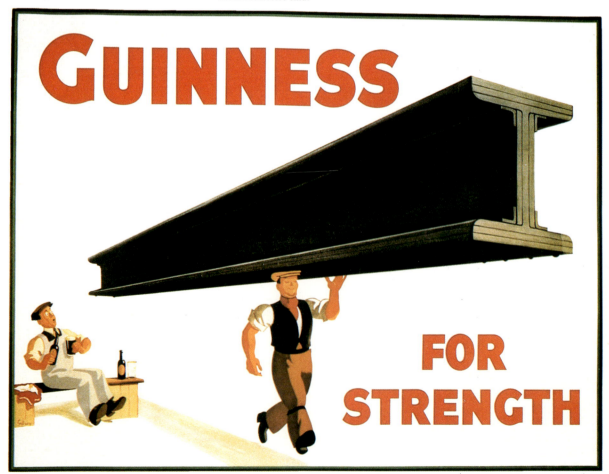

MEIN WUNSCH: EINE RENAISSANCE DER PRINTWERBUNG

Plakatwerbung
Da Plakatwerbung nach wie vor einen zu beachtenden Faktor darstellt, muß ich Ihnen auch die geringen existierenden Erkenntnisse über eine möglichst effektive Gestaltung von Plakaten mitteilen. Bisher sind kaum Untersuchungen zu diesem Komplex durchgeführt worden.

Sicher muß ein Plakat so gestaltet werden, daß es, mit den Worten Savignacs gesprochen, einen »visuellen Skandal« darstellt. Sie sollten »den Skandal« allerdings nicht übertreiben, da Sie sonst den Verkehr aufhalten und schwere Unfälle verursachen.

Ein Plakat sollte das Produktversprechen nicht nur mit Worten, sondern zugleich visuell wiedergeben. Verwenden Sie dabei die größtmögliche Schrifttype, damit der Markenname auch auf große Entfernung lesbar ist. Benutzen Sie intensive, klare Farben, aber verwenden Sie in der Gesamtgestaltung nie mehr als drei Elemente.

Wenn Sie mehr zu diesem Thema wissen, teilen Sie es mir bitte mit.

Werbung in der U-Bahn
Sollten Sie Kleinplakate zum Aushang in den U-Bahn-Wagen zu entwickeln haben, können Sie dabei berücksichtigen, daß der durchschnittliche U-Bahn-Fahrer in New York 21 Minuten mit Ihrer Information konfrontiert ist. Dies ist ausreichend, um eine relativ lange Werbebotschaft zu lesen. Nur 15 Pro-

Optisch auffallende Plakate zahlen sich meistens aus wie dieses britische Beispiel für Klebstoff von FCO Univas beweist.

Rechts: *Achten Sie darauf, daß Ihre Plakate in der U-Bahn nicht wie Plakatwände mit großem Display und nur fünf oder sechs Worten gestaltet werden. In New York sind U-Bahn-Fahrer im Durchschnitt 21 Minuten Ihrer Information ausgesetzt, und 85 % aller Passagiere haben während der Fahrt nichts anderes zu tun als Ihren Text zu lesen. Deshalb habe ich für dieses Plakat 76 Worte verwendet.*

How to pay bills quickly, easily

If you still pay bills with cash, you waste hours running around town and standing in line. And you run the risk of losing large sums or meeting a thief. Be smart—open a Special Checking Account at Chase, and pay your bills by mail. A check is permanent proof of payment. You can start your Chase account today. No minimum balance required. No deposit charges.

The CHASE National Bank
(MEMBER FEDERAL DEPOSIT INSURANCE CORP.)

zent der Passagiere haben etwas zu lesen bei sich; die übrigen 85 Prozent haben während der Fahrt nichts anderes zu tun, als Ihren Text zu lesen.

Warenzeichen sind ein Anachronismus
Früher, als Lesekenntnisse noch nicht so verbreitet waren, benutzten die Hersteller Warenzeichen, um ihre Produkte kenntlich zu machen. Sobald man einen *Tiger* auf einer Flasche sah, wußte man, daß es Tiger-Bier war.

Viele Unternehmer scheinen noch nicht realisiert zu haben, daß die Mehrheit der Bevölkerung heute lesen kann. Deshalb verwenden sie nach wie vor zur Identifizierung ihrer Produkte graphische Symbole, die unbedingt auch in ihren Anzeigen enthalten sein müssen. Sie tragen damit entscheidend dazu bei, daß Layouts oft den Eindruck einer willkürlichen Zusammenstellung verschiedenster Elemente erwecken und dem Leser signalisieren: »Dies ist nur eine Anzeige.« Eindeutiges Resultat: *Sie wird weniger beachtet.*

Einer meiner Kunden war überzeugt, daß sein Firmenzeichen zu altmodisch sei und bezahlte für den Entwurf eines neuen Symbols einen Betrag von 75 000 Dollar. Bei der Präsentation flüsterte ich einem der Vice-Presidents zu: »Ein Anfänger in unserer Graphikabteilung hätte für 75 Dollar etwas Besseres entworfen«, worauf er erwiderte: »Das ist gut möglich, aber wir hätten es mit Sicherheit total verrissen.«

Typographie – »das Auge ist ein Gewohnheitstier«
Gute Typographie motiviert zum Lesen Ihres Textes, schlechte Typographie hält davon ab.

Die meisten Werbeagenturen verwenden in den Headlines nur Großbuchstaben. Das ist ein Fehler. Professor Tinker von der Stanford University hat festgestellt, daß Großbuchstaben die Lesegeschwindigkeit reduzieren. Aufgrund der in den Textzeilen fehlenden Höhen und Tiefen wird das Erfassen der *Worte* erschwert, so daß meistens *Buchstabe* für *Buchstabe* gelesen wird.

Das Auge ist eben ein Gewohnheitstier. Wir sind gewohnt, Bücher, Zeitschriften und Zeitungen in *gemischter Schreibweise* – groß und klein – zu lesen. Sehen Sie selbst, wie mühsam es beispielsweise ist, die in Versalien gesetzte Headline der ABN-Anzeige auf der gegenüberliegenden Seite zu lesen.

Darüber hinaus kann man das Lesen von Headlines noch weiter erschweren, wenn man sie über dem Bild anordnet.

Ein weiterer Fehler ist, die Headline mit einem Punkt zu beenden. Im Englischen wird der Punkt als »Full Stop« bezeichnet – das bringt sehr gut zum Ausdruck, daß die Aufmerksamkeit des Lesers hier unter- oder abgebrochen wird. In einer Zeitung werden Sie nach einer Überschrift nie einen Punkt – einen »Full Stop« – finden.

Als ebenfalls häufiger Fehler wird in Anzeigen der Text oft so breit oder so schmal gesetzt, daß er nicht mehr lesbar ist. Menschen sind gewohnt, Zeitungen zu lesen; die Spalten in Zeitungen haben pro Zeile ca. vierzig Anschläge.

Welche Schrifttypen sind am besten lesbar? Hier gilt ebenfalls: die, die wir täglich lesen. Das sind Antiquaschriften wie Century, Times, Garamond, Caslon und Baskerville. Je ungewohnter ein Schriftbild ist, desto schwerer ist es zu lesen. Entscheidend für den Leser ist schließlich, *was* Sie sagen, nicht in *welcher* Schrift Sie es setzen.

Sie merken sicher selbst, daß **serifenlose Buchstaben wie diese besonders schlecht lesbar sind**. John Updike hat hierzu mal gesagt: »Serifen helfen dem Auge, die Form der Buchstaben zu erfassen. In kleinen Mengen sind Texte in Groteskschriften (ohne Serifen) durchaus anregend, auf seitenlangen Texten sind sie für den Leser jedoch genauso abstoßend wie Wasser auf Wachs; das Schriftbild wirkt schmierig und verschwommen.«

Rechts: *Großbuchstaben sind sehr schwer zu lesen. Ich habe versucht, die Anzeige zu entziffern, gab es aber schließlich auf.*

The search for a sweeter cantaloupe

How 10 years of crossbreeding at Burpee produced Ambrosia, the sweetest, juiciest cantaloupe this side of heaven

"This is it!" Burpee vegetable breeder Ted Torrey said, after his first mouth-watering bite of a new hybrid cantaloupe he had developed at Burpee's Foodhook Farm. After the second bite, he put down his spoon and sighed, "A food for the gods."

And so when we named our new hybrid cantaloupe we borrowed from mythology and called it *Ambrosia*—literally a food for the gods. What a treat and surprise you are in for the first time you open and taste one of these extraordinary melons.

Ambrosia is like no other cantaloupe we've ever seen or tasted before. Unbelievably juicy and sweet—each bite dripping with a rare haunting flavor words can't even begin to describe. And the delicious flesh is so smooth and tender you can eat it right down to the thin rind. Although it doesn't grow much larger than 6 inches, the melons average a jumbo 4½ to 5 pounds, because the flesh is so thick and the seed cavities so extremely small.

How Burpee develops superior hybrids for the home gardener

To create a new plant variety, Burpee horticulturists often spend years cross-pollinating hundreds of varieties with hundreds of other varieties to find the one superior combination. *Ambrosia* is a perfect example of how new and better hybrids are continually being developed at Burpee's breeding farms.

Over 15 years ago Ted Torrey began his search for a new variety of cantaloupe. One that not only had a lighter, sweeter flavor, and more weight in proportion to its size, but also the increased growing vigor, stamina, and disease resistance of a hybrid for the home gardener.

It took him more than 10 years to find it—crossing and intercrossing over 150 cantaloupe varieties before arriving at *Ambrosia*. After that, the new melon was kept "isolated" for another 5 years, to be sure it would perform well over a variety of seasons, and different weather conditions.

Only then were we finally satisfied that we had found what we first started looking for over 15 years ago, and that *Ambrosia* would meet the high standards we set for everything sold by Burpee.

So plant *Ambrosia* in your garden with confidence—and, only 86 days later, expect a bumper crop of what it took Burpee more than 10 years to accomplish—"A food for the gods."

Available only in Burpee's 1975 Catalog

You won't find *Ambrosia* sold in anyone else's catalog. Only Burpee has it. You'll find it on page 92 in the new 1975 Burpee Garden Catalog. That's also where you'll find many other outstanding Burpee breeding achievements.

So order Burpee seeds now for a bountiful harvest. *We guarantee complete satisfaction, or we'll give you a full cash refund.*

Burpee is America's leading breeder of flowers and vegetables for the home gardener

For nearly a century Burpee has been continually developing new vegetable varieties that are easier to grow and produce more bountiful yields in less space, as well as newer and better flowers. As a result Burpee is America's leading breeder of flowers and vegetables for the home gardener. Many new varieties and famous favorites are available only from Burpee.

If you haven't already received Burpee's 1975 Catalog, write to the nearest address below.

W. ATLEE BURPEE CO. – Quality and service since 1876

5185 Burpee Building • Warminster, Pennsylvania 18974 • Clinton, Iowa 52732 • Riverside, California 92502.

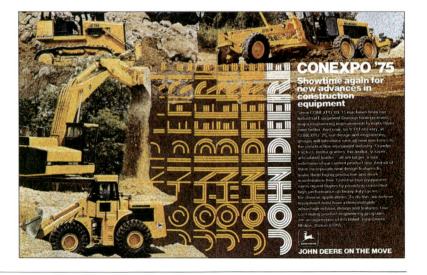

MEIN WUNSCH: EINE RENAISSANCE DER PRINTWERBUNG

Unten und rechts: *Headline und Text dieser Anzeigen ließen sich sehr viel besser lesen, wenn sie nicht über, sondern unter das Bild gesetzt worden wären.*

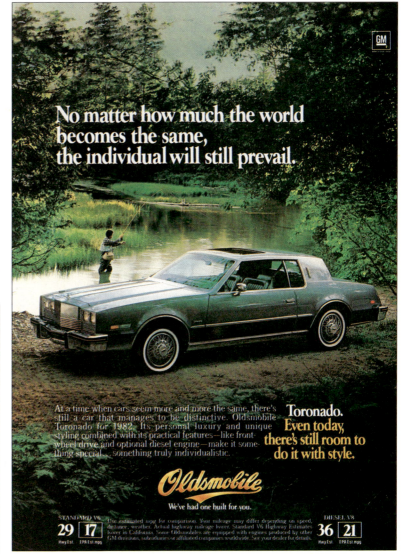

Kürzlich entdeckte ich in einer Zeitschrift 47 Anzeigen, deren Texte negativ abgesetzt waren – also weißer Text auf schwarzem Grund; kaum zu lesen.

Für einen *sehr langen* abzusetzenden Text gebe ich Ihnen nachfolgend einige typographische Tips, die zur Lesefreundlichkeit beitragen:

1. Ein zweizeiliger Untertitel zwischen Headline und Text steigert beim Leser das Interesse für den nachfolgenden Text.

2. Wenn Sie den Fließtext der Anzeige mit einem Initial beginnen, wird sie von etwa 13 Prozent mehr Lesern beachtet.

3. Ihr erster Absatz – sozusagen die Einleitung – sollte höchstens elf Worte umfassen.

4. Nach etwa sieben bis acht Zentimetern Text sollten Sie jeweils eine Zwischenüberschrift einfügen; Sie erleichtern dem Leser damit das Wei-

OGILVY ÜBER WERBUNG

> This is what happens when a fly lands on your food.
> Flies can't eat solid food, so to soften it up they vomit on it. Then they stamp the vomit in until it's a liquid, usually stamping in a few germs for good measure. Then when it's good and runny they suck it all back again, probably dropping some excrement at the same time. And then, when they've finished eating, it's your turn.

Oben: *Diese Anzeige in Negativschrift – weiße Schrift auf schwarzem Grund (links) – stammt von dem berühmten Charles Saatchi. Sie wäre sehr viel besser zu lesen gewesen, wenn sie schwarz auf weiß (rechts) gedruckt worden wäre. Trotzdem: bon appétit!*
Gegenüber oben und links: *Manche Art Directoren benutzen den Text, um damit irgendwelche Formen zu gestalten. Meinen Sie nicht auch, der Text wäre leichter lesbar, wenn er in Spalten gesetzt worden wäre?*
Gegenüber unten rechts und links: *Mit dieser in Negativschrift gesetzten Anzeige sollte Geld für hungernde Kinder gesammelt werden. Als auf meinen Vorschlag der Text schwarz auf weiß gedruckt wurde, ging doppelt soviel Geld ein.*

terlesen. Sinnvoll sind auch Zwischenüberschriften in Frageform; sie erwecken so Neugier auf den folgenden Absatz.

5. Als ich noch ein Junge war, bemühte man sich, Absätze in der Länge möglichst einander anzugleichen. Heute hingegen ist bekannt, daß kurze Absätze die Lesbarkeit erhöhen.
6. Lassen Sie die wichtigen Sätze entweder halbfett oder kursiv setzen.
7. Erleichtern Sie dem Leser mit Zeichen wie Pfeilen, Kreisen, Sternchen und Anführungszeichen oder ähnlichem den Einstieg.
8. Wenn Sie mehrere, nicht zusammenhängende Fakten aufzählen, verwenden Sie keine überflüssigen Bindewörter, sondern *numerieren Sie die einzelnen Punkte* – genau wie ich es hier getan habe.
9. Welche Schriftgröße sollten Sie verwenden?

<small>Dies ist 5 Punkt und offenbar zu klein, um lesbar zu sein.</small>

Dies ist 11 Punkt und wahrscheinlich genau richtig.

Dies ist 14 Punkt und zu groß.

10. Wenn Sie zwischen den einzelnen Absätzen Leerzeilen lassen, können Sie damit die Leserquote im Schnitt um 12 Prozent steigern.

Vielleicht meinen Sie jetzt, daß ich die Bedeutung guter Typographie übertreibe. Sie könnten auch fragen, ob ich jemals von einer Hausfrau gehört hätte, die ein neues Waschmittel nur deshalb gekauft hat, weil die Anzeige in Caslon gesetzt war. Nein, natürlich nicht. Aber glauben Sie denn, daß eine Anzeige erfolgreich ist, wenn sie niemand lesen kann?

Hier trifft genau das zu, was Mies van der Rohe mal über die Architektur sagte: »Der Teufel steckt im Detail.«

OGILVY ÜBER WERBUNG

Michener: Kennen Sie mich?

Ich habe viele Bücher über fremde Länder geschrieben.

Aber nicht einmal nach fünf Millionen Worten erkennt man mich überall.

Deshalb habe ich mir die American-Express-Karte besorgt.

Jetzt werde ich überall empfangen wie

auf Hawaii.

Sprecher: Wenn Sie auch eine Karte haben möchten,

achten Sie dort, wo die Karte akzeptiert wird, auf dieses Display.

Michener: Die American-Express-Karte. Verreisen Sie nicht ohne sie.

8. Wie man Werbespots macht, die verkaufen

Jeder, der über Fernsehwerbespots schreibt, steht vor demselben unlösbaren Problem: Es ist unmöglich, sie auf den Seiten eines Buches zu zeigen. Insofern bleibt mir keine andere Wahl, als meine Punkte anhand einiger Storyboards zu illustrieren und darauf zu hoffen, daß Sie sie verstehen werden.

Im vorherigen Kapitel über Printwerbung habe ich nicht nur die verschiedenen Untersuchungen berücksichtigt, sondern auch meine langjährige Erfahrung. Im Vergleich dazu ist meine Erfahrung mit dem Medium Fernsehen sehr viel geringer. Es stimmt zwar, daß ich auf dem Festival in Cannes mal einen Preis gewonnen habe, aber im Grunde war es kein guter Werbespot. Deshalb wird ein Großteil dieses Kapitels auf Untersuchungen und Analysen sowie auf Eindrücken basieren, die ich beim Anschauen zahlloser, von anderen produzierter Werbespots gewonnen habe.

Meine wertvollste Informationsquelle sind die Faktorenanalysen, die ich in regelmäßigen Abständen von Mapes & Ross beziehe. Sie zeigen den Wandel von Markenpräferenzen an. Aus den Studien geht hervor, daß diejenigen, die einen Wandel der Markenpräferenz nach Betrachtung eines Werbespots nennen, das Produkt anschließend dreimal häufiger kaufen als jene, bei denen dies nicht der Fall ist.

Darüber hinaus messen zahlreiche Marktforschungsinstitute mit Hilfe von *Recalltests* die *Einprägsamkeit* von Werbespots. Obwohl diese Methode bei vielen Werbungtreibenden sehr beliebt und verbreitet ist, gibt es Fernsehspots, die trotz hoher Erinnerungswerte hinsichtlich des Wandels der Markenpräferenz sehr schlechte Resultate erzielt haben. Da es offenbar zwischen Einprägsamkeit und Kaufakt keinen Zusammenhang gibt, verlasse ich mich lieber auf die Daten bezüglich des Wandels der Markenpräferenz.

Ich stelle Ihnen zunächst zehn verschiedene Formen von Werbespots vor, die hinsichtlich ihrer Wirksamkeit, Markenpräferenzen zu verändern, *über dem Durchschnitt* liegen, daran anschließend drei Arten von Spots, die *unterdurchschnittlich* abschneiden.

Überdurchschnittlich erfolgreiche Werbespots

1. *Humor.* Nach herkömmlichen Vorstellungen ging man immer davon aus, daß die Konsumenten Produkte kaufen, die sie für nahrhaft, arbeitssparend oder preisgünstig halten – nicht jedoch, weil der Hersteller im Fernsehen Witze erzählte. Claude Hopkins, der Vater der modernen Werbung, hat sich hierzu sehr eindeutig geäußert: »Niemand kauft von Clowns.«

Ich glaube zwar, daß dies zu Hopkins' Zeit zutreffend war und sogar bis vor einiger Zeit noch Gültigkeit hatte. Die neuesten Faktorenanalysen haben aber

Links: Testimonials berühmter Persönlichkeiten schneiden hinsichtlich der Fähigkeit, Markenpräferenzen zu verändern, unterdurchschnittlich schlecht ab. American Express bringt jedoch Werbespots wie diesen seit 1975, und zwar mit überragendem Erfolg. Sie enthalten etwas Geheimnisvolles: «Kennen Sie mich?»

Sprecher: Ich war ein kleiner Dreikäsehoch, als ich von zu Hause weglief

... Ich packte meine Murmeln ein, meine Schleuder und meine Hovis-Stullen, und weg war ich.

Ich war nur mal eben stehengeblieben, um ins Brot zu beißen, da kam der Postbote ...

»Bin ich schon in London?«, fragte ich ihn.

»Nein, mein Junge«, sagte er, »und wenn du bis nach London laufen willst ...

dann brauchst du noch ein paar mehr Hovis-Butterstullen ...

... (Schweigen)

... Komm mit mir zurück, wir sagen deiner Mami ...

... daß sie dir einen ganzen Koffer voll macht.«

Ton: Drei Sekunden Musik.

Zweiter Sprecher: Hovis enthält nach wie vor mehr Weizenkeime als anderes Brot. Es ist für Sie heute genauso gut ...

... wie es früher schon war.

WIE MAN FERNSEHSPOTS MACHT, DIE VERKAUFEN

Oben: *Diese runzlige alte Wäscherin war die Heldin in französischen Werbespots für Waschmaschinen. Drei von vier Zuschauern erkannten sie wieder, und der Umsatz der Waschmaschinen stieg vom vierten auf den zweiten Platz.*
Links: *Dies ist mein Favorit aus der hervorragenden Serie nostalgischer Werbespots für Hovis-Brot, die von der britischen Agentur Collett Dickenson Pearce stammt.*

gezeigt, daß Humor heute durchaus verkaufswirksam sein kann. Das war für mich eine große Erleichterung; ich war stets selber mit mir uneins, wenn ich mir zur Genehmigung vorgelegte spaßige Spots abgelehnt habe.

Ich muß Sie darauf aufmerksam machen, es gibt nur sehr, sehr wenige Verfasser von *wirklich* lustigen Werbespots. Solange Sie nicht zu diesen gehören, versuchen Sie es lieber gar nicht erst.

2. *Slice of Life.* In diesen Werbespots diskutiert ein Schauspieler mit einem anderen in einer möglichst realistischen Umgebung die Vorzüge eines Produktes. Der Zweifler wird natürlich überzeugt – durch Ihre Zahncreme bekommen die Kinder *tatsächlich* gesündere Zähne.

Derartige Dialogszenen sind immer wieder erfolgreich. Dennoch werden sie von vielen Textern abgelehnt, weil manche zu abgedroschen sind und schon zu lange verwandt werden. Trotzdem haben einige Agenturen derartige Spots produziert, die überaus wirksam und zugleich realistisch und ansprechend sind.

3. *Testimonials.* Die erfolgreichsten Spots sind die, in denen markenbewußte Kunden die Vorzüge Ihres Produktes schildern – ohne zu wissen, daß sie dabei gefilmt werden. Der Reporter beschreibt das Produkt als mangelhaft, woraufhin es der treue Kunde mit sehr viel mehr Überzeugungskraft verteidigt, als wenn Sie ihn nur nach seiner Meinung zu diesem Produkt fragen würden. Hier ein kleines Beispiel:

Die Szene spielt an einer Shell-Tankstelle. Wir sehen einen als Tankwart verkleideten Schauspieler.
Sprecher: »Dieser Mann ist ein Schwindler: Er ist kein echter Shell-Tankwart. Er möchte herausfinden, ob er unseren Kunden ausreden kann, Shell-Super zu tanken. Lassen Sie uns über eine versteckte Kamera zuschauen.«
Shell-Tankwart: »Ich wette, daß Sie mit Shell-Super eine schlechte Kilometerleistung erreichen.«
Frau Longo, eine Kundin: »Nein, ich bin wirklich zufrieden. Ein Pfennig gespart ist ein Pfennig verdient.«
Shell-Tankwart: »Ach, hören Sie doch auf, was wissen *Sie* schon über Benzin?«
Frau Longo: »Sehen Sie diesen kleinen Hund hier, ich habe ihn gekauft, weil er nicht soviel frißt und ich deshalb nicht soviel Geld dafür ausgeben muß. Und jetzt spare ich auch noch viel Geld mit Shell-Super.«
Shell-Tankwart: »Quatsch! Das ist doch Quatsch.«
Frau Longo: »Sie irren sich. Es ist wirklich das beste Benzin. Also, wenn ich hier Tankstellenbesitzer wäre, würde ich Sie *rausschmeißen*.«
Sprecher: »Wir werden ihm noch eine Chance geben, schließlich hat er Sie veranlaßt, so viel Gutes über Shell-Super zu sagen.«

Bei der Wahl markentreuer Konsumenten sollten Sie möglichst nicht solche nehmen, die perfekt formulierte Antworten geben. Die Zuschauer sind dann schnell der Ansicht, es handelte sich um professionelle Schauspieler. Je amateurhafter eine Szene wirkt, um so glaubhafter ist sie.

Eine französische Agentur suchte sich als Heldin einer Kampagne für Waschmaschinen mal eine achtzigjährige Wäscherin aus. Diese völlig unförmige, alte Frau mit ihrem runzligen Gesicht hatte einen Erinnerungswert bei 75 Prozent aller Zuschauer in Frankreich; der Umsatz der Waschmaschinen stieg vom vierten auf den zweiten Platz.

Außergewöhnliche Persönlichkeiten sind in Werbespots entscheidende Faktoren, die wesentlich zur Veränderung von Markenpräferenzen beitragen können.

Stimme: Achtung! Wir zeigen Ihnen jetzt die unglaubliche ...   ... Klebekraft von Super Glue-3.

Ton: Das Ticken einer Stoppuhr   **Stimme:** Diese Szene wurde ohne Schnitt gedreht.

Lesen Sie die Anleitung. Super Glue-3 klebt auch Gummi ... Plastik ... Porzellan ... in wenigen Sekunden.

WIE MAN FERNSEHSPOTS MACHT, DIE VERKAUFEN

Links: Dieser französische Werbespot demonstriert die hohe Klebefähigkeit von Super Glue-3 durch den an seinen Schuhsohlen festgeklebten Sprecher. Super Glue-3 wurde Markenführer; der Spot erhielt auf dem Festival von Cannes den ersten Preis.
Unten: Ein erfolgreiches Beispiel für die Verwendung von Symbolfiguren, die die Eigenschaft Ihres Produktes verstärken sollen.

4. Demonstrationen zeigen die Leistungsfähigkeit Ihres Produktes und überzeugen Konsumenten meistens mit überdurchschnittlichem Erfolg.

Dabei müssen Vorführungen keineswegs *langweilig* sein. Um beispielsweise zu demonstrieren, wie belastungsfähig Pappe sein kann, baute International Paper eine Brücke aus Pappe über einen Canyon – und ließ einen schweren Laster darüberfahren.

Das Pariser Büro von Ogilvy & Mather demonstrierte die Klebefähigkeit eines Klebstoffes, indem man die Schuhsohlen des Sprechers damit bestrich und ihn dann mit dem Kopf nach unten von der Decke herunterhängen ließ.

Wenn Sie während einer derartigen Demonstration Ihr Produkt mit dem Ihres Konkurrenten vergleichen wollen, überlegen Sie sich gut, ob Sie den

Schwester Inge, jetzt nehme ich schon 'ne tolle Komfortwindel,

trotzdem ist Tina wieder naß.

Ja, komfortabler ist nicht gleich trockener.

Sie sollten jeweils Børn nehmen,

denn Børn ist die einzige Komfortwindel mit Nässespeicher.

Nässespeicher?

Børn mit Nässespeicher speichert die ganze Nässe, sogar unter Druck.

Ja, an den entscheidenden Stellen zeigt es sich.

Ja, wirklich trockener.

Namen des Konkurrenzproduktes erwähnen. In Deutschland ist es ohnehin nicht erlaubt. Die amerikanische Regierung befürwortet diese Form vergleichender Werbung, denn sie sieht darin eine zusätzliche Information für den Konsumenten, die ihm die Markenauswahl erleichtert. Einige von Ogilvy & Mather durchgeführte Untersuchungen haben jedoch ergeben, daß Werbespots, in denen konkurrierende Artikel namentlich erwähnt werden, *weniger glaubwürdig* und *verwirrender* wirken als andere, in denen die entsprechenden Produkte nicht genannt werden. Die Zuschauer gewinnen allzu leicht den Eindruck, daß das Vergleichsprodukt, dessen Ruf geschmälert werden soll, der eigentliche Held Ihres Werbespots ist.

5. *Problem und Lösung.* Diese Technik ist so alt wie das Fernsehen. Dabei konfrontieren Sie den Zuschauer mit einem Problem, mit dem er oder sie vertraut ist. Dann demonstrieren Sie, wie Ihr Produkt dieses Problem lösen kann.

Meines Erachtens einer der besten Werbespots, der auf dieser Technik basiert, wurde in Madras für Train-Streichhölzer gedreht. Man sieht zunächst einen Mann, dem es in dem feuchten südindischen Klima nicht gelingt, ein »gewöhnliches« Streichholz anzuzünden. Vor lauter Ungeduld wird er dabei fast verrückt. Zu guter letzt kommt ihm seine schöne Frau völlig gelassen mit einer Schachtel Train-Streichhölzer zu Hilfe, die sich auf Anhieb anzünden lassen.

6. *Presenter.* Dieser Begriff steht für Werbespots, in denen ein Sprecher die Vorzüge eines Produktes anpreist. Werbeleute halten sie nicht für sonderlich einfallsreich und sind ihrer überdrüssig. Da sie aber hinsichtlich des Wandels von Markenpräferenzen überdurchschnittlich erfolgreich sind, werden sie von Werbungtreibenden immer wieder eingesetzt.

Presenter eignen sich insbesondere für die Ankündigung von neuen Produkten. In Deutschland sind in den vergangenen Jahren mehr als hundert neue Zigarettenmarken eingeführt worden. Die einzige, die erfolgreich war, wurde in der Werbung durch einen Presenter angepriesen. Der meines Erachtens überzeugendste Presenter ist John Houseman mit seinem Spruch: »Smith-Barney makes money the *old-fashioned* way. They *earn* it.« (Deutsch: »Smith-Barney verdient Geld auf altmodische Weise – sie arbeiten dafür.«)

Als ehemaliger Handelsvertreter bin ich der festen Überzeugung, daß ich während eines zweiminütigen Fernsehspots jedes Produkt der Welt mühelos verkaufen könnte. Wollen Sie mir nicht irgendein Angebot machen?

7. *Symbolpersonen.* In manchen Werbespots bietet jahrelang stets dieselbe Person ein bestimmtes Produkt an, wodurch sie zum lebendigen Symbol für dieses Produkt wird. Als Beispiel dafür gelten Titus Moody, der mehlverstaubte alte Bäcker aus Neuengland, der 26 Jahre lang die Qualitäten des Brotes von Pepperidge-Farm angepriesen hat, oder Cora, die sieben Jahre lang Maxwell-Kaffee offerierte. Symbolpersonen können die Markenpräferenzen überdurchschnittlich positiv beeinflussen – vorausgesetzt, sie sind für Ihr Produkt relevant.

8. *Reason Why.* Werbespots, die dem Zuschauer einen rationalen Grund nennen, warum sie Ihr Produkt kaufen sollten, liegen in der Erfolgskurve ebenfalls über dem Durchschnitt. Als Maxim-Instant-Kaffee eingeführt wurde, war die wesentlichste Aussage des Spots, Maxim sei überlegen, *weil er gefriergetrocknet ist.* Trotzdem werden Ihnen neun von zehn Werbeleuten erklären wollen, daß es überhaupt nicht interessiert, wie Produkte hergestellt werden. Vielleicht haben sie recht; das neue Verfahren des Gefriertrocknens war für

> Selbst wenn sie etwas wirklich Neues mitzuteilen haben – was äußerst selten der Fall ist –, stellen die meisten Texter dies viel zu wenig heraus oder lassen es ganz aus. Für eine solche Unterlassung sollte man sie teeren und federn.

Eleanor Roosevelt erhielt 35 000 Dollar für ihren Auftritt in einem Werbespot für Margarine. Hier erzählt sie gerade den Zuschauern: »Die neue Good-Luck-Margarine schmeckt wirklich köstlich.« Damals wußte ich noch nicht, daß der Einsatz berühmter Persönlichkeiten für das Produkt eher nachteilig ist. An die Persönlichkeiten erinnert man sich zwar, das Produkt aber wird vergessen.

viele Zuschauer aber interessant genug, den Kaffee zumindest einmal zu probieren.

9. *Neuigkeiten.* Werbespots, die etwas Neues anbieten, sind ebenfalls überdurchschnittlich erfolgreich. Selbst wenn Sie etwas wirklich Neues mitzuteilen haben – was äußerst selten der Fall ist –, stellen die meisten Texter dies viel zu wenig heraus oder lassen es sogar aus. Für eine solche Unterlassung sollte man sie teeren und federn. Genau wie Menschen erwecken Produkte dann die größte Aufmerksamkeit, wenn sie »neu geboren« sind.

Für ein altes Produkt können Sie die Neuigkeit *kreieren,* indem Sie eine neue Art der Verwendung offerieren wie beispielsweise die Verwendung von Backpulver im Kühlschrank, damit er süß riecht.

10. *Emotionen.* In der Werbeforschung hat man bisher noch keine Methode gefunden, mit der der Einfluß emotionaler Inhalte quantifizierbar wird. Ich bin aber inzwischen davon überzeugt, daß auf Nostalgie, Charme und sogar Sentimentalität zurückgreifende Werbespots äußerst wirksam sein können. So gehören beispielsweise die Spots für Hovis-Brot aus England und Blitz-Weinhard-Bier aus Oregon für mich zu den überzeugendsten, die ich je gesehen habe (vgl. die Seiten 104, 114 und 115).

Der Appell an das Gefühl kann genauso wirksam sein wie eine *rationale* Ansprache. Dies um so mehr, wenn Sie keine besonderen Aussagen über Ihr Produkt machen können. Mein Partner Hal Riney findet jedoch, »daß hier die Dinge überaus schwierig werden. Die meisten Kunden – und ich fürchte sogar, die meisten Werbeleute – halten eine rationale Ansprache für sehr viel wichtiger als der Konsument. Wenn Ihre Werbung erfolgreich sein soll, wenn sie sich aus der Masse hervorheben soll, müssen Sie die Vorzüge Ihres Produktes *objektiv* darstellen. Was aber sind die Vorzüge von Süßigkeiten, Zigaretten, Limonade und Bier?«

Dem kann ich nur hinzufügen, daß die Verbraucher eine *rationale Entschuldigung* für ihre emotionalen Entscheidungen brauchen. Deshalb sollten Sie stets eine rationale Begründung mitliefern. Vor allem aber sprechen Sie die emotionale Seite nur dann an, wenn Sie sie auch befriedigen können.

Werbespots, die unter der durchschnittlichen Erfolgsquote liegen

1. *Berühmte Persönlichkeiten als Testimonials.* Hinsichtlich ihrer Fähigkeit, Markenpräferenzen zu verändern, liegen diese eindeutig unter dem Durchschnitt. Die Zuschauer erkennen nur zu leicht, daß die betreffende Persönlichkeit gekauft worden ist, womit sie ja auch recht haben. Um beispielsweise Farrah Fawcett über einen Zeitraum von drei Jahren für sich zu gewinnen, soll Fabergé angeblich zwei Millionen Dollar bezahlt haben, während Leute wie Bob Hope, Gregory Peck, Candice Bergen und Dean Martin jeweils ca. eine Million Dollar verlangen. Natürlich möchte jeder Walter Cronkite als Sprecher haben, aber dieser steht zu *keinem* Betrag, und sei er noch so hoch, zur Verfügung. Dafür können Sie aber Ronald Biggs, der für seine Beteiligung an Englands größtem Geldraub verurteilt wurde und später aus dem Zuchthaus entkommen konnte, für lächerliche 10 000 Dollar engagieren. Er lebt heute in Brasilien.

Zuschauer erinnern sich allzu häufig nur an die Persönlichkeiten und vergessen darüber zu leicht das Produkt. Als ich Eleanor Roosevelt 35 000 Dollar für ihr Auftreten in einem Margarinespot zahlte, war ich mir dessen noch nicht bewußt. Sie berichtete mir später, daß die Zuschriften, die sie daraufhin erhalten hatte, zwei verschiedene Standpunkte enthielten: »Die eine Hälfte war *traurig,* weil ich meinem Ruf geschadet hatte, die andere Hälfte war

Sie sehen eine Wagenkolonne mit Trauergästen, in den verschiedenen Wagen sitzen die Erben.
Sprecher: Ich, Maxwell E. Snavely, verfüge im Vollbesitz meiner geistigen und körperlichen Kräfte folgendes:

Meiner Frau Rose, die Geld ausgab, als gäbe es kein Morgen, hinterlasse ich 100 Dollar und einen Kalender ... Meinen Söhnen, die jeden Cent, den ich ihnen gab, für verrückte Autos und flotte Frauen ausgaben, ... hinterlasse ich 50 Dollar in 10-Cent-Stücken.

Meinem Geschäftspartner Jules, dessen Motto hieß: »ausgeben, ausgeben, ausgeben« hinterlasse ich nichts, nichts, nichts.
Und meinen anderen Freunden und Verwandten, die auch nie den Wert eines Dollars schätzen lernten, hinterlasse ich ... einen Dollar.

Letztendlich hinterlasse ich meinem Neffen Harold, der immer sagte: »Ein gesparter Pfennig ist ein verdienter Pfennig« und: »Donnerwetter, Onkel Max, es lohnt sich wirklich, einen Volkswagen zu fahren!« ... mein gesamtes Vermögen in Höhe von 100 Milliarden Dollar.

Dieser von Doyle Dane Bernbach für Volkswagen entwickelte Werbespot ist der lustigste überhaupt, den ich kenne. Ich habe lustige Spots oft mit der Begründung abgelehnt, daß man von Clowns nicht kauft. Inzwischen hat die Marktforschung jedoch herausgefunden, daß sich Humor genauso gut eignet wie andere Techniken.

glücklich, weil ich meinem Ruf geschadet hatte.« Diese Geschichte gehört nicht gerade zu meinen angenehmsten Erinnerungen.

2. *Cartoons* können bei Kindern sehr werbewirksam sein, liegen jedoch unter dem Durchschnitt, wenn sie in der Werbung für Erwachsene benutzt werden. Sie faszinieren die Zuschauer bei weitem nicht so wie reales Geschehen und sind wesentlich weniger überzeugend.

Für einen Weichmacher wurden zwei Werbespots produziert: In dem einen wurde eine reale lebensnahe Situation gezeigt, der andere dagegen bestand aus Cartoons. Der Cartoonspot hatte keinerlei Auswirkungen auf den Abwärtstrend der Umsätze, wohingegen der lebensnahe Spot die Umsätze eindeutig positiv beeinflußte.

3. *Musikalische Vignetten*, die eine Reihe von flüchtigen Eindrücken vermitteln, waren früher einmal modern. Sie werden heute kaum noch verwandt. Sie sind zwar unterhaltend, aber alles andere als verkaufswirksam.

Sechzehn Tips

1. *Markenidentifikation.* Die Forschung hat nachgewiesen, daß sich zwar ein erstaunlich hoher Prozentsatz der Zuschauer an Werbespots erinnert, den Namen des Produktes jedoch schnell vergißt. Oft wird der Spot einer konkurrierenden Marke zugeordnet.

Viele Texter halten es für überflüssig, den Namen eines Produktes in den Vordergrund zu stellen. All denen, die mehr am Verkaufen als am Unterhalten interessiert sind, möchte ich zwei Möglichkeiten aufzeigen, wie man den Namen eines Produktes einprägsam übermitteln kann.

- Nennen Sie den Namen während der ersten 10 Sekunden. Ich habe mal einen hervorragenden Werbespot gesehen, in dem der Markenname in 340 Sekunden zwanzigmal wiederholt wurde, ohne daß es irritierend wirkte.

- Spielen Sie mit dem Namen, indem Sie ihn zum Beispiel buchstabieren. Vielleicht erinnern sich einige noch an den blinden Pianisten Alex Templeton, der unter Begleitung eines Streichorchesters den Namen C.R.E.S.T.A.B.L.A.N.K.A. buchstabierte.

Wenn Sie für ein neues Produkt werben, muß der Fernsehzuschauer den Markennamen anhand Ihres Spots lernen können.

2. *Zeigen Sie die Verpackung.* Werbespots, die am Ende das Produkt in seiner Verpackung zeigen, verändern Markenpräferenzen sehr viel wirksamer als Spots, bei denen dies nicht geschieht.

3. *Lebensmittel in Bewegung.* Bei Werbespots für Nahrungsmittel verkaufen Sie um so mehr, je appetitlicher diese aussehen. Man fand beispielsweise heraus, daß Lebensmittel, *die in Bewegung sind*, ganz besonders ansprechend wirken. Zeigen Sie beispielsweise Schokoladensoße, die gerade über Ihr Eis gegossen wird, oder Sirup, der über Eierkuchen läuft.

4. *Großaufnahmen.* Großaufnahmen sind dann besonders wirksam, wenn Sie Ihr Produkt in den Mittelpunkt des Werbespots stellen. Je näher Sie an den Schokoladenriegel herangehen, um so mehr wird den Zuschauern das Wasser im Munde zusammenlaufen.

5. *Faszinieren Sie den Zuschauer am Anfang.* Sie haben nur dreißig Sekunden Zeit. Wenn Ihre erste Einstellung ein visueller Gag ist, mit dessen Hilfe Sie die Aufmerksamkeit des Zuschauers erregen, haben Sie eine relativ gute Chance, daß sie den Spot bis zum Ende sehen.

Viele Leute schalten bei Werbesendungen ab, weil sie mit irgend etwas *Langweiligem* beginnen. *Sie* wissen zwar, daß gleich etwas Großartiges gezeigt werden wird, aber der Zuschauer weiß es nicht, und er wird es *niemals* erfahren, weil er gerade in die Küche gegangen ist.

Wenn Sie für Feuerlöscher werben, beginnen Sie mit dem Feuer.

6. *Wenn Sie nichts zu sagen haben, singen Sie.* Es hat zwar einige erfolgreiche Werbespots gegeben, in denen der Werbetext gesungen wurde, aber insgesamt hat gesungene Werbung in bezug auf den Wandel der Markenpräferenzen unterdurchschnittliche Erfolge erzielt.

Benutzen Sie auf keinen Fall einen gesungenen Werbeslogan, ohne ihn zuvor bei Leuten zu testen, die Ihren Text nicht kennen. Falls diese Ihre Worte nicht verstehen können, sollten Sie ihn nicht senden.

Stellen Sie sich bitte vor, Sie gingen in ein Geschäft und bäten einen Verkäufer, Ihnen einen Kühlschrank zu zeigen. Wir würden Sie reagieren, wenn er ihn Ihnen singend zeigte? Trotzdem gibt es Kunden, die auf einem gesungenen Text bestehen.

In vielen Spots wird Musik auch als Hintergrund – als emotionale Kurzschrift – eingesetzt. Untersuchungen haben gezeigt, daß dies weder ein negativer noch ein positiver Faktor ist. Hintergrundmusik schadet nicht, bewirkt aber auch keine nennenswerten, positiven Veränderungen. Die wirklich großen Prediger lassen sich allerdings während ihrer Predigt nicht von Orgelmusik begleiten. Und Werbeagenturen spielen auch keine Hintergrundmusik, wenn sie mit potentiellen Kunden verhandeln.

7. *Geräuscheffekte.* Während Musik die Verkaufswirksamkeit von Werbespots nicht erhöhen kann, ist dies bei *Geräuscheffekten* – wie dem Zischen einer Wurst in der Bratpfanne – durchaus der Fall.

So war beispielsweise das zentrale Geräusch eines Werbespots für Maxwell-Kaffee mal das Geräusch des Filtrierens. Offensichtlich war er erfolgreich, denn er wurde fünf Jahre gesendet.

8. *Zeigen der sprechenden Person?* Umfragen haben ergeben, daß das Interesse der Zuschauer an einem gesprochenen Text sehr viel geringer ist, wenn Sie die sprechende Person nicht zeigen.

Ein Produzent hat mal zwei Werbespots hergestellt, die im Prinzip in jeder Beziehung identisch waren. Der einzige Unterschied war, daß in dem einen Spot die sprechende Person gezeigt wurde, im anderen nicht. Der Test ergab, daß die erste Version eindeutig bessere Verkaufsergebnisse erzielte als die zweite.

9. *Die Verwendung von Texteinblendungen.* Ihr mündliches Werbeversprechen wird durch Einblendungen (»Super«) des gleichen gesetzten Textes in das Bild oder die Szene visuell verstärkt.

Achten Sie auf jeden Fall darauf, daß die gezeigten Worte genau mit den *gesprochenen Worten* identisch sind. Jede Abweichung würde den Zuschauer nur irritieren.

In Werbeagenturen gibt es Leute, die gegen die Verwendung von Texteinblendungen in Werbespots sind. Wenn man ihnen erklärt, daß dies umsatzsteigernde Wirkung hat, was wirklich zutrifft, ignorieren sie diese Tatsache einfach.

10. *Vermeiden Sie visuelle Banalitäten.* Wenn Sie beim Zuschauer echtes Interesse für Ihren Werbespot wecken wollen, *zeigen Sie etwas, was sie oder er noch nie zuvor gesehen haben.* Mit einem Sonnenuntergang oder einer glücklichen Familie am Abendbrottisch werden Sie kaum große Erfolge haben.

Bei der amerikanischen Durchschnittsfamilie läuft der Fernseher täglich im Schnitt sechs Stunden. Damit ist sie im Jahr 30 000 Werbespots ausgesetzt, von denen die meisten sofort wieder vergessen werden. Aus diesem Grunde sollten Ihre Werbespots unbedingt einen Touch von Einzigartigkeit haben und einen visuellen Gag enthalten, damit sie sich in das Gedächtnis der Zuschauer einprägen. Ein entsprechendes Beispiel war der Spot für Merrill-Lynch, in dem unter dem eingeblendeten Text »Merrill-Lynch is bullish on America« eine Stierherde auf die Kamera zuraste.

11. *Szenenänderungen.* Hal Riney verwendet sehr viele Szenen, ohne dadurch die Zuschauer zu verwirren. Mir gelingt das nicht, und ich wette, Sie könnten es auch nicht. Werbespots mit einer Vielzahl kurzer Szenen sind jedoch hinsichtlich der Veränderung von Markenpräferenzen im Schnitt nicht so erfolgreich.

12. *Mnemonic.* Dieses nahezu unaussprechliche Wort steht für die Verwendung eines visuellen Kunstgriffes, der über einen langen Zeitraum wiederholt wird. Er verstärkt die Markenidentifikation und erinnert die Zuschauer an das Produktversprechen. Beispiel: Das Auto, das die *Papierschranke* in Shell-Werbespots durchfährt.

13. *Zeigen Sie das Produkt in Gebrauch.* Für den Zuschauer ist es überzeugend, das Produkt in Gebrauch und – sofern möglich – das entsprechende Ergebnis zu sehen. Zeigen Sie beispielsweise, wie Ihre Windeln das Baby trokken halten, oder – bei Ihrer Werbung für Motoröl –, wie die Kolben nach 80 000 Kilometern aussehen.

14. *Im Fernsehen ist alles möglich.* Die Techniker können alles herstellen, was Sie wollen. *Die einzige Grenze ist Ihre Phantasie.*

15. *Mißverständnisse.* 1973 hat Professor Jacobi von der Purdue University bei 25 typischen Fernsehspots »Mißverständnisse« untersucht. Er fand heraus, daß sie *alle* in irgendeiner Weise falsch verstanden worden waren, manche sogar von bis zu 40 Prozent der Zuschauer und keiner von weniger als 19 Prozent.

Wenn Sie vermeiden wollen, daß Ihre Fernsehspots falsch oder nicht verstanden werden, müssen Sie eindeutig, prägnant und klar in Aussage und Realisation sein. Ich persönlich verstehe höchstens die Hälfte der von mir gesehenen Fernsehspots.

16. *Der große Skandal.* Die Produktion eines Fernsehprogramms kostet 4 Dollar pro Sekunde, Werbespots aber kosten 2 000 Dollar pro Sekunde. Das entspricht immerhin 60 000 Dollar für einen Dreißig-Sekunden-Spot.

Diese abscheuliche Extravaganz verdanken wir weitgehend den Agenturen. Hooper White sagt dazu: »Produktionskosten werden vom Texter in die Spots hineingeschrieben und vom Art Director hineingezeichnet.« Miner Raymond von Procter & Gamble erzählt gern die Geschichte eines Art Directors, der sich vehement gegen die Verwendung eines bestimmten Tisches in seinem Spot wehrte. Obwohl der Kunde ihm erklärte, daß der Tisch ja von einer Tischdecke verdeckt und insofern nicht sichtbar wäre, bestand der Art Director darauf, daß *er* ja wüßte, was sich unter dem Tischtuch befände. Dies ginge eben nicht. Es mußte also ein anderer Tisch gefunden werden; die Verzögerung kostete den Kunden 5 000 Dollar.[*]

Die einfachste Möglichkeit, die Kosten eines Werbespots zu reduzieren, ist, auf Schauspieler zu verzichten. Jeder nichtengagierte Schauspieler erspart Ihnen je nach Länge Ihres Werbespots zwischen 350 und 10 000 Dollar.

Texter bestehen darauf, daß ein Werbespot unbedingt in Bali gefilmt werden muß, obwohl er zum halben Preis mit demselben Effekt im Studio gedreht werden könnte. Sie schneiden auch gern teure Zeichentrickaufnahmen in Live-Werbespots und wollen unbedingt, daß für die Hintergrundmusik Originalstücke komponiert werden, als ob es im gesamten Musikrepertoire nichts Passendes gäbe. Am schlimmsten ist jedoch, daß sie überaus teure Stars vorsehen, obgleich ein unbekannter Schauspieler oft bessere Verkaufsergebnisse erzielen könnte.

Obwohl ich über keine Beweise in Form von Untersuchungsergebnissen verfüge, habe ich den starken Verdacht, daß die Korrelation zwischen den Kosten der Werbespots und ihrem Verkaufserfolg negativ aussieht. Mein Partner Al Eicoff wurde mal von einem Klienten gebeten, einen 15 000-Dollar-Spot für 100 000 Dollar neu zu produzieren. Die Umsätze fielen.

---

[*] Falls Sie wissen wollen, was alles beim Filmen von Werbespots passieren kann, lesen Sie Michael Arlens Buch »Thirty Seconds«, Farrah, Straus & Giroux, 1980.

OGILVY ÜBER WERBUNG

Rundfunk – das Aschenputtelmedium

Vor langer Zeit verbrachte ich sechs Monate bei John Royal, Programmdirektor von NBC, der auf seinem Gebiet absolute Pionierarbeit geleistet hat, um die Arbeitsweise des Mediums »Radio« kennenzulernen. Damals hörte so ziemlich jede amerikanische Familie Jack Benny, Edgar Bergen und Charlie McCarthy, Fred Allen, Amos und Andy, Burns und Allen. Einige andere hörten auch Roy Larsons wunderbaren *March of Time* und lauschten dem von Toscanini dirigierten NBC-Sinfonieorchester.

All dies wurde vom Fernsehen eliminiert.

Für die meisten Menschen ist das Radio heute nicht mehr als eine Geräuschkulisse im Hintergrund.

Radio ist das Aschenputtel der Werbemedien geworden, das nur mehr 6 Prozent der gesamten Werbung in den Vereinigten Staaten auf sich vereinigt.

Dieser Werbespot für Bier, den mein Partner Hal Riney entwickelt hat, ist das beste mir bekannte Beispiel für die Anwendung von Emotionen *in der Werbung.*

1. **Ottley:** Mein Großvater kam so um 1882 nach Harney County ...

2. **Sprecher:** Howard Ottley ist Rancher in Südostoregon.
   Ottley: Harney County ist immer noch das Land der Rancher, da hat sich kaum etwas geändert.

5. Wir glauben, daß dies die beste Art zu leben und zum Bierbrauen ist.

6. Deshalb wird Blitz-Weinhard nur mit natürlichen Zutaten und nach traditioneller Art gebraut.

Da es bislang keine Untersuchungsergebnisse gibt, die die Wirksamkeit von Werbespots im Rundfunk messen, ist es auch nicht bekannt, worauf Hörer wirklich reagieren. Eine von mir in Auftrag gegebene Pilotstudie läßt vier positive Faktoren erkennen:

1. Nennen Sie möglichst früh den Namen Ihres Produktes.
2. Nennen Sie ihn häufig.
3. Versprechen Sie dem Hörer möglichst zu Beginn des Spots einen Nutzen.
4. Wiederholen Sie diesen oft.

Neunzig von hundert Werbespots berücksichtigen keinen dieser Faktoren. Meiner Meinung nach – und mehr kann ich Ihnen nicht bieten – ist es absolut

3. ... mein Vater wurde hier auf der Ranch geboren, und meine Familie lebt seitdem hier ...

4. **Sprecher:** Er arbeitet noch immer nach den überlieferten natürlichen Methoden.

7. **Ottley:** Ich bin in diesem Land nicht viel herumgekommen, aber ich glaube nicht, daß es viele Orte gibt, wo es noch so ist wie hier ...

8. **Sprecher:** Blitz-Land ... natürliches Land ... natürliches Bier.

vorrangig, daß Ihr Rundfunkspot die Hörer motiviert, zuzuhören. Dies schaffen Sie, indem Sie sie überraschen, ihre Neugier erregen, sie aufwecken. Sobald sie wach sind, sprechen Sie mit ihnen von Mensch zu Mensch. Beziehen Sie sie ein, verzaubern Sie sie und bringen Sie sie zum Lachen. Nachfolgend der Text eines Rundfunkspots aus einer Serie, die den Umsatz von Red, White and Blue Beer immerhin um 60 Prozent gesteigert hat:

Sprecher: Und jetzt ein weiterer Kommentar zur Bekämpfung der Inflation von Mister Harmon R. Whittle.

Whittle: Eine der größten Belastungen für unser Budget ist das Entwicklungshilfeprogramm. Jedes Jahr schicken wir Flugzeuge, Computer, Traktoren und viele andere Produkte im Werte von etlichen Milliarden Dollar in andere Länder ... dann bezahlen wir technische Berater, um den Leuten beizubringen, wie man all dies verwendet. Das ist ausgesprochen teuer.
Eine sehr viel sinnvollere Form der Entwicklungshilfe wäre es, wenn wir ihnen statt dessen *Bier* schicken würden. Amerikanisches Red, White and Blue Bier.
Red, White and Blue ist viel billiger als Flugzeuge oder Computer. Wir würden also sehr viel Geld sparen. Außerdem kostet es weniger als anderes erstklassiges Bier. Wir würden also wieder Geld sparen. Und den Gebrauch von Red, White and Blue kann man den Menschen dort sehr viel leichter beibringen als den von Computern. Wir könnten also auch technische Berater sparen.
Und falls Sie irgendwelche Zweifel hinsichtlich unserer internationalen Beliebtheit haben, dann fragen Sie sich nur: Wenn Sie in einem dieser heißen, staubigen Länder lebten, was hätten Sie lieber? Einen Computer oder ein eiskaltes Red, White and Blue? Natürlich ein vernünftiges Bier zu einem vernünftigen Preis.

Sprecher: Mister Whittles Kommentare geben zwar nicht zwangsläufig die Meinung dieses Senders wieder. Sie reflektieren jedoch die Meinung der RWB Brewing Company, Milwaukee.

Da der Rundfunk als Medium hohe Kontaktfrequenzen erzielt, werden die Hörer bei häufiger Wiederholung desselben Spots diesen sehr bald überhören. Sie sollten deshalb einige verschiedene Werbespots produzieren. Die Produktionskosten der Rundfunkwerbung sind im Vergleich zur Fernsehwerbung lächerlich gering.

In den meisten Entwicklungsländern erreicht der Rundfunk auch heute noch mehr Menschen als das Fernsehen. Aber selbst dort weiß niemand, welche Form der Rundfunkwerbung die Registrierkassen zum Klingeln bringt. Wäre es nicht an der Zeit, daß das mal jemand herausfände?

9. Unternehmenswerbung

»Wenn man die öffentliche Meinung auf seiner Seite hat, kann nichts schiefgehen«

Abraham Lincoln

Es war einmal: Ein Leiter eines großen Unternehmens ging zu Cartier und bestellte ein Diamantarmband für seine Frau. »Schicken Sie die Rechnung in mein Büro«, sagte er, als es ans Bezahlen ging. Damit war man jedoch nicht einverstanden – denn Cartier hatte noch nie von seiner Firma gehört. Am nächsten Morgen beauftragte er, der Kunde, seine Agentur mit einer Imagekampagne für sein Unternehmen.

81 der 100 größten amerikanischen Firmen betreiben neben der Werbung für ihre Produkte gezielte Imagewerbung für ihre Unternehmen und geben dafür jährlich etwa 500 000 Dollar aus. Allerdings ist diese Werbung meistens wenig überzeugend. Dennoch kann Imagewerbung, sofern sie sorgfältig geplant und durchgeführt wird, eine durchaus profitable Investition sein. Die Opinion Research Corporation hat ermittelt, daß die Möglichkeit einer positiven Meinung über ein Unternehmen fünfmal so groß ist, wenn dieses in der Bevölkerung eingeführt ist.

Hinzu kommt, daß Ihre Imagewerbung die Stimmung der in Ihrem Unternehmen Beschäftigten verbessern kann; wer möchte schließlich in einem Betrieb arbeiten, von dem noch nie jemand etwas gehört hat? Außerdem kann sie für sämtliche Ebenen die Einstellung qualifizierterer Mitarbeiter erleichtern. Und sie kann meines Erachtens Ihren Ruf, bei Unternehmenszusammenschlüssen oder -übernahmen ein attraktiver Partner zu sein, festigen.

Eine wichtige Frage ist sicher, ob Imagewerbung auf die Finanzwelt und Investoren einen positiven Einfluß ausüben kann. Meines Erachtens kann sie es; außerdem ist dies wohl meistens das beabsichtigte, aber unausgesprochene Ziel derartiger Werbekampagnen. Im Rahmen einer Studie der Northwestern University wurde die Entwicklung der Aktienkurse von 731 Unternehmen untersucht. Dabei wurde festgestellt, daß Imagewerbung in der Regel einen positiven Einfluß auf die Aktienkurse hatte, der sich in einer Höherbewertung um durchschnittlich zwei Prozentpunkte dokumentierte.

Wenn Sie dies für belanglos halten, sollten Sie sich verdeutlichen, daß bei einer Aktiengesellschaft mit einem Marktwert von 40 Milliarden Dollar diese zusätzlichen zwei Prozent immerhin 800 000 000 Dollar ausmachen. Eine nicht zu verachtende Summe.

DuPont betreibt seit 47 Jahren Imagewerbung, General Electric bereits seit 62 Jahren, American Telephone seit 75 Jahren, die US Steel Company seit 46 Jahren und die Container Corporation seit genau 50 Jahren. In der überwiegenden Mehrzahl werden die Kampagnen jedoch abgebrochen, bevor sie irgendein meßbares Ergebnis erreichen können.

Rechts: *Diese Anzeige enthält eigentlich alles, was zur Unternehmenswerbung zu sagen ist.*

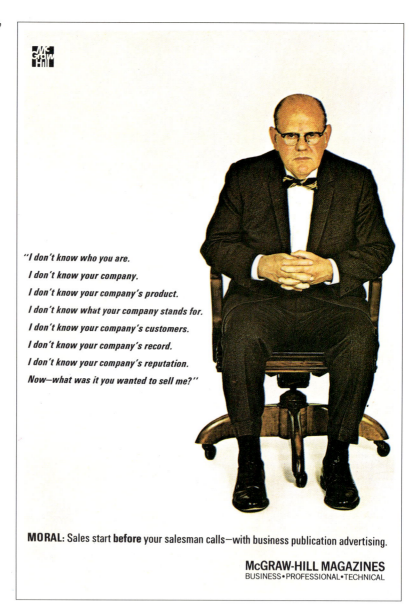

Sie sollten sich bei Ihrer Imagewerbung nicht *kurzfristig* orientieren, denn die Beinflussung der öffentlichen Meinung zu Ihren Gunsten und damit die Verbesserung Ihres Firmenimages oder die Wertsteigerung Ihrer Aktien sind nur langfristig realisierbar. Als Texaco 1941 vorgeworfen wurde, den Nazis Öl zu verkaufen, übernahm sie zwar umgehend die Schirmherrschaft für die Metropolitan Opera im Rundfunk, brauchte aber dennoch trotz dieser Geste lange, um den schlechten Ruf wieder loszuwerden.

Die meisten Imagekampagnen sind relativ kurzlebig, da sie ohne klare Zielsetzung durchgeführt werden. Hinzu kommt, daß die Forschung noch nicht imstande ist, entsprechende Erfolge nachzuweisen. Eine der wenigen Ausnahmen macht hier die Firma DuPont, die Jahre hindurch nach jedem Fernsehprogramm die Resonanz messen ließ.

Imagekampagnen haben selten mehr als einen Befürworter – dies ist mei-

UNTERNEHMENSWERBUNG

Rechts: *Sears gibt einen Großteil seines gigantischen Werbebudgets für herabgesetzte Waren aus. 1961 aber konnte ich das Management von einer Kampagne überzeugen, die die Firmenpolitik darstellen und so das Image aufpolieren sollte. Einige Mitglieder des Managements hielten das zwar für pure Verschwendung, weil damit nicht direkt Waren verkauft wurden, Chairman Kelstadt aber zeigte etwas mehr Weitblick. Als Joe Cushman die Nachfolge von Kelstadt antrat, sagte er mir: »Mein Vater schämte sich, als ich bei Sears anfing. Heute schämt sich niemand mehr, daß er für Sears arbeitet. Vielen Dank.«*

stens der Leiter eines Unternehmens, der oft nur allein ihren langfristigen Erfolg beurteilen kann. Seine Verkaufsleiter dagegen halten jeden Dollar, der nicht für Produktwerbung ausgegeben wird, für leichtfertige Geldverschwendung, und seine Finanzexperten führen jeden Einnahmerückgang sofort auf die für derart sinnlose Zwecke verbrauchten Gelder zurück.

Der Text der meisten Imageanzeigen zeichnet sich durch selbstherrliche und hochtrabende Anmaßungen aus, die alles andere als überzeugend sind. Agenturen verschwenden endlose Stunden auf den Entwurf unglaublich einfältiger Slogans. Nachfolgend einige eindrucksvolle Beispiele:

Diamond Shamrock: *Das erfinderische Unternehmen.*

Honeywell: *Das Automationsunternehmen.*

Boise Cascade: *Ein Unternehmen, das einen Blick wert ist.*

Georgia Pacific: *Das Wachstumsunternehmen.*

Dravo: *Eine Gesellschaft mit ungewöhnlichem Unternehmensgeist.*

Textron: *DAS Unternehmen.*

General Motors: *Transportmittel gebaut von Menschen für MENSCHEN.*

Toyota: *Wir erfüllen MENSCHLICHE Bedürfnisse auf hunderterlei Weise.*

Firestone: *Solange wie Firestone über MENSCHEN nachdenkt, werden MENSCHEN über Firestone nachdenken.*

Siemens: *Siemens verwandelt Ideen in MENSCHEN.*

ITT: *Die besten Ideen sind die Ideen, die den MENSCHEN helfen.*

General Electric: *Hundert Jahre Fortschritt für MENSCHEN.*

Western Electric: *Wir machen alles, um MENSCHEN einander näherzubringen.*

US Steel: *Wir sind voll und ganz dabei.*

Crown Zellerbach: *Wir tragen dazu bei, daß etwas geschieht.*

You can see mink (from $199 to $799) at 241 of the 740 Sears stores and in the Sears catalog. Any Sears store will order mink for you—and you can always charge it. The natural mink cape above costs $575
PLUS 10% F.E.T.

How to buy mink at Sears for Christmas

IS THERE any woman in the world who wouldn't like this mink for Christmas?

Look again at the picture. This is a *natural* mink cape. It is made from as many as twenty-four matched skins. And lined in pure silk. You can see why it is called a *bubble* cape. Notice the set-back collar. It is extravagantly *deep*—and *luxurious*. In Paris, this style is called the *Blouson* effect.

This mink costs $575, plus the federal tax of ten percent. Any fur expert will tell you this represents fantastic value. He'll wonder how Sears does it.

The answer is knowing *how* to buy mink and *whom* to buy from.

Sears, Roebuck and Co. is one of the biggest sellers of mink in the United States. Its buyers purchase mink coats, jackets, stoles, capes and scarfs in *quantity* from a few selected suppliers.

These people respect Sears high standards. They know they are sure to get large and regular orders as long as they meet these standards. This helps them cut costs. They pass the savings on to Sears—and Sears passes them on to you.

This is the Sears way of doing business. It's why every department at Sears can offer you more value for your money—whether it is tires, diamond rings or denim pants. Or mink for Christmas.

Satisfaction guaranteed or your money back.

Sperry Rand: *Wir wissen, wie wichtig es ist, zuzuhören.*

Rockwell International: *Wo Wissenschaft zum Geschäft wird.*

J.C. Penney: *Wir wissen, was Sie suchen.*

Chemetron: *Ohne uns kein Erfolg.*

Beachten Sie bitte, daß sämtliche dieser Banalitäten beliebig austauschbar sind – jede dieser Aussagen trifft auf jedes Unternehmen zu. Meistens erscheinen diese Slogans im *unteren* Teil der Anzeigen, wo sie doch niemand liest, wo sie das Layout beeinträchtigen und die Leserquote des Textes reduzieren.

Viele Imagekampagnen verfehlen ihr angestrebtes Ziel auch, weil sie finanziell zu knapp bemessen werden. Unternehmen, die Millionen für die Produktwerbung ausgeben, sind häufig sparsam, wenn es um die Werbung für ihr Unternehmen geht. Bevor die Höhe des Budgets festgelegt wird, sollte man zunächst die Aufgabe analysieren und dann klären, mit welchen Kosten ein spezifisches Ziel bei einer spezifischen Zielgruppe erreicht werden kann.

Ein überaus häufiger Fehler bei der Imagewerbung ist, daß als Werbeträger oft nur Zeitschriften und Zeitungen berücksichtigt werden. Untersuchungen haben gezeigt, daß sie schneller und intensiver penetrieren, wenn Sie das Fernsehen als weiteres Medium nutzen.

Ein Wort an alle Vorstandsvorsitzenden: Wenn Sie in Ihren Werbespots selber auftreten, werden Sie, wo immer Sie sich auch befinden, erkannt und damit ein leichteres Opfer für Kidnapper werden. Spaß beiseite, Sie werden Ihren Text vermutlich nicht so gut vortragen wie ein professioneller Sprecher.

Buchstabenwirrwarr
Was auch immer Sie planen, Sie sollten auf gar keinen Fall den Namen Ihres Unternehmens auf die *Initialen* verkürzen. Jeder kennt zwar IBM, ITT, CBS und NBC, aber prüfen Sie sich mal, wie viele der folgenden Initialen *Sie* identifizieren können: AC, ADP, AFIA, AIG, AM, AMP, BBC (Brown, Boveri & Cie *und* British Broadcasting Corporation), CBI, CF, CNA, CPT, CEX, DHL, FMC, GA, GE, GM, GMAC, GMC, GTE, HCA, IM, INA, IU, JVC, MCI, NIB, NCP, NCR, NCS, NEC, NLT, NT, OPIC (nicht zu verwechseln mit OPEC), TIE, TRW, UBS. Trotzdem nennen diese *37* Unternehmen in ihren Anzeigen ihren Namen nur mit diesen Initialen. Sie werden noch Jahre brauchen, und es wird noch viel Geld kosten, bis die Öffentlichkeit die Bedeutung dieser Initialen erfaßt hat. Was für eine Geldverschwendung!

Kann Werbung die Gesetzgebung beeinflussen?
Während der Industriemagnat William H. Vanderbilt die öffentliche Meinung häufig verfluchte, war Abraham Lincoln anderer Ansicht: »Sobald man die öffentliche Meinung auf seiner Seite hat, kann nichts schiefgehen. Sobald man sie gegen sich hat, kann nichts gelingen.«

Woher bekommt die Bevölkerung ihre Informationen über öffentliche Angelegenheiten und Fragen? Weitgehend vom Fernsehen und seltener aus den Nachrichtensendungen des Rundfunks, häufiger auch von Publikumslieblingen wie Robert Blake und Jane Fonda. So machte Jane Fonda immerhin folgende Äußerungen im Fernsehen:

»Ich kann Ihnen nur raten, lehnen Sie sich jetzt gegen den schwarzen Ölschatten auf, sonst schwappt er über Ihren Schreibtisch, ergießt sich in Ihre Wahlkampfkoffer, versiegelt Ihre Ohren und verdunkelt Ihre Herzen. Wenn Sie unsere Schreie heute nicht hören, werden Sie morgen die Früchte des Zorns ernten.«

Links: *Noch eine Image-Anzeige für Sears. Wer hätte gedacht, daß Sears auch Nerze verkauft?*

Versuchen Sie mal, Anzeigen mit einer ähnlichen Rhetorik zu schreiben.

In den vergangenen Jahren haben Großunternehmen immer wieder versucht, mit Hilfe ihrer Werbung die öffentliche Meinung zu beeinflussen. Bedauerlich ist, daß nur wenige Leser dem glauben, was Konzerne zu sagen haben. 1979 und 1980 hat das Media Institute das Image von in Fernsehprogrammen vorgestellten Geschäftsleuten untersucht. Dabei stellte man fest, daß zwei Drittel als dumm, habgierig oder kriminell geschildert wurden, die nur selten etwas sozial Sinnvolles leisten. (Ich meinerseits kenne viele Geschäftsleute, die für »sozial sinnvolle« Aktivitäten so viel Zeit aufwenden, daß es erstaunlich ist, daß ihre Aktionäre sich darauf einlassen.)

Unverständlicherweise haben die meisten Spitzenmanager keine Ahnung, wie sich die liberale Gesellschaft entwickelt. Diese bedauerliche Tatsache wurde vor einiger Zeit durch einen Artikel in der *Harvard Business Review* bestätigt, in dem es hieß: »Während sich die Geschäftsleute um ihre Geschäfte kümmerten, waren die Intellektuellen damit beschäftigt, dem Kapitalismus den Prozeß zu machen.« Politische und soziale Naivität kann sich zu einem ziemlich großen Handikap entwickeln, wenn Unternehmen in politische Schwierigkeiten geraten.

Manche Werbekampagnen scheinen allerdings doch einen gewissen Einfluß auf die Gesetzgebung gehabt zu haben: So warb beispielsweise Bethlehem Steel in der Öffentlichkeit um Verständnis für seine Position gegenüber importiertem Stahl. Ihre Kampagne hat sicherlich dazu beigetragen, die Verabschiedung eines Gesetzes zum Schutze der Stahlindustrie zu erleichtern.

Als die Holzindustrie von Umweltschützern heftig angegriffen wurde, sie

Unten: *Diese Kampagne dokumentiert die Zugehörigkeit von IBM zum täglichen Leben – hier wird gezeigt, wie IBM dazu beiträgt, den Verkehr in der New Yorker Rush-hour zu beschleunigen.*

UNTERNEHMENSWERBUNG

Oben: Anzeigen wie diese haben dazu beigetragen, die Industrie gesetzlich gegen das Dumping durch ausländische Stahlimporte zu schützen.
Unten: Diese Unternehmenswerbung wandte sich an die Regierungen der Länder, in denen Esso Niederlassungen unterhält.

ginge unverantwortlich mit nationalen Ressourcen um, zeigte Weherhaeuser in Fernsehspots, daß sie *höchst* verantwortungsbewußt sind. Die anschließenden Untersuchungen ergaben, daß die Werbung offenbar gewirkt hatte: Die Angriffe ließen nach.

Als vor einigen Jahren die britische Labour Party ihre Absicht ankündigte, die Banken zu verstaatlichen, konnte dies durch eine sechsmonatige, argumentativ hervorragende Kampagne verhindert werden; die Banken wurden nie verstaatlicht. Die ausgesprochen guten Umfrageergebnisse bewiesen darüber hinaus, daß die Kampagne positiv aufgenommen worden war.

Wenn Sie mit Ihrer Werbung die öffentliche Meinung beeinflussen wollen, verhelfen Ihnen folgende Grundsätze vielleicht zum gewünschten Erfolg:

Handelt es sich um eine komplizierte Frage, was meistens der Fall ist, vereinfachen Sie sie soweit wie möglich. Der Verbraucher wird heute beispielsweise mit einer Vielzahl verwirrender Informationen, wie nahrhaft oder gesund die einzelnen Lebensmittel sind, bombardiert. General Foods hat andererseits 1981 eine Anzeigenserie veröffentlicht, in der *einfache* Ratschläge zu diesem Thema gegeben wurden.

Aber Vorsicht vor zu starken Vereinfachungen: Bei simplifizierten *Verzerrungen* fühlt sich mancher für dumm verkauft, und Sie richten mehr Schaden an, als Sie Nutzen erzielen.

Stellen Sie Ihren Fall so dar, daß er das Eigeninteresse des Lesers anspricht. Mobil-Oil hat Jahre hindurch versucht, die öffentliche Meinung mit bissigen Anzeigen zu beeinflussen. Nach Aussagen der Mobil-Oil-Geschäftsleitung haben sie damit durchaus positive Ergebnisse erzielt. Trotzdem meine ich, daß

Rechts: *Dies ist nach Ansicht des Autors die beste Imagewerbung eines Einzelhändlers. Der Text stammt von Leslie Pearl, die Anzeige erschien 26 Jahre lang dreimal wöchentlich in der New York Times. Der Text vermittelt indirekt, daß Wallachs nicht nur qualitativ hochwertige Kleidung verkauft sondern zugleich einen außergewöhnlich aufmerksamen, persönlichen und freundlichen Service bietet. Vor Realisierung der Anzeigenaktion hatte man eine Umfrage durchgeführt, um herauszufinden, wie die Herrenbekleidungshäuser in New York eingeschätzt wurden. Dabei stand Wallachs an letzter Stelle, zehn Jahre später hatte man sich an die Spitze vorgearbeitet.*

Unten: *Dies ist die bisher wohl beste Anzeige für ein öffentliches Anliegen.*

did you say button?

Every year or so we ask our store managers to keep count, over a four week period, of the special services we perform.

The most recent check (Mar 4–Mar 30) has just been tabulated and shows a total of 1153 assists. Among other things we sewed on 334 buttons, supplied 295 collar stays and buttons, donated 166 pairs of shoe laces, cleaned up ∞∞ spots and punched new holes in 56 belts. And we made 86 special office deliveries.

These, you understand, were all emergency repairs and services, provided on a while-you-wait basis, made without charge and not limited to Wallachs regular customers or to clothes originally bought at Wallachs.

The next time you need sartorial first aid of any kind, go straight to any Wallachs store and don't be bashful about asking for help. We welcome every opportunity to be of service. We'd like to beat that figure of 1153 as soon as possible.

what size does he wear?

"He's about your height, perhaps a little heavier, has brown hair and graduated two years ago. What size shirt do you think I ought to get for him?"

Questions like that are routine to any salesman in any men's wear store. For although women are expected to know what size clothes are worn by their husbands, sons, fathers, brothers or beaus, the feat is obviously impossible. Every man wears an assortment of garments requiring a dozen different sizes and half the time he can't remember them all himself.

This problem gets worse for the ladies as Christmas gets nearer, so Wallachs has finally done something about it. We have had a card printed that is just right for a lady's purse. It lists all the things that a man wears and has space for you to fill in the sizes.

Stop at any Wallachs the next time you are shopping and ask for as many cards as you can use. Or we will gladly mail you a few with our compliments.

A Hog Can Cross the Country Without Changing Trains—But YOU Can't!

The Chesapeake & Ohio Railway and the Nickel Plate Road are again proposing to give human beings a break!

It's hard to believe, but it's true.

If you want to ship a hog from coast to coast, he can make the entire trip without changing cars. You can't. It is impossible for you to pass through Chicago, St. Louis, or New Orleans without breaking your trip!

There is an invisible barrier down the middle of the United States which you cannot cross without inconvenience, lost time, and trouble.

560,000 Victims in 1945!

If you want to board a sleeper on one coast and ride through to the other, you must make double Pullman reservations, pack and transfer your baggage, often change stations, and wait around for connections.

It's the same sad story if you make a relatively short trip. You can't cross that mysterious line! To go from Fort Wayne to Milwaukee or from Cleveland to Des Moines, you must also stop and change trains.

Last year alone, more than 560,000 people were forced to make annoying, time-wasting stopovers at the phantom Chinese wall which splits America in half!

End the Secrecy!

Why should travel be less convenient for people than it is for pigs? Why should Americans be denied the benefits of through train service? No one has yet been able to explain it.

Canada has this service... with a choice of two routes. Canada isn't split down the middle. Why should we be? No reasonable answer has yet been given. Passengers still have to stop off at Chicago, St. Louis, and New Orleans—although they can ride right through other important rail centers.

It's time to pry the lid off this mystery. It's time for action to end this inconvenience to the travelling public... NOW!

Many railroads could cooperate to provide this needed through service. To date, the Chesapeake & Ohio and the Nickel Plate ALONE have made a public offer to do so.

How about it!

Once more we would like to go on record with this specific proposal:

The Chesapeake & Ohio, whose western passenger terminus is Cincinnati, stands ready now to join with any combination of other railroads to set up connecting transcontinental and intermediate service through Chicago and St. Louis, on practical schedules and routes.

The Nickel Plate Road, which runs to Chicago and St. Louis, also stands ready now to join with any combination of roads to set up the same kind of connecting service through these two cities.

Through railroad service can't be blocked forever. The public wants it. It's bound to come. Again, we invite the support of the public, of railroad people and railroad investors—for this vitally needed improvement in rail transportation!

Chesapeake & Ohio Railway · Nickel Plate Road

Terminal Tower, Cleveland 1, Ohio

UNTERNEHMENSWERBUNG

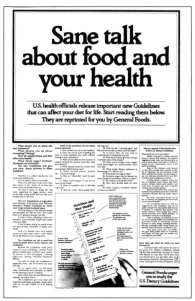

Oben: *Eine Image-Anzeige von Ogilvy & Mather für General Foods. Ein kompliziertes Thema einfach dargestellt.*
Oben rechts: *Im Rahmen ihrer Imagewerbung berichtete die ARMCO den Bewohnern von Houston, welche Maßnahmen sie gegen die Umweltverschmutzung im Kanal getroffen hatte.*
Unten: *Mobil versucht, die öffentliche Meinung durch Anzeigen zu beeinflussen, deren Texte erstaunlich scharf und direkt sind. Sie wenden sich vor allem an die gebildete Minderheit.*

sie mit derartigen Anzeigen eher bei der gebildeten Minderheit ankommen als bei der Durchschnittsbevölkerung. Mit ihren Anzeigen haben sie kaum oder gar nicht an die Eigeninteressen des normalen Bürgers appelliert.

Entwaffnen Sie durch Aufrichtigkeit. Die ARMCO war in Houston als schlimmster Umweltverschmutzer berüchtigt. Mit einer Anzeigenserie, in der sie über in ihre Produktion eingeführte, die Umwelt schonende Methoden informierten, übten sie positive Beeinflussung aus. Das Ergebnis war eine meßbare Verbesserung ihres Images.

Zeigen Sie auch die Kehrseite. Durch Gegenüberstellung der Anti-Autobahn- und der Anti-Tagebau-Interessengruppen dokumentierte Caterpillar Tractor *beide* Seiten der Medaille.

Bestimmen Sie Ihre Zielgruppe. Um mit einer Kampagne beispielsweise Kongreßabgeordnete und Mitglieder der Regierung zu erreichen, brauchen Sie eigentlich nicht mehr als 800 000 Dollar jährlich aufzuwenden. Sie werden damit aber auch nicht viel Erfolg haben, denn solange Sie den Gesetzgebern nicht deutlich verständlich machen, daß Sie mit ihren *Wählern* sprechen, werden sie sich taub stellen. So hat Ralph Nader mal gesagt: »Wenn Sie beim Mann auf der Straße nicht ankommen, bleiben Sie schwach.«

Als der Kongreß erwog, die Ölgesellschaften mit einer Windfall-Gewinnsteuer zu belegen, initiierten einige von ihnen argumentative Anzeigen, die sich an die Kongreßabgeordneten richteten. Der soziale und politische Druck war jedoch so groß und demagogisch geschürt, daß das Gesetz tatsächlich verabschiedet wurde. Vielleicht wäre die Kampagne erfolgreich gewesen, wäre sie früher begonnen worden, hätte sie sich an die breite Öffentlichkeit gewandt und wäre ausgewogener formuliert worden.

Von vielen Unternehmen habe ich immer wieder gehört, daß sie nur die »geistigen Führer« anzusprechen brauchten – also die Leute, die andere Leute beeinflussen. Dies hört sich zwar vernünftig an und ist auch nicht zu kostenintensiv. Das Problem ist jedoch, daß niemand wirklich weiß, wer die geistigen Führer sind.

In den meisten Fällen läßt sich die öffentliche Meinung nur beeinflussen,

 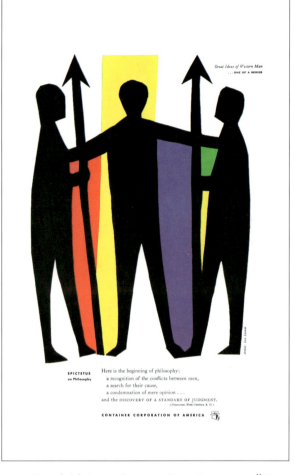

Die Container Corporation begann 1937 zu werben. Die Kampagne erzielte bei intellektuellen Laien einen Achtungserfolg. Ich fand sie damals eher prätentiös. 45 Jahre später läuft die Kampagne immer noch, und ich halte sie inzwischen für eine der besten Imagewerbungen, die je entwickelt wurden. Obgleich ich den Text nie lese, erkenne ich den Sponsor mühelos wieder, genau wie man einen Mann wiedererkennt, der sich anders als andere Männer kleidet. Er sieht anders aus als andere, also muß er auch anders sein. Darin liegt das Geheimnis: Durch ihre Werbung hebt sich die Container Corporation von anderen Anbietern ab.

wenn die Werbung *unter Berücksichtigung des Fernsehens* die gesamte Öffentlichkeit anspricht. In unserer Zeit ist das Fernsehen der Informationsträger, der die öffentliche Meinung entscheidend prägt.

Schlechte Nachrichten

Sollten Sie beabsichtigen, auf die Gesetzgebung einzuwirken, können Sie die Kosten für Ihre Werbung jedoch nicht als Geschäftsausgaben absetzen. Erschwerend kommt hinzu, daß die Fernseh-Gesellschaften keine Werbung mit politischer Zielsetzung akzeptieren. Deshalb müssen Sie inhaltlich unterschiedliche Spots in den jeweiligen regionalen Märkten schalten. Am erfolgreichsten dürfte vermutlich eine Kombination aus regionalem Fernsehen und einigen renommierten Zeitschriften sein.

Die meisten politischen Kampagnen sind zu schwach und werden zu spät initiiert. Außerdem wenden sie sich an das falsche Publikum, haben keine genau definierte Zielsetzung, sind handwerklich schlecht gemacht und vertreten meistens eine hoffnungslose Sache. Deshalb schlagen sie fehl.

Politwerbung ist kein Job für Anfänger.

10. Wie man gute Fremdenverkehrswerbung macht

Aufgrund meiner Werbung »Come to Britain« und der ebenfalls unter dem Motto »Come to ...« stehenden Kampagnen für Frankreich, die Vereinigten Staaten und Puerto Rico werde ich als der große Experte für Touristikwerbung angesehen. Neben diesen Kampagnen habe ich die Werbung für verschiedene Flug- und Schifffahrtsgesellschaften wie Cunard, P & O und KLM gemacht, aber auch für American Express, die an der Entwicklung der Auslandstouristik wesentlichen Anteil haben.

Wenn Sie Werbung für ein fremdes Land machen, müssen Sie sich auf mögliche Attacken, die aus den unterschiedlichsten Gründen erfolgen können, einstellen. Laut den bei der Entwicklung der Kampagne »Come to Britain« vorliegenden Umfrageergebnissen interessierten sich amerikanische Touristen vor allem für Englands Geschichte und Tradition – Westminster Abbey, den Tower von London, den Wachwechsel am Buckingham-Palast, Oxford und so weiter. Deshalb habe ich genau diese Inhalte in den Anzeigen verwandt – habe dann von der britischen Presse die vernichtende Kritik bekommen, ich würde das Bild eines in der Vergangenheit lebenden Landes vermitteln. Warum zeigte ich nicht die fortschrittliche Industriegesellschaft und warum keine Atomkraftwerke, die die Briten damals gerade entwickelt hatten? Weil unsere Marktforschung nachgewiesen hatte, daß die amerikanischen Touristen daran überhaupt kein Interesse hatten. Und nur darum.

Zu Beginn unserer Werbekampagne rangierte England bei amerikanischen Touristen an fünfter Stelle unter den europäischen Reiseländern – heute hingegen an *erster*.

Vor nicht allzu langer Zeit entschied eine Labour-Regierung, daß die Kampagne »Come to Britain« nur noch die Gebiete von England zeigen sollte, die wirtschaftliche Probleme haben. Dabei ging man offenbar von der Vorstellung aus, ausländische Touristen könnten zur Linderung der Arbeitslosigkeit beitragen. Ich mußte ihnen klarmachen, daß Birmingham, Liverpool und Wigan einfach nicht mit Venedig, Paris und Amsterdam konkurrieren können.

Vor Beginn unserer in Europa durchgeführten Kampagne für die Vereinigten Staaten als Reiseland untersuchten wir zunächst auch, was die Europäer am liebsten sehen wollten. Das war Manhattan, der Grand Canyon, San Francisco, die Niagarafälle und Cowboys. Und genau diese Attraktionen zeigten wir dann auch in unseren Anzeigen – bis uns schließlich der US Travel Service anwies, Motive aus Süddakota zu verwenden. Der Grund war, einer der Senatoren, die über das Werbebudget zu entscheiden hatten, kam aus diesem Bundesstaat.

Als wir mit der Werbung für Frankreich in den USA begannen, bestanden zwischen dem französischen Politiker, in dessen Ressort die Kampagne fiel und der uns beauftragt hatte, und seinem höchsten Vorgesetzten, einem brillanten Kabinettsminister, erhebliche Meinungsverschiedenheiten. Wir saßen genau zwischen zwei Stühlen.

Obwohl für immerhin 24 Länder der Auslandstourismus eine der drei wichtigsten Deviseneinnahmen ist, stellen die meisten Regierungen ihren jeweils zuständigen Ministerien keine ausreichenden finanziellen Mittel zur Verfügung. Dies trifft sowohl für Deutschland, Italien, Holland, Belgien, aber auch für Spanien, Skandinavien und einige andere Länder zu. Die rühmlichen Ausnahmen hingegen sind Kanada, England, Griechenland, Irland sowie einige karibische Inseln. Der amerikanische Kongreß hat dem US Travel Service zwar einige Jahre lang Mittel, aber das waren eigentlich nur kärgliche Beträge, bewilligt, selbst diese wurden inzwischen gestrichen.

In manchen Fällen wird es sich als empfehlenswert erweisen, das Image des Landes, für das Sie werben sollen, zu verändern. Mein geliebtes Puerto Rico beispielsweise hatte ein überaus ungünstiges Image; Umfragen hatten gezeigt, daß Amerikaner, die noch nie dort gewesen waren, es für schmutzig, häßlich und verwahrlost hielten. Als unsere Anzeigen es dann so zeigten, wie es tatsächlich ist, schön und romantisch, begann ein nicht enden wollender Touristenboom.

Obwohl Werbekampagnen für fremde Länder so angelegt sein sollten, daß sie beim Leser ein *langfristiges Image* etablieren, gibt es doch auch Anlässe, bei denen Werbung *ad hoc* zur Lösung *temporärer* Probleme beitragen kann. 1974 führten amerikanische Zeitungsberichte über die Stromknappheit in England dazu, daß viele Amerikaner von einer Reise absahen, weil sie ihre Ferien nicht im Dunkeln verbringen wollten. Das Ende dieses Versorgungsengpasses wurde nicht etwa in der Presse, sondern vielmehr in unseren Anzei-

Unten: *Wenn Sie für relativ unbekannte Länder werben, zahlt es sich aus, die Leser konkret zu informieren – wie in dieser Anzeige für Singapur.*

WIE MAN GUTE FREMDENVERKEHRSWERBUNG MACHT

Rechts: *Aus einer Anzeigenserie für die peruanische Fluggesellschaft Faucett. Von der am Ende des Textes angebotenen Broschüre wurden 20 000 Exemplare angefordert.*
Unten rechts: *Da sich amerikanische Touristen über die hohen Preise in England sorgten, veröffentlichte ich in dieser Zeitungsanzeige einige tatsächliche Preise.*
Unten: *1974 verzichteten zahlreiche amerikanische Touristen aufgrund von Zeitungsberichten über akuten Strommangel in England auf eine Reise dorthin. Diese Anzeige verkündete das Ende der Stromknappheit.*

OGILVY ÜBER WERBUNG

Gegenüber: *Umfrageergebnisse haben gezeigt, daß amerikanische Besucher in England gerne Westminster Abbey und andere historische Bauwerke sehen möchten. Diese eindrucksvolle Anzeige wurde von meinem früheren Partner Clifford Field entwickelt.*
Unten: *Wenn Sie für ein fremdes Land werben, müssen Sie zeigen, was in diesem Land einzigartig ist. Der schöne Text stammt von Bob Marshall.*

gen angekündigt; gleichzeitige Untersuchungen zeigten einen die Kampagne durchaus bestätigenden Umschwung der Meinung bei potentiellen Englandreisenden. Zu einem anderen Zeitpunkt erfuhren wir ein Umfrageergebnis, wonach sich die Amerikaner große Sorgen über hohe Preise in England machten. Dem begegneten wir dadurch, daß wir in unserer Werbung die *tatsächlichen* Preise der Hotels und Restaurants angaben.

Der wohl wichtigste Faktor für Erfolg in der Touristikwerbung sind die Inhalte, die Sie vermitteln: Sie sollten möglichst solche Themen und Motive auswählen, die für das betreffende Land einzigartig sind. Niemand fährt schließlich um die halbe Welt, um Sachen zu sehen, die man genausogut zu Hause haben kann. Wenn Sie beispielsweise einen Schweizer von einem Be-

WIE MAN GUTE FREMDENVERKEHRSWERBUNG MACHT

Henry VII, Elizabeth I and Mary Queen of Scots are buried in this chapel.

Tread softly past the long, long sleep of kings

THIS IS Henry VII's chapel in Westminster Abbey. These windows have filtered the sunlight of five centuries. They have also seen the crowning of twenty-two kings.

Three monarchs rest here now. Henry, Elizabeth and Mary. Such are their names in sleep. No titles. No trumpets. The banners hang battle-heavy and becalmed. But still the royal crown remains. *Honi soit qui mal y pense.*

When you go to Britain, make yourself this promise. Visit at least *one* of the thirty great cathedrals. Their famous names thunder! Durham and Armagh. Or they chime! Lincoln and Canterbury. And sometimes they *whisper*. Winchester, Norwich, Salisbury and Wells. Get a map and make your choice.

Each cathedral transcends the noblest single work of art. It is a pinnacle of faith and an act of centuries. It is an offering of human hands as close to Abraham as it is to Bach. Listen to the soaring choirs at evensong. And, if you can, go at Christmas or Easter.

You will rejoice that you did.

For free illustrated literature, see your travel agent or write Box 690, British Travel Association.
In New York – 680 Fifth Ave.; In Los Angeles – 612 So. Flower St.; In Chicago – 39 So. LaSalle St.; In Canada – 151 Bloor St. West, Toronto.

WIE MAN GUTE FREMDENVERKEHRSWERBUNG MACHT

Links: *In den Anzeigen für die Bermudas wirbt man nur mit solchen Szenen, die genau die Besucher ansprechen, die man auf den Bermudas haben möchte.*

Unten: *Das größte Hindernis, das Puerto Rico hinsichtlich des Tourismus zu überwinden hatte, war sein schlechtes Image: Untersuchungen hatten ergeben, daß man es für die schmutzigste, ärmste und verwahrloseste Insel der Karibik hielt. Das entsprach überhaupt nicht den Tatsachen – und genau die habe ich in den Anzeigen dargestellt. Daraufhin gingen die Touristenzahlen steil nach oben.*

such der Vereinigten Staaten überzeugen wollen, werben Sie möglichst nicht mit Wintersportorten. Und einen Franzosen können Sie sicher nicht mit amerikanischem Essen anlocken.

Manche Länder befürchten, daß durch ausländische Touristen ihr kulturelles Erbe und ihre Tradition negativ beeinflußt werden könnten. Vor Jahren wurde in sämtlichen griechischen Kirchen ein Gebet gesprochen, in dem der Allmächtige angefleht wurde, das Land vor dem Auslandstourismus zu bewahren. Als ich vor nicht allzulanger Zeit auf Kreta war, habe ich gesehen, daß dieses Gebet nicht erhört worden war. Die Bermudas, die sich ohne weiteres zu einem zweiten Miami Beach hätten entwickeln können, wandten sich deshalb mit ihrer Werbung nur an die Amerikaner, die man gerne bei sich sehen wollte.

Die meisten Leute, die ins Ausland reisen, haben zumindest eine gewisse höhere Schulbildung genossen und gebärden sich dementsprechend schamlos wie Kulturgeier, insbesondere die Frauen. Wenn sie nach Europa fahren, »sammeln« sie Museen, Kathedralen, Schlösser wie Souvenirs. Eine Ausnahme war ein Texaner, der zu mir sagte: »Der Reiseleiter ließ uns *zwei Tage* in Venedig verbringen. Was gibt's denn in Venedig zu sehen? Wenn Sie in der Glasfabrik waren, ist da doch weiter nichts mehr.« Ein Freund von mir ließ sich widerwillig von seiner Familie zu einer Reise nach Europa überreden, bei der sehr viele Kathedralen besichtigt wurden. Einige Tage nach seiner Rückkehr nach Minneapolis ließ er sich nicht davon abbringen, mir seine eigene Kathedrale zu zeigen und meinte dazu: »Wir haben diese verdammten Dinger hier schließlich auch.«

Viele Menschen *träumen davon*, in ferne Länder zu reisen. Aufgabe Ihrer Werbung ist, sie zu motivieren, die Träume in Aktivitäten umzusetzen. Das

WIE MAN GUTE FREMDENVERKEHRSWERBUNG MACHT

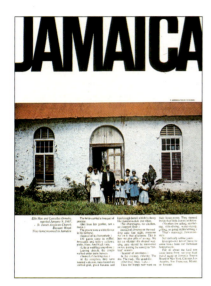

Oben und rechts: *Um Touristen für Jamaica zu interessieren, entwarf Doyle Dane Bernbach eine Kampagne, die zu den Klassikern der Tourismus-Werbung gehört.*

Links: *Das beste Foto in der Geschichte der Tourismus-Werbung vermittelt meisterhaft ein Bild des ländlichen Frankreich. Es wurde von Ellitt Erwitt nach einer Idee von Bill Bernbach aufgenommen.*

ist am einfachsten zu realisieren, wenn Sie möglichst aussageintensive, Fernweh erzeugende Fotos mit spezifischen und praktischen Informationen über die Reisemöglichkeiten kombinieren. Zeigen Sie beispielsweise ein Foto eines alten Oxford-College, und informieren Sie den Leser, wie man dort hinkommt und was die Reise kostet. Bei Ihrer Werbung für nicht so bekannte Länder sollte die Vermittlung von sachlichen Informationen absolute Priorität haben. In einer zweiseitigen Zeitungsanzeige über Singapur schilderten wir den Lesern beispielsweise, welche Kleidung dem Klima angemessen wäre, welches Wetter sie zu erwarten hätten, informierten sie über die Sprachen, die Ernährung, Kosten und zahlreiche weitere Details.

Für die meisten Amerikaner sind die Kosten eines der größten Hindernisse bei Reisen, meines Erachtens sofort gefolgt von der *Angst*, daß sie sich beispielsweise sprachlich nicht verständlich machen oder ihr Geld verlieren könnten. Angst vor Ausländern kommt auch eine gewisse Bedeutung zu; aus Umfragen wissen wir, daß die Amerikaner die Briten für höflich, aufrichtig und arrogant halten, die Franzosen dagegen für unhöflich, unmoralisch und

Oben: *Ich schrieb die Headline in Französisch mit englischer Übersetzung darunter, erzielte eine hohe Leserquote und erreichte damit, daß sich Frankreich von anderen Touristen-Zielen abhob.*

schmutzig. Angst vor fremdartigem Essen* wäre hier auch noch zu erwähnen. Sie müssen werblich alles tun, um diese Ängste zu zerstreuen.

Das Reiseverhalten ist überdies extrem der *Mode* unterworfen. So ist heute vielleicht Kenia »in«, während morgen Australien gefragt ist. Versuchen Sie deshalb, Ihr Land auf der Landkarte mit einer Headline zu zeigen wie zum Beispiel: »Plötzlich wollen alle nach *Ruritanien*.«

Die Touristikwerbung eignet sich gut für Zeitschriften, kann aber im Fernsehen noch erfolgreicher sein. Doyle Dane Bernbachs Werbespots für Frankreich waren beispielsweise einfach bezaubernd. Ich erinnere mich besonders an einen, der amerikanische Touristen motivieren sollte, in die französischen Provinzen zu reisen: »Wenn Sie Frankreich gesehen haben, werden Sie nie wieder nach Paris fahren.«

Ich glaube, daß *Charme* für Touristikwerbung ausgesprochen wichtig ist. Aber auch *Differenzierungen* sind notwendig. Wenn Sie beispielsweise die Headline in Französisch schreiben, weiß jeder sofort, daß Sie für Frankreich werben.

---

* Zwei Franzosen fuhren durch die Cotswolds in England. Da sagte der eine zum anderen: »Du mußt zugeben, daß dies ein sehr schönes Land ist.« »Ja«, antwortete sein Freund, »es *ist* wunderschön. Gott sei Dank kann man es nicht kochen.«

11. Das Erfolgsgeheimnis in der Investitionsgüterwerbung

Ursprünglich bezeichnete man sie als *Handels*-Werbung oder *industrielle* Werbung; inzwischen benutzen Praktiker in den USA den Begriff »Business-to-Business«-Werbung. Das hört sich besser an. Dabei handelt es sich um Produkte, die Leute für ihr Unternehmen, aber nicht für sich selbst einkaufen. Ich werde Ihnen im folgenden meine Kenntnisse über diesen Bereich schildern, mich dabei weitgehend und dankbar auf die von McGraw-Hill gewonnenen Untersuchungsergebnisse stützen.

Print
Nach Angaben von McGraw-Hill kostet der Besuch eines Außendienstmitarbeiters durchschnittlich 178 Dollar, ein Brief 6,63 Dollar und ein Telefonanruf 6,35 Dollar. Dagegen müssen Sie nur 17 Cent aufwenden, um einen potentiellen Kunden über eine Anzeige zu erreichen.

Zugegebenermaßen wird selbst eine noch so effiziente Anzeige in den seltensten Fällen zu einem direkten Kauf führen. Ihre Funktion besteht nur darin, dem Verkäufer den *Weg zu ebnen*, indem sie Ihr Produkt anbietet und es attraktiv darstellt.

In Industrieunternehmen gibt es in der Regel vier Instanzen, die den Einkauf beeinflussen. Ihr Verkaufsteam wird Sie sicher nicht alle kennen. 60 Prozent derjenigen, die für den Einkauf verantwortlich sind, lesen Anzeigen, um sich über den Markt zu informieren.

Im großen und ganzen kann man die Grundsätze, die sich bei der Konsumgüterwerbung bewährt haben, auch in diesem Sektor erfolgreich anwenden – vor allem also das Versprechen eines Nutzens, das Ankündigen von Neuheiten, Testimonials sowie sachliche Informationen.

Sie sollten darauf achten, daß Ihre Aussagen für Ihren Kunden relevant sind. Ein Lieferant von Computer-Software war beispielsweise sehr stolz auf die Größe seines Unternehmens und wollte dies in seiner Anzeige besonders herausstellen. Die Marktforschungsabteilung ermittelte dann jedoch, daß für seine Kunden nicht die Größe interessant war, sondern vielmehr Aufgeschlossenheit, Unterstützung, Service – und ein gutes Produkt.

Konkretisieren Sie Ihre Aussagen. Nennen Sie anstelle von Allgemeinplätzen Prozente, Zeitabläufe und mit Ihrem Produkt einzusparende Gelder. Sie wenden sich schließlich an Fachleute.

Testimonials sind dann erfolgreich, wenn sie von Experten aus angesehenen Unternehmen kommen.

Mit *Demonstrationen* überzeugen Sie am wirksamsten, wenn Sie die Leistung Ihres Produktes mit der Ihres Konkurrenzproduktes vergleichen. Entwickeln Sie ein möglichst einfaches Beispiel, das der Leser selbst nachvollziehen kann.

Neuheiten werden stark beachtet. Offensichtlich beachten die Leser technischer Zeitschriften Anzeigen *neuer Produkte* besonders intensiv. Zu meinem großen Erstaunen wurde in einer McGraw-Hill-Studie ermittelt, daß die Resonanz auf eine Anzeige doppelt so groß war wie auf einen Aufsatz in derselben Zeitschrift über dasselbe Produkt. Stellen Sie Ihre Neuheiten stets überzeugend, prägnant und detailliert vor.

Informationen, die dem Leser bei seiner Arbeit hilfreich sind, können ebenfalls sinnvoll sein, vorausgesetzt, die Information weist auf Ihr Produkt hin. So könnten Sie beispielsweise dem Leser erläutern, wie er den Betrag errechnen kann, den er durch den Einsatz Ihres Produktes spart.

Mancher Texter geht offenbar davon aus, daß das Produkt für den Leser genauso langweilig ist wie für ihn selbst. Deshalb versucht er, den Leser mit Bildern von Babys, Hunden oder Busen zur Lektüre einer Anzeige zu verführen. Dies ist jedoch ein Fehler; denn der Einkäufer von Metallrohren für Bohrinseln interessiert sich in allererster Linie für Rohre und für nichts anderes. Sprechen Sie ihn also lieber gezielt an.

Layouts sollten nüchtern-informativ sein und sämtliche Gags vermeiden, die bei zweitklassigen Art Directoren so überaus beliebt sind – wie beispiels-

Rechts: *Testimonials sind meistens dann erfolgreich, wenn es sich um Experten aus angesehenen Unternehmen handelt.*

Oben: *Manche Texter gehen offenbar davon aus, daß das Produkt für den Leser genauso langweilig ist wie für sie selbst und versuchen deshalb, ihn durch Bilder von Babys, Hunden oder Busen zur Lektüre ihrer Anzeigen zu verführen. Das ist ein Fehler.*

weise Typographie, die zu groß ist, um lesbar zu sein; ausgefallenes graphisches Design oder Headlines, die unten auf der Seite stehen. Wenn Sie Ihre Anzeigen wie eine redaktionelle Seite gestalten, wird sie von wesentlich mehr Leuten gelesen.

Headlines werden fünfmal häufiger als der Text gelesen. Wenn Ihre Headline nicht verkauft, haben Sie Ihr Geld vergeudet. Sie sollten einen Nutzen versprechen, etwas Neues ankündigen, einen Service anbieten, einen wichtigen Hinweis geben oder aber ein Problem aufzeigen bzw. einen zufriedenen Kunden zitieren.

Der *Fließtext* wird zwar nur selten von mehr als 10 Prozent der Leser beachtet, aber diese 10 Prozent sind dann auch wirklich potentielle *Kunden*, Personen, die sich für das interessieren, was Sie verkaufen und sich die Mühe machen, etwas darüber zu *lesen*. Was Sie ihnen mitteilen können, wird über den Erfolg Ihrer Anzeige entscheiden.

Wenn Sie für Kaugummi oder Unterwäsche werben, gibt es eigentlich nicht viel zu sagen. Ein Computer oder ein Generator verlangen jedoch einen ausführlichen Text. Haben Sie keine Angst davor. Erwiesenermaßen wird ein langer Text – mehr als 350 Worte – von *mehr* Leuten gelesen als ein kurzer.

Vierfarbanzeigen kosten nur etwa ein Drittel mehr als Schwarzweißanzeigen. Sie finden aber doppelt soviel Beachtung bei den Lesern. Vierfarbanzeigen sind von daher eine gute Investition.

Alle Fotos sollten mit *Bildunterschriften* versehen sein. Sie werden von doppelt so vielen Leuten gelesen wie der Text. Bedenken Sie dabei, daß die Bildunterschriften Ihnen helfen *zu verkaufen*. Die besten Bildunterschriften sind selbst Minianzeigen.

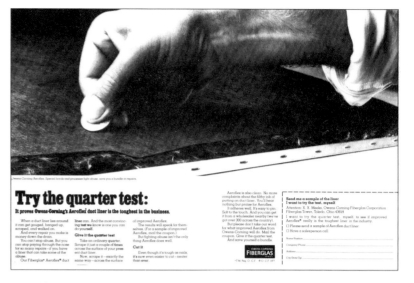

Es lohnt sich, Demonstrationen wie diese zu entwickeln, die Ihre Leser selbst nachvollziehen können.

Fernsehen

Die Investitionsgüterwerbung bedient sich in zunehmendem Maße auch des *Fernsehens*. Unter den Zuschauern der Sport- und Nachrichtenprogramme findet sich ein hoher Prozentsatz von Geschäftsleuten; von daher ist die Einbeziehung dieses Mediums sinnvoll. Bei der Fernsehwerbung für Industriegüter gelten dieselben Grundsätze wie bei Werbespots für Konsumgüter.

Neuheiten und *Vorführungen* haben sich als besonders erfolgreich erwiesen. Selbst Humor, wie er in den lustigen Werbespots von Ally & Gargano für Federal Express zu sehen war, erzielt gute Resultate. Wesentlich für diese Werbespots ist, daß der Humor eindeutig das Produktversprechen bekräftigen muß: »Federal Express – when it absolutely has to be there overnight.«

Manche Investitionsgüter lassen sich nicht in Dreißig-Sekunden-Spots verkaufen. Deshalb rate ich Ihnen, in solchen Fällen die Einschalthäufigkeit zu reduzieren und statt dessen eine ausführliche Verkaufsinformation zu senden. Für IBM-Computer brauchten wir *drei Minuten*.

Viele kleine Hersteller von Investitionsgütern sind gegenüber der Fernsehwerbung zurückhaltend, weil die Produktion von Werbespots überaus kostspielig sein kann. Dabei können selbst billige Werbespots sehr wirksam sein – sofern sie direkt auf den Punkt kommen und wirklich interessante Information bieten. Ich habe beispielsweise erlebt, daß man den Fernsehspot für ein Industrieprodukt aufgrund der zahlreich eingehenden Anfragen aussetzen mußte, da der Vertreter die Auftragsflut nicht mehr bewältigen konnte. Ein Fernsehspot für ein anderes Industrieprodukt verursachte innerhalb von zwei Monaten mehr Anfragen als sämtliche Printaktivitäten während eines Jahres.

Die Differenzierung von gleichartigen Produkten

Bei vielen industriellen Produkten geht man davon aus, daß es sich um relativ homogene Güter handelt, die sich nicht durch sichtbare Unterschiede differenzieren lassen. Inwiefern unterscheiden sich Ihre Bolzen, Dichtungsringe oder Maschinenwerkzeuge von denen Ihrer Wettbewerber? Aber nach Professor Levitt gibt es »keine homogenen Güter. Alle Güter und Dienstleistungen sind differenzierbar.«

In einem Beitrag in der *Harvard Business Review* berichtete Professor William K. Hall von einer Studie, in der acht verschiedene Industriezweige – vom Stahl bis zum Bier – analysiert worden waren. Die jeweils erfolgreichsten

Unternehmen waren die, die ihr Produkt oder ihre Dienstleistung am eindeutigsten differenziert hatten. Laut Professor Hall differenzierten sich die erfolgreichsten Produkte auf zwei Weisen: Entweder durch niedrigere Kosten oder durch einen besseren Ruf hinsichtlich der Qualität bzw. des Service. Mit Ihrer Werbung können Sie Ihre Kunden über sämtliche eventuellen Preisvorteile Ihres Produktes informieren und gleichzeitig Ihr gutes Image hinsichtlich der Qualität und des Service weitertransportieren.

Bis 1972 war Isoliermaterial für Neubauten ein nicht näher gekennzeichnetes Gebrauchsprodukt ohne jegliche Differenzierung. Entsprechend eintönig sah die Werbung der verschiedenen Hersteller für ihr Produkt aus, auch die von Owens-Corning. Als infolge der steigenden Erdölpreise der Bau neuer Häuser zurückging, differenzierte Owens-Corning sein Produkt und empfahl es besonders Besitzern älterer Häuser als eine Möglichkeit, durch verbesserte Isolation ihre Heizölkosten zu senken; man hatte eine Argumentationslücke, die bisher unbeachtet geblieben war, ausgenutzt. Die Differenzierung aber wurde einzig und allein durch Herausstellen eines scheinbar unwichtigen Merkmals ihres Isoliermaterials erreicht, nämlich durch die einzigartige Farbe des Owens-Corning-Produktes: Pink.

Heute ist das Fiberglas von Owens-Corning der Inbegriff eines qualitativ hochwertigen Isoliermaterials; es wird dreimal soviel gekauft wie das Produkt des nächstbekannten Herstellers.

Wie man zu Kundenanfragen anregt

In der McGraw-Hill-Studie heißt es, daß nahezu sämtliche Anfragen von Personen stammen, die entweder einen spezifischen Bedarf oder einen bestimmten Verwendungszweck vor Augen haben, und daß ein ziemlich hoher Prozentsatz von ihnen innerhalb eines Zeitraumes von sechs Monaten nach getätigter Anfrage wirklich kauft.

Sie sollten auf jeden Fall eine für den Anrufer gebührenfreie Telefonnummer* in Ihren Anzeigen nennen, um die Anfrage soweit wie möglich zu beschleunigen und zu erleichtern. In den Vereinigten Staaten nehmen immerhin sieben von zehn Lesern von Fachzeitschriften derartige Nummern in Anspruch. Sehen Sie außerdem eine Antwortkarte *und* einen Coupon vor, womit ausführliche Informationsunterlagen angefordert werden können. Diese Kombination sichert Ihnen die höchstmögliche Zahl ernsthafter Anfragen.

Zusätzlich dazu sollte Ihr Text mit Ihrem Angebot, Ihrer Adresse und Ihrer Telefonnummer schließen. Im Schnitt werden Fachzeitschriften außer vom Abonnenten von drei weiteren Personen gelesen. Wenn der erste Leser den Antwortcoupon ausschneidet, können die anderen nicht mehr auf Ihr Angebot reagieren, wenn Ihre Adresse nicht ein weiteres Mal genannt ist.

Analysieren Sie bei Ihnen eingehende Anfragen

Analysieren Sie sowohl die Anfragen als auch die daraus resultierenden Maßnahmen. Damit sind Sie auf die unvermeidliche Frage Ihres Chefs »Welche konkreten Ergebnisse erzielen wir durch unsere Werbung?« vorbereitet und können ruhigen Gewissens antworten. Ich nenne Ihnen drei Punkte, die Ihnen die Analyse der Anfragen erleichtern:

1. Wählen Sie stichprobenartig einige Anfragen aus, und finden Sie heraus, ob die Interessenten Ihr Produkt wirklich kaufen wollen? Oder wollten sie schon vor einem Besuch Ihres Vertreters Informationen über Ihr Produkt haben? Oder wollen sie sich Ihr Produkt nur für die Zukunft merken?

* Anm. d. Red.: In Deutschland bisher nur versuchsweise eingeführt.

Eine erfolgreiche Strategie der Unternehmenswerbung ist, dem Leser vorzurechnen, wieviel Geld er durch den Einsatz Ihres Produktes sparen könnte. Diese Anzeige erzielte überall die höchste Leserfrequenz und brachte Hunderte von Nachdruckbestellungen.

2. Befragen Sie die Außendienstmitarbeiter, die die Interessenten betreuen. Hat die Anfrage zu einem Verkauf geführt? War das ein neuer potentieller Kunde? Wie beurteilt der Vertreter diesen potentiellen Kunden – als einmaligen Käufer, als mögliches Wachstumspotential oder als Blindgänger? Nichts kann den Wert Ihrer Werbung besser dokumentieren als ein großer Kaufabschluß, der aus einer von Ihnen herbeigeführten Anfrage resultiert.

3. Setzen Sie die Anfragen in Relation zu den Medien, durch die sie ausgelöst wurden. Dadurch können Sie zukünftig Ihre Medien sorgfältiger und gezielter selektieren. Ein Hersteller konnte auf diese Weise immerhin sein Werbebudget um 25 Prozent senken.

Das Topmanagement als Zielgruppe

Viele Firmenanschaffungen erfordern sowohl die Zustimmung des Topmanagements als auch der Einkäufer. Und da kann es durchaus geschehen, daß Spitzenmanager die Details, die die Einkäufer für wichtig erachten, nicht verstehen oder als irrelevant ansehen, denn sie betrachten nur den Gesamtnutzen – insbesondere die Kostenreduzierungen.

In manchen Fällen ist es sicher lohnend, zwei unterschiedliche Werbekampagnen zu konzipieren und zu schalten, die eine für das Topmanagement und die andere für die Einkäufer, die die Fachzeitschriften lesen.

12. Direct Response – meine erste Liebe und meine Geheimwaffe

Eines Tage kam ein Mann in eine Londoner Agentur und wünschte den Chef zu sprechen. Er hatte ein Landhaus gekauft und wollte darin ein Hotel eröffnen. Die Agentur sollte für ihn die Kundenwerbung, für die er 500 Dollar ausgeben wollte, übernehmen. Kaum verwunderlich, daß er vom Leiter der Agentur an den Bürojungen weitergereicht wurde, der zufällig der Autor dieses Buches ist. Ich investierte sein Geld in »Penny post-cards«, die ich an wohlhabende Leute in der näheren Umgebung schickte. Sechs Wochen später konnte er sein Hotel voll ausgebucht eröffnen. *Ich aber hatte Blut geleckt.*

Seither bin ich wie ein einsamer Rufer in der Wüste und versuche verzweifelt, das Werbeestablishment zu überzeugen, Direktwerbung ernster zu nehmen und ihre Vertreter nicht immer nur als Handlanger zu behandeln. Für mich wurde die Direktwerbung zur Geheimwaffe, die eine Lawine von New Business auslöste und Ogilvy & Mather zu einem raketenhaften Aufstieg verhalf.

Heute hat Direktwerbung einen explosionsartigen Aufschwung erlebt – de eigentlich nur durch die Computer möglich wurde. Computer haben die Voraussetzungen geschaffen, nach unterschiedlichsten Kriterien – wie beispielsweise nach beliebigen demographischen Klassifizierungen, nach Kaufhäufigkeit oder Kaufkraft – Namen und Adressen für Versandlisten zu selektieren. Mit einem Computer können Sie Doppelnennungen auf verschiedenen Versandlisten sowie innerhalb einer Liste vermeiden oder sogar Personen auslassen, die keine Werbesendungen erhalten wollen.

Durch Computer ist es heute möglich, daß jeder Brief auch bei Aussendungen in Millionenauflage den Namen jedes Adressaten enthält, und zwar nicht nur in der Anrede, sondern sogar mehrfach im Text des Briefes.

Am gebräuchlichsten ist Direktwerbung bei Zeitschriftenverlagen, die neue Abonnenten gewinnen wollen, desgleichen bei Versandhäusern, Lebensmittelgeschäften, Warenhäusern, Buch- und Schallplattenclubs. Nach vorliegenden Schätzungen werden in den Vereinigten Staaten heute mehr als 100 Milliarden Dollar jährlich über Direktwerbung umgesetzt.

Leider gibt es beim »Verkaufen per Post« auch zahlreiche zwielichtige Figuren, oder wie die *New York Times* es nannte, 10 000 »falsche Pfarrer«. 1980 haben sich etwa 1,5 Millionen Konsumenten beim Better Business Bureau über Firmen beklagt, die bestellte Ware nicht lieferten oder deren Lieferung verspätet bzw. in beschädigtem Zustand ankam.

Werbungtreibende, die ihre Produkte auf dem üblichen Weg über Groß- und Einzelhändler vertreiben, können die Ergebnisse ihrer Werbung nur schwer isoliert von den anderen Faktoren des Marketing-Mix analysieren. Bei der Direktwerbung sind die Erfolgsergebnisse jeder Aussendung auf den Dollar genau bestimmbar. Dadurch kann man sämtliche Aktionen vor ihrer eigentlichen Durchführung genau testen. Das heißt, *bei der Direktwerbung sind Tests das A und O.*

Sie können jede einzelne Variable des auszusendenden Werbematerials testen und die Auswirkungen auf den Umsatz *genau* bestimmen. Da Sie jeweils aber nur eine Variable untersuchen können, ist es praktisch unmöglich, sämtliche Variablen zu überprüfen. Deshalb müssen Sie sich entscheiden, welche Sie testen wollen. Erfahrene Praktiker testen stets nur *einige* Variablen, meistens jedoch nicht die, die nach ihren bisherigen Erfahrungen nur geringfügig unterschiedliche Resultate erbringen. Neben der Positionierung Ihres Produktes sind die wichtigsten Variablen die Preisbestimmung, die Zahlungsbedingungen, Preisnachlässe und das Format der Aussendung.

Der von Ihnen festgelegte Preis sowie die gebotenen Zahlungsbedingungen sind überaus entscheidend und lassen sich am besten durch Musteraussendungen testen. Ein angesehenes Magazin hat mal drei verschiedene Zahlungsmodalitäten für Abonnements getestet. Bei den angebotenen Alternativen sollte der Abonnent entweder 65 Dollar für 56 Exemplare zahlen, 42,50 Dollar für 39 Zeitschriften oder 29,95 Dollar für 29 Hefte. Welche dieser Möglichkeiten hatte Ihrer Meinung nach die höchste Erfolgsquote? – Die dritte Variante – und obwohl der Preis dabei um 40 Prozent reduziert war, wurden damit *35 Prozent höhere* Nettoeinnahmen erzielt.

Als vor einiger Zeit Kollektionen von Silber-, Gold- und Platinmünzen mit den Symbolen der Moskauer Olympischen Spiele über Direktwerbung angeboten wurden, erzielte die Aussendung, in der nur die *Silber*münzen angepriesen wurden, höhere Verkäufe der Gesamtkollektionen als die Aussendung, die die gesamte Sammlung offerierte.

Wenn es Ihre Gewinnspanne zuläßt, sind Werbegeschenke oder Preise zusätzliche Motivationsfaktoren. Auch hier sollten Sie die verschiedenen Möglichkeiten testen. Als am effektivsten haben sich bisher Preisausschreiben mit Geldpreisen erwiesen. Preisausschreiben, Preisnachlässe, Gratisangebote und niedrige Preise erzielen zwar eine bestimmte Anfangsreaktion, aber diese Kunden werden keineswegs immer langfristige Käufer.

Wenn Sie den vollen Preis sowie die Überweisung des Geldes zusammen mit der Bestellung verlangen, wird sich die Zahl der reagierenden Personen mit Sicherheit veringern: erfahrungsgemäß können Sie so dennoch mehr Kunden gewinnen, die längerfristig an Ihren Angeboten interessiert sind. Dies läßt sich jedoch nur anhand von Tests herausfinden. Je mehr Sie testen, um so profitabler wird Direktwerbung.

Wenn Sie eine Direktwerbeaktion entwickelt haben, die gute Ergebnisse erzielt, betrachten Sie diese als Maßstab, und versuchen Sie alles, um ihre Resultate zu übertreffen. Bieten Sie beispielsweise zusätzlich ein kleines Geschenk an, nennen Sie eine Einsendefrist für die Bestellung, oder legen Sie weitere Teile bei – wie zum Beispiel einen persönlichen Brief Ihrer Geschäftsführung. Natürlich kostet all dies Geld, aber wenn es Ihren *Gewinn* erhöht, warum nicht?

Manchmal können derartige Tests weniger aufwendig durchgeführt werden, ohne daß gleichzeitig Ihre Aufträge zurückgehen. Sie können beispielsweise das Format des Werbematerials verkleinern oder den Begleitbrief streichen, Ihre Broschüre nicht vier-, sondern nur zweifarbig drucken oder die Broschü-

A solid silver issue so limited only a fraction of Olympic Coin collectors can own this edition

Only an extremely limited number of 1980 Olympic Coin Collections will be minted and offered to collectors—so few, in fact, that only a fraction of 1976 Olympic Coin collectors will be able to own them.

For example, only 450,000 of each Coin in Series I Geographic will be minted. 100,000 will be reserved for distribution within the Soviet Union and other related Socialist countries—leaving a total of only 350,000 for the rest of the world. In contrast, the 1976 Montreal Olympic minting was between 650,000 and 1,480,000 of each Coin, depending on the Series.

The 1952 Helsinki issue was 600,000. And the 1964 Innsbruck issue was 2,900,000.

Nearly half a million collectors in the U.S. and Canada purchased Canadian Olympic Coins. Yet, the entire number of 1980 Olympic Coins available to North American collectors is only 20 percent of the Canadian Olympic Coins available in 1976.

In the entire history of Olympic Coinage there has never been an issue quite like this one. These rare and beautiful Coins commemorate the first Olympic Games ever held in the USSR. They are the first Proof Quality Coins ever minted in the Soviet Union. They are legal tender in the USSR, backed for their full face value at the official rate of exchange by the Soviet Authorities.

And because so few 1980 Olympic Coins will be available, their importance is even further enhanced.

Certificate of Authenticity

All Proof Quality 1980 Olympic Coins come with a signed and numbered Certificate of Authenticity, which validates the Proof Quality of the Coins, their precious metal content and their identity as the Official 1980 Olympic Issue by authority of the Chief Manager of the Goznak Mints.

Diese Direktwerbung für Silbermünzen der Moskauer Olympischen Spiele war erfolgreich.

re bei der Aussendung ganz weglassen. Vielleicht erleben Sie eine überaus angenehme Überraschung und erkennen, daß weniger mehr sein kann.

Neue Ideen können – vorausgesetzt, sie werden gut getestet – wahre Wunder bewirken. Potentielle Interessenten eines neuen Cessna-Citation-Privatjets waren äußerst überrascht, als wir ihnen Brieftauben mit einer Einladung zu einem kostenlosen Flug in einer Citation schickten. Die Empfänger wurden gebeten, ihre Adresse an einem Bein der Brieftaube zu befestigen und sie dann freizulassen. Einige Empfänger aßen zwar die Überbringer der Botschaft, aber die Mehrzahl der Tauben kam lebendig zurück. Daraufhin wurde immerhin eine Citation verkauft – für 600 000 Dollar.

Mein Bruder Francis schrieb an Rektoren von Privatschulen einen Brief auf Griechisch, um Küchenherde zu verkaufen. Als einige von ihnen antworteten, sie könnten kein Griechisch, schrieb er ihnen einen anderen Brief – auf lateinisch.

Mein Bruder Francis schrieb Rektoren von Privatschulen einen Brief auf griechisch, um Küchenherde zu verkaufen. Als einige von ihnen antworteten, sie könnten kein Griechisch, schrieb er ihnen einen anderen Brief – auf lateinisch. Auf diese Weise erhielt er etliche Aufträge.

Der Erfolg in der Direktwerbung hängt keineswegs immer von Werbegeschenken, Broschüren und ähnlichen Dingen ab. Ich habe Briefe gelesen, die ohne jede weitere Anlage äußerst befriedigende Resultate erzielt haben. Aber es müssen *lange* Briefe sein. Als Mercedes-Benz 1 170 Diesellimousinen eines Vorjahresmodells nicht mehr verkaufen konnte, verschickten wir einen fünf Seiten langen Brief und wurden sie ohne weiteres los. Für Cunard setzten wir sogar einen achtseitigen Brief auf – mit beachtlichem Erfolg.

Direct Response in Zeitschriften und im Fernsehen

Bislang ging es in diesem Kapitel um Direktwerbung, ein Teilbereich des Direct Response. Im Anschluß daran möchte ich Ihnen jetzt berichten, was ich über eine verwandte Wissenschaft weiß – Werbung in Zeitschriften und im Fernsehen, in der Konsumenten aufgefordert werden, ihre Bestellung, ohne einen Händler zu berücksichtigen, direkt an Sie zu schicken.

In Anzeigen ist – wie bereits gesagt – die *Headline* eindeutig das wichtigste Element. Vor kurzem habe ich erlebt, daß sich aus einer Headline fünfmal soviel Aufträge ergaben wie aus einer anderen. Wenn Ihre Headline Ihr stärkstes und relevantestes Produktversprechen zum Ausdruck bringt, sind Sie auf dem besten Weg zum Erfolg.

Gute Fotografien von Ihrem Produkt kosten zwar mehr als schlechte, aber sie *verkaufen* auch mehr. Wenn Sie etwas darstellen wollen, das sich nicht fotografieren läßt, wie zum Beispiel technische Querschnitte, verwenden Sie eine Zeichnung.

Lange Texte sind verkaufswirksamer als kurze; besonders wenn Sie den Leser auffordern, sehr viel Geld auszugeben. Nur Amateure verwenden kurze Texte.

Zwischenüberschriften gliedern den Text und machen ihn lesbarer. Auf jeden Fall muß der Text so geschrieben sein, daß ein Leser die wichtigsten Punkte Ihres Angebotes erfassen kann, auch wenn er ihn nur überfliegt.

Testimonials steigern sowohl die Glaubwürdigkeit als auch den Umsatz. Wenn ein Testimonial bei einem Test gute Resultate erzielt, versuchen Sie ein zweites. Sie sollten für diesen Zweck jedoch keine berühmten *Persönlichkeiten* verwenden, außer es handelte sich um anerkannte Autoritäten wie Arnold Palmer für Golfclubs.

Winston Churchill hat einmal gesagt: »Kurze Worte sind gut, aber berühmte kurze Worte sind besser.« Dies sollten Sie beim Text beherzigen.

Verwenden Sie stets schwarze Typographie auf weißem Grund. Sie kennen ja meine Abneigung gegen die die Leserquote reduzierende negative Schrift – also weiß auf schwarz – bereits.

Leser springen von der Headline oft sofort zum Antwortcoupon, um Ihr Angebot genau kennenzulernen. Entwickeln Sie deshalb Ihre Coupons zu Minianzeigen, die auch den Markennamen, das Produktversprechen und eine kleine Produktabbildung enthalten.

Viele Leser sagen sich bei der Lektüre einer Anzeige, sie werden den Coupon später abschicken, vergessen es letztlich aber doch. Eine Umfrage hat ergeben, daß so doppelt so viele Antworten verlorengehen, wie der Werbungtreibende tatsächlich erhält. Ich nenne Ihnen vier Punkte, Ihre potentiellen Kunden zum schnellen Abschicken Ihres Coupons zu veranlassen:

- »Begrenzte Auflage«
- »Begrenztes Angebot«
- »Das letzte Mal zu diesem Preis«
- »Sonderpreis für umgehende Bestellung«

Zeitweise ging man davon aus, daß ein überhäuftes Layout den Verkaufserfolg einer Anzeige wesentlich erhöht. Inzwischen habe ich jedoch das Gegenteil beobachtet; saubere, gut aufgeteilte Layouts steigern eindeutig die Rücklaufquoten der Coupons.

Welche Printmedien

Sie wissen genau, wie viele Anfragen und letztlich wie viele *Aufträge* Sie durch jede einzelne Anzeige in den verschiedenen Publikationen erhalten. Und Sie haben vielleicht festgestellt, daß Sie in einer bestimmten Zeitschrift doppelt so hohe Ergebnisse erzielen wie in einer anderen. Derartige Unterschiede können aber für Gewinn oder Verlust bereits entscheidend sein.

Stellen Sie fest, welche Zeitschriften Ihre Konkurrenten belegen, besonders

DIREKT RESPONSE – MEINE ERSTE LIEBE UND MEINE GEHEIMWAFFE

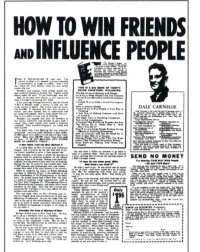

Oben: Mit dieser von Vic Schwab getexteten Anzeige wurden innerhalb von drei Jahren eine Million Bücher per Mail Order verkauft. Das Versprechen in der Headline war genauso unwiderstehlich wie die Aussage im Text.

Rechts: James Webb Young war 40 Jahre lang Creativedirector von J. Walter Thompson. In seiner Freizeit leitete er unter dem Namen Webb Young in Santa Fe einen Versandhandel. Diese ist eine seiner Anzeigen und zugleich ein Paradebeispiel für gute Versandhandelswerbung. Mit einer einmaligen Veröffentlichung in Life verkaufte er 26 000 Krawatten.

Unten: Welche Eltern hätten dieser britischen Direktwerbung widerstehen können? Der Texter war David Abbott.

Ogilvy & Mather Direct Response

The advertising agency with the secret weapon

"For forty years, I have been a voice crying in the wilderness, trying to get my fellow advertising practitioners to take direct response seriously. Direct response was my first love. And later, my secret weapon."

David Ogilvy

Forty-two years ago, David Ogilvy, the founder of Ogilvy & Mather, recognised direct response as possibly, the most sophisticated and precise marketing tool available to businessmen. Direct response is effective, cost efficient and accountable.

Today, there are 17 Ogilvy & Mather Direct Response offices around the world, with billings totalling more than US$100 million.

In Singapore, Ogilvy & Mather Direct Response was established in January 1980, by our Managing Director, Peter Stening.

We are the first and only fully computerised direct response company in Singapore, or for that matter, South East Asia.

We offer our clients complete in-house production facilities for every element of the direct response campaigns — from creative planning to media recommendations to computerised mailing.

Our success in our first year prompted Michael Ball, Regional Head of Ogilvy & Mather and a Director of Ogilvy & Mather International, to make the Singapore office the regional co-ordinating Direct Response centre for South East Asia.

Direct mail — our most powerful tool

Direct mail is the most powerful tool at the disposal of Ogilvy & Mather Direct Response. No other medium can be so precise, yet so flexible.

Unlike print advertising or television commercials, direct mail is not restricted by space or time. There are no limits, except the clients' budget and the creative peoples' imagination.

Direct mail is dependent on selective, constantly updated and deduplicated mailing lists. Effective deduplication can only be achieved on a computer. Without deduplication, you run the risk of annoying existing or potential customers with repeated mailings. Moreover, each duplicated mailing is money wasted.

The selection of the right prospect list is the most critical point in the direct mail programme. The best creative idea and the soundest copy may go to waste if the right list is not available.

The Singapore office is the only Ogilvy & Mather Direct Response agency in the world to own its own computerised mailing lists. We have direct access to the names, addresses and information of over a million people, companies and organisations in Singapore. So we can reach your target audience with a bull's eye. Everytime!

Our computer bank also provides list storage and processing facilities for our offices in Hong Kong, Bangkok, Kuala Lumpur and Jakarta as part of our regional co-ordination.

Specialists in our own right

Direct response advertising is more than just adding a coupon to an advertisement or writing a letter to a potential consumer.

An agency can produce a magnificent mailing package. Lavish, expensive and beautifully executed. But it will not bring the expected result if the call for action is not correctly emphasised.

Direct response is a specialised form of advertising. There is no such thing as hard sell or soft sell.

It's sell or no sell.

We have seen one direct response advertisement sell *nineteen times* as much of a product as another advertisement for the same product. A change in the headline was the only variable. The media rates cost the same for both advertisements.

Direct response requires more specialised skills than, perhaps, any other form of advertising. There are very few people who are adept at the art of direct response advertising. You should not give the job to amateurs.

Anybody can claim they have a direct response capability. But only Ogilvy & Mather Direct Response can prove it. Compared to an average response rate in most western countries of two to three per cent, our direct response advertising in Singapore has yielded average responses of five to seven per cent.

Talk to our clients.
They are our best supporters.

Using our computer, we can reach your target audience individually, with personalised mailings.

Measurable performance

Ogilvy & Mather Direct Response offers you professionals in every aspect: creative, media, production and account management. Because the work we perform for our clients is measurable, our performance is also directly measurable. Ogilvy & Mather Direct Response International has become one of the world's largest direct response agencies because of our professional expertise.

Last year in Singapore, we created more than a million dollars' worth of direct response advertising — in mail and media — for clients big and small.

Getting new business from old customers.
It can cost less to sell to your present customers than to acquire new ones. Very often, satisfied customers of one division of a company are ideal prospects for the products and services offered by another division.

Customer communications.
More and more companies are rediscovering the bottom-line value of customer goodwill. Direct mail is the most personal and effective way to let your customers know you *care*.

For King & Shaxson Investment Fund Managers, we mail personal letters and news of the latest investment developments to their clients every month. The result? A substantial increase in business.

Our client, American Express, has and will continue to build business through direct mail.

In the process, we have learnt that direct response advertising can help sell $100,000 cars as well as a $1 jar of baby cream. We have also discovered many other profitable ways to use this most accountable form of advertising as part of our clients' marketing plans. Some of them may be useful to you.

Building sales leads.
Direct response has proved to be an extremely effective and economical way to produce highly qualified industrial sales leads.

We created two special mailing packages for Solna, a leading Swedish manufacturer of printing machinery, that provided our client with 850 sales leads.

Building store traffic.
A personal letter and an attractive offer can often do wonders for getting customers back into a store.

Our mailing package for Fitzpatrick's Supermarket was highly successful in increasing store traffic.

Introducing new products.
Direct response can sometimes be an effective way to introduce a new product to key prospects. It can also be used to pre-test the consumer appeal of a new product at only a fraction of normal market test costs.

We helped Aspatra Guan Hoe, agents for Saab cars, launch their Saab Turbo 900 by sending out a mailing package that invited key prospects to come for a test drive. Our client sold three months' stock' within the first month!

How to find out more

The true value of direct response advertising is yet to be realised in Asia. In Singapore, we have an ideal direct response market.

Despite the very strong Singapore identity of all our citizens, the population is clearly structured into socio-economic, cultural, language, religious and ethnic groups. Direct response provides a very precise method of reaching these specific groups cost-effectively, particularly when relatively limited advertising or promotional budgets are available.

If you would like to learn more about how direct response advertising can increase your sales and profits, please call Peter Stening or Eric Stanley at 223 8722. Or post the coupon for a copy of our brochure that contains full details of our secret weapon: direct response.

What is direct response?

Direct response advertising refers to any kind of advertising that seeks a direct response — an order or an inquiry — from the consumer.

Direct response can be included in all forms of advertising: press, magazines, television, radio, cinema. Any advertising medium.

Direct response can be direct mail. Information posted to people about whom certain factors are known, eg. income bracket, occupation, interests etc.

Direct response communication can be by telephone. Telephone marketing is a fast growing segment of direct response. Goods and services are being offered over the telephone to obtain orders and inquiries.

Direct response advertising also includes two-way television. This electronic media is already revolutionising the direct marketing fields in Europe and the United States, and is just around the corner for Singapore.

In every instance, the advertisement, mailing piece or telephone call includes a call for action: *A request for a direct response.*

Direct response advertising gives you the ability — unique in advertising — to measure results and returns on investments *precisely*. An irresistible advantage in today's economy.

In addition, you can pinpoint your markets, instead of reaching audiences composed mostly of poor prospects.

Cut out and mail today!
Ogilvy & Mather Direct Response
7th Floor Tuan Sing Towers
30 Robinson Road Singapore 0104

☐ Please send me more information about your secret weapon — direct response.

☐ I would like to know how Ogilvy & Mather Direct Response can help me improve my company's sales and profits. Please contact me.

Name
Title
Company
Address
Telephone

Ogilvy & Mather Direct Response

Diese Anzeige informiert über die Eröffnung einer Direct Response Agentur. Beachten Sie den langen Text, er enthält zahlreiche ganz konkrete Informationen.

die, in denen sie *ständig* schalten. Achten Sie auch auf Veränderungen im redaktionellen Teil, denn das kann genau die von Ihnen gewünschten Leser anziehen oder aber abwandern lassen.

Seien Sie vorsichtig mit Doppelseiten; sie kosten zweimal soviel wie Einzelseiten, erzielen aber nur selten die doppelte Zahl von Bestellungen. Testen Sie verschiedene Anzeigenformate und -typen, beispielsweise eine Anzeige mit Antwortkarte im Gegensatz zu einer ohne Karte. Obwohl die Kosten für eine Anzeige mit Antwortkarte sicher höher sind, kann damit manchmal ein Vielfaches an Bestellungen erreicht werden.

Wenn Sie Ihre Anzeige in derselben Zeitschrift schalten, müssen Sie damit rechnen, daß die Rücklaufquote zurückgeht. In manchen Magazinen ist Ihre Anzeige vielleicht sechsmal in einem Jahr gewinnbringend, während sie in anderen sogar *zwölfmal* erscheinen kann, bevor sie unrentabel wird.

Fernsehen

Vielleicht überrascht es Sie zu hören, daß die richtige Fernsehwerbung Zuschauer durchaus veranlassen kann, Ihre Produkte per Post oder Telefon – eher aber per Telefon – zu bestellen. Der »richtige« Spot heißt, Sie müssen zunächst ein Problem zeigen und dann demonstrieren, daß und wie Ihr Produkt dieses Problem lösen kann; garantieren Sie die Rückgabe des Geldes, nennen Sie den Preis und fordern Sie ausdrücklich auf, schnell zu bestellen.

Die Demonstrationen sollten nicht nur *einen* Produktnutzen versprechen, sondern mehrere. (Dies steht im Gegensatz zur Auffassung von Procter & Gamble.)

Mein Partner Al Eicoff hat im Direktverkauf über das Fernsehen sicher mehr Erfahrung als irgend jemand sonst. Er kennt so ziemlich keinen Werbespot, der kürzer als zwei Minuten war und nennenswerte Umsätze brachte.

Zur Erläuterung der Bestellmodalitäten benötigen Sie etwa zwanzig Sekunden. Dies ist lang genug, um Ihre gebührenfreie Telefonnummer sowie Ihre Anschrift anzusagen und durch Texteinblendung zusätzlich hervorzuheben. Die gebührenfreie Telefonnummer sollte mehrmals wiederholt werden.

Je mehr die Leute Ihnen *vertrauen*, desto mehr kaufen sie.

Bei den meisten Werbungtreibenden wird die Effizienz des Fernsehens an den Kosten pro tausend Zuschauer gemessen. Eicoff dagegen mißt die Effizienz an der Anzahl der eingegangenen *Bestellungen*, die er erhält, nachdem ein Sender einen seiner Werbespots ausgestrahlt hat. Aus diesen Rückläufen erkennt er die nicht effektiven Sendezeiten und Sender und storniert diese Spots. Die produktivsten Sendezeiten sind frühmorgens, spätabends und am Wochenende; Januar, Februar und März sind die einträglichsten Monate.

Je interessanter das Programm ist, in dessen Rahmen Ihre Spots gesendet werden, desto geringer sind die Bestellungen und damit die Umsätze, die Sie erwarten können. Die Zuschauer gehen eher ans Telefon und bestellen Ihr Produkt, wenn sie gelangweilt einen alten Film sehen als wenn sie von einer neuen Dallas- oder Denver-Folge gefesselt sind.

Bedenken Sie, daß es zwischen der Zahl der Zuschauer und der Zahl der Bestellungen keine Korrelation gibt.

✻   ✻   ✻   ✻   ✻

Jedes Kapitel in diesem Buch ist zwangsläufig eine stark vereinfachte Darstellung eines mehr oder weniger komplizierten Sachverhaltes. Das gilt auch für dieses Thema. Wenn Sie mehr über Direct Response erfahren möchten, sollten Sie Bob Stones Buch »Successful Direct Marketing Methodes« (Crain Books, Chicago) lesen.

13. Werbung für gemeinnützige Zwecke

Und Spendenaufrufe für karitative Ziele

Vor vierzig Jahren wurde von der amerikanischen Werbebranche das Advertising Council gegründet, dessen Aufgabe es ist, für Einrichtungen wie US Savings Bonds, das Rote Kreuz und andere wohltätige Institutionen kostenlose Werbekampagnen durchzuführen. 1979 stellten die Medien für Kampagnen des Ad Council Werbezeit und Anzeigenraum in einem Gegenwert von insgesamt 600 Millionen Dollar zur Verfügung, und die Agenturen berechneten nichts für ihre Leistungen. 1980 stellten die Medien für die Kampagne, mit der zur Beteiligung an der Volkszählung in den USA aufgerufen wurde, kostenlosen Anzeigenraum und Sendezeit im Werte von 38 Millionen Dollar zur Verfügung.

Diese beachtens- und lobenswerte Bereitschaft hat auch einen Nachteil: Der Erfolg jeder Kampagne hängt von der Großzügigkeit der Medien ab, die sich nicht vorhersagen läßt. Das britische System ist dagegen sehr viel kalkulierbarer, denn die *Regierung* stellt die erforderlichen Mittel zur Verfügung.

Nachfolgend sechs Beispiele für Kampagnen, mit denen für wohltätige Zwecke geworben wurde.

Der World Wildlife Fund
Im Laufe von fünf Jahren gelang es Ogilvy & Mather, in sechzehn Ländern kostenlosen Anzeigenraum im Werte von 6,5 Millionen Dollar für den World Wildlife Fund zu akquirieren.

Die New Yorker Philharmoniker
1957 erlebten die New Yorker Philharmoniker eine tiefe Krise. Die Musiker waren demoralisiert, weil sie stets vor halbleeren Häusern spielten. Daraufhin kaufte ich in der *New York Times* eine Seite und veröffentlichte das Programm der kommenden Konzertsaison *im voraus.* Jahre später sagte mir jemand, der die Situation sehr genau gekannt hatte, diese Idee hätte den Philharmonikern mindestens ebenso geholfen, ihr Tief zu überwinden wie Leonard Bernstein.

Der United Negro College Fund
In sämtlichen Vorortzügen, die von New Yorks Grand Central Station in die aus dem Boden schießenden Vorstädte fahren, wurde ein Brief, der mit folgendem Wortlaut begann, verteilt: »Wenn dieser Zug heute abend an der 108. Straße aus dem Tunnel auftaucht, *sollten Sie aus dem Fenster schauen.*« Als sie dann aus dem Fenster schauten, sahen die Fahrgäste die schmutzig-grauen Slums von Harlem. Aufgrund dieses Briefes erhielt der United Negro College Fund an einem einzigen Abend Geldspenden in Höhe von 26 000 Dollar.

Gegenüber: *Innerhalb von fünf Jahren konnte Ogilvy & Mather in sechzehn Ländern für den World Wildlife Fund kostenlosen Anzeigenraum im Wert von 6,5 Millionen Dollar »erbetteln«. Die Anzeigen haben zwar nur bescheidene Spenden eingebracht, ihre übergeordnete Funktion aber war vor allem, die Öffentlichkeit für persönlichere Methoden der Spendensammlung zu sensibilisieren.*

WERBUNG FÜR GEMEINNÜTZIGE ZWECKE

WWF/Kojo Tanaka BCL

The Giant Panda needs your help to survive

Once every eighty to a hundred years the bamboo forests in China's Sichuan Province burst into flower and then die off. And that's bad news for the Giant Panda, which depends for its survival on huge amounts of bamboo.

But that's just one of the problems facing the Panda.

To ensure that it has a future it is vital to preserve the complex ecosystem in which it lives, to carry out research into its dietary needs and investigate possible alternatives, to discover the reasons for its low reproduction rate, to study the problem of internal parasites – all these factors and many more which threaten its survival.

Recognition of the urgent need to solve these and other problems has resulted in a unique and historic partnership between WWF and the People's Republic of China.

WWF has agreed to contribute US $1,000,000 towards a total of about US $3,000,000 needed by the Chinese Government to mount a major Panda Conservation Programme. This includes construction of a research and conservation centre in the largest of the Panda reserves – Wolong Natural Reserve in Sichuan Province.

A team from WWF, led by the distinguished ecologist Dr. G. Schaller, is already at work in Wolong together with top Chinese scientists under the leadership of Professor Hu Jinchu.

The Giant Panda is an endangered animal. It is also the symbol of WWF's worldwide conservation efforts to save life on earth.

But WWF needs money – your money.

Please send contributions to the WWF National Organisation in your country or direct to:

WWF International, 1196 Gland, Switzerland.

WWF WORLD WILDLIFE FUND

WWF acknowledges the donation of this space by   Advertisement prepared as a public service by Ogilvy & Mather.

Unten rechts: *1957 spielten die New Yorker Philharmoniker vor halbleerem Haus. Meine einfache Lösung bestand darin, in der New York Times Anzeigenraum zu kaufen und im voraus das vollständige Programm für die nächste Saison abzudrucken. Der Erfolg war überraschend.*

Unten: *Um Spenden für den United Negro College Fund zu akquirieren, ließ ich diesen Brief auf allen Sitzen in den Zügen, die von Grand Central Station in die reichen New Yorker Vorstädte gingen, verteilen. Dadurch kamen an einem einzigen Abend 26 000 Dollar zusammen. Die Idee stammte von Bill Phillips, späterer Chairman von Ogilvy & Mather.*

Der Sierra Club

Howard Gossage, der wortgewandteste Rebell in der Werbebranche, vertrat die Auffassung, Werbung sei ein viel zu wertvolles Instrument, um sie für kommerzielle Produkte zu verschwenden. Er meinte vielmehr, ihre Existenz wäre nur dann zu rechtfertigen, wenn sie für gemeinnützige Zwecke eingesetzt würde. Eine seiner Anzeigen für den Sierra Club beinhaltete den Widerstand gegen ein Wasserkraftprojekt im Grand Canyon und brachte immerhin 3 000 Aufnahmeanträge zu 14 Dollar ein.

Teenager-Alkoholismus in Norwegen

1974 startete die norwegische Regierung eine Werbekampagne mit dem Ziel, den Alkoholismus bei jungen Menschen zu reduzieren. Die ersten Anzeigen mit Headlines wie »Ich übergebe mich fast jedesmal, wenn ich getrunken habe« richteten sich an Jungen und Mädchen im Alter zwischen vierzehn und sechzehn. Die Leserquote war die höchste, die jemals in Norwegen ermittelt wurde. Etwas modifiziert wandte sich die Kampagne später auch an die Eltern

und erklärte, warum Kinder trinken und welche Risiken sie dabei eingehen. Die Headlines lauteten unter anderem: »Im Durchschnitt tranken alle siebzehnjährigen Norweger im letzten Jahr 155 Flaschen Alkohol. Eltern sollten wissen, welche Schäden ihre Kinder damit riskieren.« Mehr als 70 Prozent der norwegischen Eltern lasen diese Anzeigen. Als Folge löste die Kampagne eine heftige Diskussion dieses Themas in den Medien aus. Außerdem ging der Alkoholkonsum junger Leute erstmals nach Jahren deutlich zurück.

Krebs in Indien

Bei einer 1978 in Bombay durchgeführten Umfrage zeigte sich, daß nahezu keine Kenntnisse über Ursachen, Symptome und Behandlungsmethoden von Krebs verbreitet waren. Daraufhin bat die Indian Cancer Society meine indischen Partner, eine entsprechende Werbekampagne zu entwickeln. Ihre Zielsetzung war, vorherrschende Ignoranz und Fatalismus positiv in Verständnis und Optimismus umzuwandeln. Nur so konnte man die Menschen überzeu-

Rechts: 1966 brachten einige Senatoren aus Arizona einen Gesetzentwurf ein, der die Überflutung eines großen Teils des Grand Canyon für den Bau eines überflüssigen Wasserkraftprojekts vorsah. Die Agentur von Howard Gossage in San Francisco startete daraufhin eine Kampagne für den konservativen Sierra Club, der gegen dieses Projekt war. Die erste Anzeige brachte 3 000 Mitgliedsanträge ein – und die Ablehnung dieses Wasserkraftprojekts. Gossage hielt die Existenz der Werbung nur dann für gerechtfertigt, wenn sie sozialen Zwecken diente. Dieser Rebell der Werbebranche sagte unter anderem: »Ich liebe das Werbegeschäft, und zwar aufrichtig, obwohl es keine Sache für einen erwachsenen Mann ist. Ich liebe es deshalb, weil da so viele herrliche Augias-Ställe auszumisten sind.«

Zwei Anzeigen vom Ogilvy & Mather-Büro in Oslo zum Thema Jugendalkoholismus.

Links: *Die Headline zitiert ein 14jähriges Mädchen: »Ich übergebe mich fast jedesmal, wenn ich getrunken habe.« Diese Anzeige erzielte die bis dahin höchste Leserquote in Norwegen.*
Rechts: *Die Headline: »Im Durchschnitt tranken 17jährige Norweger im letzten Jahr 155 Flaschen Alkohol. Eltern sollten wissen, welche Schäden ihre Kinder damit riskieren.« Mehr als 70 % aller norwegischen Eltern lasen diese Anzeige, woraufhin der Alkoholismus bei Jugendlichen erstmals nach Jahren zurückging.*

gen, sich regelmäßig kostenlosen Untersuchungen in den Kliniken der Cancer Society zu unterziehen. Das Motto der Kampagne zielte auf die Hoffnung der Menschen: »Life after Cancer ... it's worth living.« Die Anzeigen zeigten Menschen, die geheilt worden waren. Innerhalb von zwei Monaten hatte sich daraufhin die Zahl der Vorsorgeuntersuchungen in den Kliniken verdreifacht. (Vgl. Seite 184.)

Die Spendensammlung

Bevor Sie jetzt ohne weiteres Zögern Kontakt zu der von Ihnen bevorzugten karitativen Institution aufnehmen und anbieten, kostenlos Werbung für Spendensammlungen zu machen, möchte ich Sie noch auf etwas aufmerksam machen: Selbst mit sehr überzeugenden Anzeigen gelingt es nur selten, die Kosten für den Anzeigenraum abzudecken.

Werbung kann aber auf jeden Fall eine »Sensibilisierung« der Bevölkerung oder vorher definierter Zielgruppen erreichen, wodurch die Spendenbeschaffung über die persönliche und direkte Kontaktaufnahme leichter wird. Man kann bekanntlich nur sehr schwer jemanden überzeugen, Geld für eine karitative Einrichtung zu spenden, wenn er nichts darüber weiß.

14. Der Konkurrenzkampf mit Procter & Gamble

Oder: Wer hat Angst vor dem bösen Wolf?

Wenn Sie für Wegwerfwindeln, Weichmacher, Reinigungsmittel, Zahncreme, Seife oder Geschirrspülmittel Werbung machen wollen, werden Sie sich immer in Konkurrenz mit Procter & Gamble befinden. Dieser Gigant hat bei sämtlichen der genannten Produkte Marktanteile von mindestens 40 Prozent und außerdem beherrschende Positionen in den Märkten für Shampoo, Fertigkuchenmischungen, Kaffee, Deodorants und Heimdauerwellen. Procter & Gamble gibt pro Jahr mehr als jedes andere Unternehmen für Werbung aus – insgesamt 700 Millionen Dollar – und erzielt einen jährlichen Umsatz von 12 Milliarden Dollar.

Da Ihre Chancen, mit diesem Riesen erfolgreich zu konkurrieren, eindeutig steigen, wenn Sie die Hintergründe seines überwältigenden Erfolges kennen, möchte ich Ihnen hier berichten, was mein Partner Kenneth Roman darüber herausgefunden hat.

Procter & Gambles hervorstechendstes Merkmal ist eine extreme *Disziplin*. Die Unternehmensphilosophie besteht darin, gründlich zu planen, Risiken zu minimieren und an bewährten Grundsätzen festzuhalten.

Um möglichst schnell hohe Probierraten zu erreichen, werden Unmengen kostenloser Warenproben an private Haushalte verteilt. 1977 sagte der Chairman von Procter & Gamble: »Der größte Teil unserer Anfangsinvestition wird meistens für Einführungswarenproben aufgewandt ... Erst wenn zufriedene Konsumenten unmittelbare Erfahrungen mit dem Produkt gemacht haben, werden die einzelnen Bestandteile des Marketing-Mix, wie Werbung und Verkaufen, wirklich erfolgreich sein.«

Das Unternehmen wird nur dann in kleinen Marktsegmenten aktiv, wenn Wachstumserwartungen realistisch sind; in jedem Marktbereich wird eine dominierende Position angestrebt. Durch den Aufbau großer Kapazitäten kann der Konzern kostengünstiger produzieren als seine Konkurrenten und dadurch höhere Gewinne erwirtschaften oder aber Konkurrenzprodukte preislich unterbieten. Häufig bietet Procter & Gamble mehr als eine Marke in derselben Produktkategorie an, so daß jede Marke mit ihrem »Bruder« konkurriert – der Stärkung der marktbeherrschenden Position sind also keine Grenzen gesetzt.

Zur Ermittlung der Verbraucherbedürfnisse wird die Marktforschung intensiv genutzt. Ed Harness, der frühere Chairman von Procter & Gamble, sagte einmal dazu: »Wir bemühen uns ständig, herauszufinden, was sich hinter der nächsten Ecke verbirgt ... Der Konsument ist unser wichtigster Informant; deshalb studieren wir ihn eingehend und versuchen, neue Trends im Geschmack, in seinen Bedürfnissen, in seiner Umgebung sowie seinen Lebensgewohnheiten rechtzeitg kennenzulernen und für uns produktbezogen umzusetzen.«

Wichtigster Grundsatz ist jedoch, Produkte zu entwickeln, die denen der Konkurrenz überlegen sind. Mit Blindtests bei Verbrauchern wird gewährleistet, daß die Produktüberlegenheit eindeutig erkennbar ist. Hierzu Harness: »Der Schlüssel zum erfolgreichen Marketing ist eine absolut überlegene Produktleistung ... Wenn der Konsument für sich keinen wirklichen Vorteil in der Marke sieht, dann kann keine noch so geniale und erfinderische Werbung oder Verkaufstechnik sie retten.«

Bei Einführung neuer Produkte wird äußerst intensiv geworben; außerdem werden die Produkte, die sich im Markt erfolgreich durchgesetzt haben, mit beeindruckenden Werbebudgets unterstützt – Crest-Zahncreme mit 29 Millionen Dollar, High-Point-Kaffee mit 24 Millionen Dollar, Pampers-Windeln mit 19 Millionen Dollar, Tide-Waschmittel mit 17 Millionen Dollar und so weiter.

Die Akzeptanz neuer Produkte wird mit äußerster Sorgfalt in Testmärkten überprüft – und mit viel Geduld. »Folge-Kaffee« wurde beispielsweise vor seiner nationalen Einführung sechs Jahre im Westen der Vereinigten Staaten getestet, bevor das Produkt an der Ostküste angeboten wurde. »Geduld«, sagte Procter & Gambles President, »ist eine der Tugenden dieses Unternehmens.« Für sie ist es wichtiger, recht zu behalten, als erster zu sein. In der Geschichte von Procter & Gamble gab es nur drei Produkte, die landesweit angeboten wurden, ohne vorher mindestens sechs Monate in Testmärkten verkauft zu werden. Zwei von ihnen waren Mißerfolge.

> Meine Bewunderung für ihre Grundsätze der Werbung ist grenzenlos, und zwar nicht zuletzt, weil sie genau mit meinen übereinstimmen.

Meine Bewunderung für ihre Grundsätze der Werbung ist grenzenlos und zwar nicht zuletzt, weil sie genau mit meinen übereinstimmen. Mit Hilfe der Analysen der Marktforschung bestimmen sie die effektivste Strategie; eine erfolgreiche Strategie wird nicht verändert. Die Strategien für Tide, Crest, Zest und Ivory Bar werden beispielsweise seit 30 Jahren ohne Änderungen beibehalten.

Dem Verbraucher wird stets ein wichtiger Produktvorteil versprochen. Wenn erkannt wird, daß sich die Umsätze durch weitere Versprechen steigern lassen, werden zeitweise zwei Kampagnen parallel geschaltet – und oft sogar in demselben Medium.

Für Procter & Gamble heißt die erste Pflicht der Werbung nicht etwa, originell oder unterhaltend zu sein, sondern effektive *Kommunikation*. Dabei wird Kommunikation auf drei verschiedenen Stufen gemessen: vor der Entwicklung der Kampagne, nach Fertigstellung der Werbespots und in den Testmärkten. Im Gegensatz zu mir glaubt man allerdings nicht, daß man in der letzten Stufe auch den Grad der *Beeinflussung* messen kann.

Sämtliche Werbespots enthalten einen »Moment der Bestätigung«. Eine Frau wird gezeigt, wie sie das Toilettenpapier Charmin *drückt* und damit seine Weichheit bestätigt; oder sie zeigen eine Hausfrau, die *beobachtet*, wie Era Fettflecken beseitigt.

60 aller Werbespots sind *Demonstrationen*, bei denen vorgeführt wird, daß Bounty-Haushaltstücher Flüssigkeit stärker aufsaugen als andere, Top Job besser reinigt als reines Ammoniak und Zest keinen Belag zurückläßt.

Die Werbespots sprechen die Hausfrau direkt an und verwenden eine Sprache sowie Situationen, die ihr vertraut sind. Handelt es sich beispielsweise um ein Produkt für das Badezimmer, wird es in einem Badezimmer und nicht in einem Labor gezeigt.

Man setzt alles daran, den jeweiligen Produktnamen verbal und visuell einprägsam zu vermitteln. Die meisten Produkte haben kurze und prägnante Namen, die immer innerhalb der ersten zehn Sekunden eines Spots genannt werden, danach durchschnittlich je Spot noch drei weitere Male.

Das Produktversprechen wird mündlich gegeben und durch Texteinblendungen verstärkt. In der Regel werden ziemlich viele Worte verwandt, manchmal sogar mehr als hundert in einem Dreißig-Sekunden-Spot. Der Spot endet dann meistens mit einer Wiederholung des Versprechens.

Wenn Procter & Gamble fortlaufend bestimmte Charaktere für die Präsentation einer Marke in TV-Spots auftreten läßt, ist es immer ein unbekannter Schauspieler oder eine unbekannte Schauspielerin, niemals eine berühmte Persönlichkeit.

Nur etwa die Hälfte der Werbespots geben eine Begründung – »Reason Why« –, warum Konsumenten ihr Produktversprechen glauben sollten. Man hält es für ausreichend, dem Konsumenten zu zeigen, *was* das Produkt für ihn tun kann, ohne zu erklären, *warum* es dies tut.

Häufig wird auch der *emotionale* Nutzen, der für den Konsumenten aus der Anwendung eines Produktes resultiert, demonstriert; wie zum Beispiel: »Ihre Mitmenschen schätzen Sie mehr, wenn Sie Dash verwenden.«

Die Werbespots werden grundsätzlich nach bewährten, verkaufswirksamen Mustern, selbst wenn die Agenturen diese als überholt bezeichnen, konzipiert.

Obwohl die Werbespots oft deutlich wettbewerbsorientiert sind, wird das Konkurrenzprodukt nie *namentlich* genannt. Man spricht statt dessen von »dem anderen führenden Waschmittel«.

Hat sich eine Kampagne als erfolgreich erwiesen, wird sie lange beibehalten, in vielen Fällen zehn Jahre oder länger. Dennoch werden ständig neue Executionen auf Basis der jeweils festgelegten Strategie getestet.

Sobald die Höhe eines Werbebudgets festgelegt ist, wird fortgesetzt untersucht, in welchem Maße höhere Budgets noch bessere Verkaufserfolge erzielen könnten.

Nur 30 Prozent des Mediabudgets werden für die abendlichen Hauptsendungen angesetzt. Der Rest wird im Laufe des Tages und spätnachmittags geschaltet. Weil man herausgefunden hat, daß fünfzehn Sekunden zusätzlicher Sendezeit eine bessere Situationsentwicklung und Zuschauereinbindung ermöglichen, werden statt des bisher ausschließlich gesendeten Dreißig-Sekunden-Spots in zunehmendem Maße 45-Sekunden-Spots eingesetzt.

Für nahezu sämtliche Procter & Gamble-Produkte wird während des ganzen Jahres kontinuierlich geworben. Bei Untersuchungen hat man festgestellt, daß dies erfolgreicher ist, als wenn man periodisch einen Spot sechs Wochen hindurch sendet und dann sechs Wochen lang aussetzt.

Nachdem ich dreißig Jahre in verschiedensten Produktbereichen mit Procter & Gamble konkurriert habe, habe ich ich einen grenzenlosen Respekt vor ihrem Scharfsinn. Dennoch ist Procter & Gamble nicht unfehlbar. Trotz all ihrer Forschung und all ihrer Tests kann man sie übertreffen. Es gibt durchaus einige Produkte, bei denen sie Fehlschläge hinnehmen mußten, so zum Beispiel bei Teel-Flüssigreiniger, bei Drene-Shampoo oder bei Big-Top-Erdnußbutter.

Ihre Achillesferse ist ihre *Konsequenz*. Procter & Gamble ist stets berechenbar. Bekanntlich ist es leichter, eine Schlacht zu gewinnen, wenn man die Strategie des Gegners antizipieren kann.

Die beste aller Möglichkeiten, Procter & Gamble zu übertreffen, ist die Einführung eines besseren Produktes. So haben Bell Brand Potato Chips P & G's Pringles einfach deshalb verdrängt, weil sie besser schmeckten.

Zudem hat Rave Procter & Gambles Heimdauerwellenprodukt Lilt allein deshalb in weniger als einem Jahr verdrängt, weil es kein Ammoniak enthält und somit deutlich ein besseres Produkt war. Ich kann mir hier natürlich nicht die Frage verkneifen, wer wohl für beide Riesenkiller die Werbung gemacht hat?

Die beste aller Möglichkeiten, P & G zu übertreffen, ist die Einführung eines besseren Produktes.

15. Wunder der Marktforschung

Werbeleute, die sich über Marktforschung hinwegsetzen, sind mindestens ebenso waghalsig wie Generäle, die Dechiffrierungen feindlicher Signale ignorieren. Bevor ich Texter wurde, war ich Marktforscher, und zwar der erste, der in der Geschichte der britischen Werbung einen Artikel über das Testen von Werbetexten schrieb. Später leitete ich Dr. Gallups Audience Research Institute in Princeton. Zu meinen Aufgaben dort gehörte, noch vor der Produktion eines Films vorauszusagen, wieviel Zuschauer dieser Film haben würde, zu messen, ob ein Filmstar ein Kassenerfolg werden würde und so weiter.

Am meisten Spaß machte mir meine Doppelfunktion als Leiter der Abteilung Marktforschung und als Creative Director in den ersten Jahren von Ogilvy & Mather. Damals schrieb ich Freitag nachmittags meine Untersuchungsberichte an den Creative Director; Montag morgens dann wechselte ich die Rolle, las meine Berichte und traf die daraus eventuell resultierenden Entscheidungen. Später konnte ich Stanley Canter einstellen, der ein sehr viel besserer Marktforscher war als ich. Stanleys Fähigkeiten machten meine Tätigkeit in seiner Abteilung innerhalb von zehn Tagen überflüssig. Das wiederum beweist, daß man stets Leute einstellen soll, die besser sind als man selbst.

Ich zähle Ihnen 18 der Wunder auf, die die Marktforschung für Sie vollbringen kann:

1. Sie können den Ruf, den Ihr Unternehmen bei Verbrauchern, Effektenberatern, Regierungsbeamten, Zeitungsverlegern und Wissenschaftlern genießt, messen.

2. Durch Verwendung mathematischer Denkmodelle können sowohl der voraussichtliche Absatz neuer Produkte ermittelt werden wie auch die Werbeausgaben, die zum Erreichen maximaler Gewinne erforderlich sind. Das Hendry-, Assessor-, Sprinter-, ESP- und News-Modell sind mittlerweile hinreichend zuverlässig, um Ihnen Anhaltspunkte zu liefern, ob sich für Ihr Produkt die Investitionen in einen Testmarkt lohnen; etwa 60 Prozent aller neuen Produkte können sich in Testmärkten nicht durchsetzen.

3. Die Marktforschung kann Reaktionen der Verbraucher auf ein noch in der Planungsphase befindliches neues Produkt ermitteln. Nachdem einer unserer Kunden in die Entwicklung eines Lebensmittelsortiments für ältere Bürger, die Verdauungsprobleme haben, 600 000 Dollar investiert hatte, ermittelte unsere Marktforschungsabteilung bei der angesprochenen Zielgruppe eine spürbare Zurückhaltung. Als ich meinem Klienten diese enttäuschende Information überbrachte, befürchtete ich, daß er – wie die meisten Manager, die mit unangenehmen Forschungsergebnissen konfrontiert werden – unsere Untersuchungsmethoden anzweifeln würde. Ich hatte ihn jedoch unterschätzt. »Das war wohl eine Niete«, meinte er und verließ die Sitzung.

WUNDER DER MARKTFORSCHUNG

Rechts: *Die Tabelle »Continuing Audit of Marquee Values«, erstellt vom Autor dieses Buches, analysiert Ronald Reagans Popularität auf der Höhe seiner Karriere als Filmstar.*

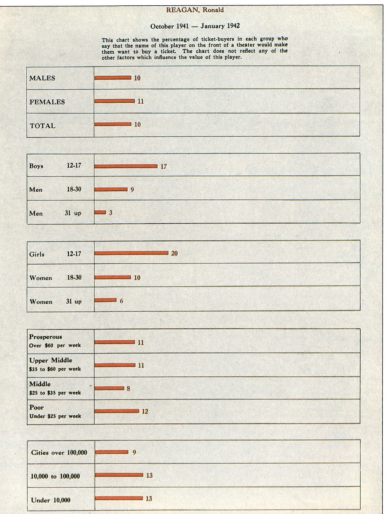

4. Sobald ein Produkt ausgereift ist und auf dem Markt angeboten werden kann, können Sie mittels der Marktforschung die Verbrauchereinschätzung in Relation zu vergleichbaren, gegenwärtig gekauften Produkten herausfinden. Wenn Ihr Produkt dabei als minderwertig eingestuft wird, bieten Sie es nicht an, geben Sie es statt dessen Ihrer Forschungs- und Entwicklungsabteilung zurück.

5. Durch Marktforschung können Sie erfahren, welches Aroma, welcher Duft und welche Farbe von der Mehrheit der Konsumenten bevorzugt wird.

6. Sie können ferner feststellen, welche der möglichen Verpackungen die besten Verkaufsergebnisse erzielen wird. Und wenn Sie schon bei der Überprüfung der Verpackung sind, testen Sie gleichzeitig, ob sich diese auch tatsächlich *öffnen* läßt. Ich werde niemals vergessen, wie Cornelia Otis Skinner den Managern eines großen Lebensmittelkonzerns vorführte, daß sie die Verpackung seiner Produkte nur mit einer Zange öffnen konnte.

7. Die Marktforschung kann Ihnen bei der Festlegung der optimalen Positionierung Ihres Produktes helfen.

8. Die Marktforschung kann die *Zielgruppe* für Ihr Produkt nach Kriterien wie Geschlecht, Alter, Lebensstandard, Bildung, Lebensstil oder Mediagewohnheiten definieren.

9. Sie kann ermitteln, welche Faktoren die Kaufentscheidung wesentlich beeinflussen und welches Vokabular Konsumenten verwenden, wenn sie über die betreffenden Produkte sprechen.

10. Anhand von Marktforschung läßt sich feststellen, welche »Line Extension« die besten Verkaufschancen hatte. Nachdem Dove auf dem Seifenmarkt in eine profitable Marktlücke vorgestoßen war, fragte sich Lever Brothers, welche weiteren Produkte sich unter demselben Namen noch vermarkten ließen. Durch Marktforschung fand man heraus, daß ein flüssiges Geschirrspülmittel die besten Verkaufserfolge erzielen könnte; und dieses wurde später tatsächlich erfolgreich eingeführt.

11. Die Marktforscher können Sie rechtzeitig auf erste Anzeichen aufmerksam machen, wenn ein bewährtes Produkt bei Verbrauchern nicht mehr ganz so gut ankommt.

12. Mit Hilfe der Marktforscher können Sie viel Zeit und Geld sparen, wenn diese die Testmärkte Ihrer Konkurrenten mitbeobachten – und Ihnen sogar deren Herstellungskosten und Gewinnspannen nennen. All diese Informationen sind ohne weiteres zu haben – Sie müssen nur wissen, wo.

13. Anhand der Ergebnisse der Marktforschung läßt sich das überzeugendste *Produktversprechen* bestimmen. Nach Ansicht von Samuel Johnson ist das »Versprechen, und zwar ein möglichst großes Versprechen, die Seele einer Anzeige«. Bei seiner Versteigerung der Anchor Brauerei versprach er: »Wir sind nicht hier, um Boiler und Fässer zu verkaufen, sondern bieten die Möglichkeit, reich zu werden bis an den Jüngsten Tag.«
Dr. Johnson hatte damit schon vor 200 Jahren recht. Alles spricht dafür, daß er heute noch immer recht hat. Eine Werbung, die dem Konsumenten keinen Nutzen verspricht, kann keinen Erfolg haben. Trotzdem enthält die Mehrzahl aller Anzeigenkampagnen nicht einmal die Andeutung eines Versprechens. (Dies ist der wichtigste Satz im ganzen Buch. Lesen Sie ihn noch einmal!)
Nach meiner Erfahrung ist die sorgfältige Auswahl des Produktversprechens der wertvollste Beitrag überhaupt, den die Marktforschung zur Werbung leisten kann. Eine der möglichen Methoden ist beispielsweise, dem Konsumenten verschiedene Versprechen vorzulegen und ihn darauf hinzuweisen, daß jedes der einzelnen Versprechen mit einem neuen Produkt assoziiert ist. Der Konsument soll daraufhin die Versprechen bezüglich ihrer *Wichtigkeit* und *Einzigartigkeit* beurteilen.
Eine weitere Methode, die ich persönlich bevorzuge, die bei Marktforschern jedoch eher unbeliebt ist, möglicherweise weil sie so einfach ist und ihre Leistungen im Grunde überflüssig macht, besteht darin, daß Sie zwei Anzeigen mit jeweils unterschiedlichen Produktversprechen in der Headline für Ihr Produkt entwickeln. Am Schluß des Textes bieten Sie auf einem Coupon kostenlose Warenproben an. Sie schalten beide Anzeigen in der gleichen Nummer einer Zeitschrift so, daß sie jeweils auf die Hälfte der Auflage verteilt sind. Die Headline, die die meisten Anforderungen von Warenproben erzielt, ist die erfolgreichere. Diese Technik, die als *Split-run* bezeichnet wird, wurde von Richard Stanton entwickelt und hat den Vorteil, daß sie die Produktversprechen im Umfeld anderer Anzeigen testet, nicht in der eher unrealistischen Situation eines Interviews. Sie können allerdings höchstens zwei Headlines gleichzeitig testen.

Versuchen Sie darüber hinaus, eine Aussage zu finden, die nicht nur *überzeugend*, sondern zugleich *einzigartig* ist. So mag vielleicht die Headline »... jede Tasse aromatischer, würziger Kaffee« in bezug auf Überzeugungsfähigkeit die höchsten Werte erreichen, sie ist aber wohl kaum einzigartig. Sie werden vielleicht auch feststellen, daß die Aussage »Macht Sie sauber« für eine Seife zwar ein sehr überzeugendes Argument ist, aber ich bezweifle, daß es so einmalig ist.

Manchmal werden Sie feststellen, daß das Produktversprechen, das bei Ihrem Test am besten abschneidet, bereits von einem Ihrer Konkurrenten verwandt wird. Dann haben Sie Pech gehabt.

14. Mit Hilfe der Marktforschung können Sie genau ermitteln, welche Werbegeschenke am besten ankommen. Von 35 verschiedenen Geschenken, die Shell testen ließ, erzielten Steak-Messer die höchste Quote in der Akzeptanz. Anschließend wurden unterschiedliche *Designs* für Steak-Messer untersucht. Als ich den Vorschlag machte, Autofahrern, die Shell-Kreditkarten benutzen, Muscheln von der Insel Sanibel anzubieten, wurde mir kühl mitgeteilt, Muscheln seien getestet worden und hätten ein sehr schlechtes Ergebnis erzielt.

15. Die Marktforscher können Ihnen auch sagen, ob Ihre Werbung genau den Inhalt übermittelt, den sie übermitteln soll. Bedenken Sie stets E. B. Whites Warnung: »Wenn Sie etwas sagen, beachten Sie, daß Sie es deutlich und verständlich sagen. Die Chancen, daß Sie es verständlich gesagt haben, sind relativ gering.«

16. Schon vor der Ausstrahlung können Ihnen die Marktforscher sagen, welcher von verschiedenen vorgesehenen Fernsehspots für Ihr Produkt am erfolgreichsten werben wird.

Die Frage der besten Methode zur Ermittlung der Kommunikationsleistung eines Spots ist in der Werbebranche ausgesprochen umstritten. Marktforscher sind sich aber darin einig, daß das Testen der *Erinnerungsfähigkeit* anhand von *Recall-Tests* für die Katz ist. Dennoch bestehen die meisten Werbungtreibenden auf dieser Technik. Sie hat vier Nachteile:

A. Niemand konnte bisher eine Beziehung zwischen Erinnerungsvermögen und *Umsätzen* nachweisen.

B. Manche Werbespots, die in bezug auf Erinnerung überdurchschnittlich abschneiden, liegen bezüglich ihrer Fähigkeit, die Marktpräferenz der Zuschauer zu verändern, unter dem Durchschnitt. So erzielen beispielsweise Werbespots mit bekannten Persönlichkeiten überdurchschnittliche Recall-Werte, schneiden hinsichtlich des Wandels der Markenpräferenz jedoch unterdurchschnittlich ab.

C. Für den Texter ist es ausgesprochen einfach, ein bißchen zu mogeln. Mein Partner David Scott sagte mir mal: »Wenn ich gute Erinnerungswerte erzielen möchte, brauche ich nur einen Gorilla mit Hosenträgern zu zeigen.«

D. Es ist nach wie vor nicht erwiesen, inwieweit Recall-Tests tatsächlich das Erinnerungsvermögen messen. Ich glaube, sie ermitteln eher die Fähigkeit des Zuschauers, das zu artikulieren, woran er sich noch erinnert; das ist natürlich etwas ganz anderes.

Aus den genannten Gründen bevorzuge ich Testmethoden, die die Fähigkeit des Werbespots, Markenpräferenzen zu verändern, messen.

Rechts: *Der Autor und George Gallup.*

Die Marktforschung kann das Nachlassen der Wirkung Ihrer Werbung messen. Fünf Jahre lang wurde in Shell-Werbespots die zu erzielende *Kilometerleistung* betont. Regelmäßige Umfragen ermittelten eine permanent steigende positive Haltung gegenüber dem Produkt. Als schließlich keine weitere Zunahme der Steigerungsraten zu verzeichnen war, änderte man die Werbung, indem man nicht mehr Demonstrationen, sondern Testimonials einsetzte. Daraufhin begann der Aufwärtstrend von neuem.

17. Die Marktforschung kann Ihnen weiterhin sagen, wie viele Leute Ihre Anzeigen *lesen*. Und wie viele sich an sie *erinnern*.
Was lesen Erwachsene in der Zeitung? Die Comics? Die Leitartikel? Den Wetterbericht? Die Aktienkurse? Oder die Sportseiten? Die wichtigsten Nachrichten? Das Feuilleton? Die Redakteure hatten nicht die blasseste Ahnung, welcher ihrer Leser was las.
Gallup entwickelte eine einfache Methode der Leserschaftsanalyse, indem er einen ausgewählten, repräsentativen Kreis von Lesern interviewte und sie fragte, welche Artikel sie in der Zeitung gelesen hatten. Für die Redakteure waren die Ergebnisse keine geringe Überraschung, denn danach hatten die Comics nicht mehr Leser als die Leitartikel, wurden die Bildunterschriften sehr viel häufiger gelesen als die dazugehörenden Artikel. Dieselbe Untersuchung erbrachte in England die gleichen Ergebnisse.
Als Raymond Rubicam von Gallups Untersuchungen erfuhr, überredete er ihn, zu Young & Rubicam zu kommen, um dort mit derselben Methode die Leserquote von Anzeigen zu ermitteln. Etwa zum selben Zeitpunkt begann Daniel Starch, Berichte über Lesefrequenz und -häufigkeit an Agenturen und Werbungtreibende zu verschicken; seine Nachfolger tun dies immer noch. Ich habe einen Interviewer von Starch mal einen ganzen Tag bei seiner Arbeit beobachtet; danach war ich überzeugt, daß sie mit ihrem Verfahren einigermaßen verläßliche Angaben ermitteln können.

WUNDER DER MARKTFORSCHUNG

Rechts: Vor George Gallups Büro in Princeton befragte der Autor vor sehr langer Zeit eine Kinobesucherin, ob sie bereit wäre, Geld für den Film »Abe Lincoln in Illinois« auszugeben. Sie sagte ja, meinte es aber nicht ernst.

18. Die Marktforschung kann auch Meinungsverschiedenheiten schlichten. Als Lord Geddes Chairman von British Travel wurde, wollte er in Anzeigen unbedingt das *Forellenangeln* herausstellen – bis ich ihm ein Umfrageergebnis präsentieren konnte, aus dem eindeutig hervorging, daß sich amerikanische Touristen von insgesamt 49 getesteten Interessengebieten am wenigsten für Angeln interessierten.

Mit Hilfe derartiger Informationen ist es nicht allzu schwierig, blindlings agierende Konkurrenten zu übertreffen. Es gibt aber doch zwei grundsätzlich wichtige Fragen, die die Marktforschung *nicht* beantworten kann:

○ Welche Werbekampagne kann über einen längeren *Zeitraum* den größten Beitrag zur Steigerung der Marktanteile Ihrer Marke, Ihres Produkts leisten? Hier müssen Sie sich auf Ihr eigenes Urteil verlassen.

○ Welchen *Preis* sollten Sie für Ihr Produkt verlangen? Dies ist eine der wichtigsten Fragen, mit denen Marketingleute konfrontiert sind, aber soweit ich weiß, kann die Marktforschung sie noch nicht beantworten.

Mit entsprechender Ausbildung kann praktisch jeder intelligente Mensch lernen, Umfragen durchzuführen. Viel schwieriger ist es dagegen, die Betroffenen zu überzeugen, vorgelegte Ergebnisse richtig zu verwerten.

Der Umfang von Stichproben

Umfragen können bereits mit erstaunlich geringen Stichproben zuverlässige Ergebnisse erzielen. Wenn Sie wissen wollen, ob das Wort *obsolet* von Hausfrauen verstanden wird, brauchen Sie kaum eine Vielzahl von Antworten mit Fehlerwahrscheinlichkeiten von nur 2 Prozent. Zwanzig Hausfrauen werden genügen. Wenn Sie hingegen längerfristige *Trends* ermitteln wollen, sollten Sie unbedingt umfangreichere Stichproben zugrunde legen. Nur dann können Sie sicher sein, Veränderungen statistisch wirklich zuverlässig zu erfassen. Dabei müssen Sie die soziodemographische Zusammensetzung Ihrer Stichprobe und den Text Ihrer Fragen absolut konstant beibehalten.

Die Nachteile der Marktforschung

Obwohl es ihre Aufgabe ist, befragen manche Interviewer nicht gern Fremde, sie wären statt dessen lieber selber in der Rolle des Befragten. Ein einfallsreicher Londoner Wirt warb viele Interviewer damit an, daß sie ihre Interviews in einem gesonderten Raum machen und dabei Bier trinken konnten.

Sie müssen außerdem auch damit rechnen, daß die Befragten dem Interviewer nicht immer die Wahrheit sagen. Ich begann meine Umfragen meistens mit der Frage: »Was würden Sie heute lieber im Radio hören – Jack Benny oder ein Stück von Shakespeare?« Wenn der Befragte lieber Shakespeare hören wollte, brach ich das Interview ab, denn es war eindeutig, daß er nicht die Wahrheit sagte.

Als das Buch »Vom Winde verweht« ein Riesenbestseller war, fragten wir einen repräsentativen Querschnitt der erwachsenen Bevölkerung, ob sie es gelesen hätten. Aus der hohen Zahl der Ja-Antworten war offensichtlich, viele der Befragten wollten nicht zugeben, daß sie es nicht gelesen hatten. Eine Woche später formulierten wir die Frage etwas anders: »Haben Sie vor, ›Vom Winde verweht‹ zu lesen?« Damit war es für all diejenigen, die das Buch noch nicht gelesen hatten, einfach, mit Ja zu antworten, während diejenigen, die es bereits gelesen hatten, dies auch bestätigten. Auf diese Weise erhielten wir ein wesentlich glaubwürdigeres Ergebnis.

Als ich abends in New York in der Pennsylvania Station auf den Zug wartete, wurde ich selbst von einem Interviewer angesprochen. Er stellte mir die Fragen, die ich zwei Tage zuvor verfaßt hatte. Sie waren einfach nicht zu beantworten. Daraufhin ließ ich die Umfrage abbrechen.

Ein Lebensmittelhersteller hatte zu entscheiden, ob er sein Produkt in Dosen oder in Gläsern anbieten sollte. Dabei war er der Ansicht, viele Hausfrauen würden Glas bevorzugen, weil sich »im Glas« besser anhörte. Um dies herauszufinden, verteilte er Gratisproben seines Produktes sowohl in Gläsern als auch in Dosen. Zwei Wochen später rief er die Frauen an und fragte sie, welche Proben besser *geschmeckt* hätten. Die große Mehrheit erklärte daraufhin, das Produkt in Gläsern schmecke besser als das in den Dosen. Ohne es zu wissen, trafen sie damit die Entscheidung für die Glasverpackung.

Anläßlich einer Studie, in der die Ursachen der Inflation untersucht wurden, ließ die französische Regierung Tausende von Käsestücken halbieren und die eine Hälfte zu einem Preis von 37 Centime und die andere zum Preis von 56 Centime verkaufen. *Der teurere Käse verkaufte sich schneller.* Daraus folgt: Konsumenten beurteilen die Qualität eines Produktes nach seinem Preis.

Marktforschung bei Kindern

Sollten Sie der Meinung sein, Werbung bei Kindern sei teuflisch, können Sie die nächsten beiden Seiten auslassen; sollten Sie jedoch Ihren Lebensunterhalt mit der Fabrikation von Spielsachen oder Frühstückszerealien verdienen, wird

---

Ich wurde von einem Interviewer angesprochen. Er stellte mir die Fragen, die ich zwei Tage vorher selbst verfaßt hatte. Sie waren beim besten Willen nicht zu beantworten.

es Sie vermutlich interessieren, wie Ihre Werbung auch in diesem Marktsegment verkaufsfördernd wirken kann.

Kinder verstehen nur einfachste Fragen und können Antworten oft nur unzureichend formulieren. Außerdem antworten sie häufig das, was – nach ihrer Meinung – von ihnen erwartet wird. Die drei nachfolgend genannten Methoden ermöglichen relativ objektive Resultate:

Gruppendynamik: Sie zeigen Ihren Werbespot einer Gruppe von Kindern und fordern sie dann auf, in einem Spiel beispielsweise einem Freund über ein Spieltelefon von Ihrem Werbespot zu erzählen. Oder Sie lassen die Kinder die Personen des Werbespots nachahmen. Auf diese Weise können Sie Mißverständnisse und negative Reaktionen am einfachsten ermitteln.

Kommunikationswidersprüche: Diese Methode eignet sich eher für ältere Kinder. Sie zeigen den Kindern Ihren Werbespot und fragen sie dann, was sie Ihnen über das Produkt erzählen können und was ihnen daran besonders *gefiel.* Danach zeigen Sie ihnen das Produkt selbst und fragen sie, wie es ihnen gefällt. Beim Vergleich der Antworten über den Werbespot und über das Produkt können Sie feststellen, inwieweit Ihre Werbung dem Produkt gerecht wird. Ergibt sich aus den Antworten der Kinder, daß dies nicht der Fall ist, können Sie das meistens noch ändern.

Sie zeigen beispielsweise einen Werbespot für Puppen, die laufen können. Bei der Resonanz auf den Spot bewerten jedoch nur 20 Prozent der befragten Kinder dieses Faktum positiv, später jedoch, nachdem sie die Puppe gesehen haben, gefiel 60 Prozent von ihnen, daß sie laufen kann. Es dürfte offensichtlich sein, daß der Werbespot der Puppe und damit dem Produkt nicht gerecht geworden ist.

Ankreuztests: Sie geben Kindern ein Blatt Papier, auf dem vier Spielzeuge abgebildet sind, einschließlich dessen, für das Sie werben. Auf diesem Blatt sollen die Kinder das Spielzeug ankreuzen, das sie am liebsten von Ihnen hätten. Anschließend zeigen Sie ihnen Ihren Werbespot. Danach teilen Sie mit der Begründung, daß einige der Kinder vergessen hätten, ihren Namen auf die Fragebögen zu schreiben (was vermutlich sogar stimmt), neue Bögen aus und fordern sie auf, das gewünschte Spielzeug nochmal anzukreuzen. Durch den Vergleich der Ergebnisse erhalten Sie eine Wertung für die Überzeugungsfähigkeit Ihres Werbespots. Wenn Sie dies mit mehreren Spielzeugen und mehreren Werbespots wiederholt haben, werden Ihre Werte in etwa der Norm entsprechen.

Sehr verehrter Leser und sehr verehrte Eltern, wenn Sie es für ungehörig halten, daß Marktforscher Kinder als »Versuchskaninchen« benutzen, sollten Sie unbedingt wissen, daß die Kinder durch überaus strenge Vorschriften vor uns Werbeleuten geschützt sind. So dürfen wir beispielsweise Kinder nicht mehr dazu verleiten, ihre Mütter zum Kauf unserer Produkte anzuregen. Außerdem existieren in den Vereinigten Staaten die folgenden Bestimmungen:

○ »Es dürfen keine Aussagen verwandt werden, die direkt oder mittels Implikation behaupten, daß Kinder durch den Besitz eines bestimmten Produktes besser sind als ihre Freunde oder daß sie, wenn sie es nicht besitzen, von diesen nicht akzeptiert werden.«

○ »Es dürfen keine Materialien benutzt werden, bei denen man davon ausgehen kann, daß sie Kinder erschrecken oder Angst erzeugen, noch sollten Materialien verwandt werden, die gewaltsames, gefährliches oder in irgendeiner Weise antisoziales Verhalten darstellen oder hervorrufen.«

Wir dürfen Kinder nicht mehr dazu verleiten, ihre Mütter zum Kauf unserer Produkte anzuregen.

- »Die Werbung darf keine dramatisierenden Darstellungen eines Produktes in einer als realistisch anzusehenden Kriegsatmosphäre enthalten.«
- »Die Werbung soll hör- und sichtbar offenlegen, wenn Artikel wie Batterien, die zur Benutzung eines Produktes – wie sie in einem Spot demonstriert wird – erforderlich sind, nicht mit dem Produkt mitgeliefert werden.«
- »Wenn ein Spielzeug im Kontext einer Spielsituation dargestellt wird, müssen der Rahmen und die Situation so gestaltet sein, daß sie für ein Kind reproduzierbar sind.«
- »Die Werbung darf keinerlei Kostüme und Requisiten verwenden, die beim Kauf des Spielzeuges nicht mitgeliefert werden oder die für das Kind nicht ohne zusätzliche Kosten zugänglich sind.«
- »Jeder Werbespot für Frühstücksprodukte muß mindestens eine gesprochene Aussage sowie eine visuelle Darstellung der Funktion des Produktes, die dieses im Rahmen einer ausgewogenen Ernährung einnimmt, beinhalten.«

Versuchen Sie einmal, einen Werbespot zu entwickeln, der 34 ähnlichen Bestimmungen wie den obigen gerecht wird.

Ein letztes Plädoyer

Nur wenige Texter teilen meine Vorliebe für Marktforschung. Der inzwischen verstorbene große Bill Bernbach war mit vielen anderen der Meinung, daß Marktforschung der Kreativität abträglich wäre. Meine Erfahrung hat jedoch das genaue Gegenteil gezeigt: Die Marktforschung hat mir oft zu guten Ideen verholfen; so beispielsweise auch zur Verwendung der Augenklappe in der Kampagne für Hathaway-Hemden.*

Ich habe Ideen gesehen, die zunächst so verrückt erschienen, daß kein normaler Sterblicher sie ausprobiert hätte – bis die Marktforschung bewies, daß sie gute Resultate erbrachten. Als ich beispielsweise die Idee hatte, die Headlines in den Anzeigen für die französische Tourismuswerbung in Französisch zu schreiben, erklärten mich meine Partner für verrückt – bis die Marktforschung aufzeigte, daß französische Headlines weitaus wirksamer waren als englische. Darüber hinaus hat mich die Forschung vor einigen gravierenden Fehlern bewahrt.

Ich gebe zu, die Marktforschung wird von Agenturen und ihren Kunden häufig mißbraucht. Sie bedienen sich ihrer oft wie ein Betrunkener sich eines Laternenpfahls bedient – nicht zur Erleuchtung, sondern zum Abstützen. Insgesamt betrachtet kann die Marktforschung für die Entwicklung effektiverer Werbung unschätzbare Dienste leisten.

Als ich die Idee hatte, die Headlines in den Anzeigen für die Tourismuswerbung für Frankreich in *Französisch* zu schreiben, erklärten mich meine Partner für verrückt.

---

* Siehe die Abbildungen auf Seite 59 und 79.

16. Das wenige, das ich über Marketing weiß

Als man mir mitteilte, ich hätte den Parlin-Preis für Marketing gewonnen, nahm ich an, man wollte mich verulken. Ich verstehe nicht einmal, was die Experten zu diesem Thema schreiben; für mich ist beispielsweise der folgende Text von Professor Paul Warshaw von der McGill-Universität absolutes Fachchinesisch:

> »Obwohl die Anwendung von kreuz-validierten Stichprobenkorrelationen akzeptabel ist, ist der relativ selten verwandte quadrierte kreuzvalidierte Bevölkerungs-Korrelations-Koeffizient ($\hat{p}^2$) ein genaueres (obgleich leicht verzerrtes) Maß (Cattin 1978a, b; Schmitt, Coyle und Rauschenberger 1977). Der Koeffizient verwendet sämtliche verfügbaren Daten simultan, anstatt die Stichprobe in willkürliche Komponenten zu zerlegen, die einerseits zur Schätzung dienen und andererseits bewußt zurückbehalten werden. Aufgrund dieser relativen Vorteile wird in der gegenwärtigen Analyse $\hat{p}^2$ verwandt. Obwohl mehrere Versionen verfügbar sind, ist Srinivasans (1977) Formulierung für $\hat{p}^2$ für Modelle mit feststehenden Vorhersage-Variablen durchaus akzeptabel.«*

Falls *Sie* dieses Kauderwelsch verstehen, finden Sie es vielleicht auch sinnvoll, sich mit anderen Modellen des Konsumentenverhaltens zu beschäftigen, wie zum Beispiel mit dem von Lavidge und Steiner, Andreason, Nicosia, Engel-Kollat-Blackwell, Howard und Sheth sowie Vaughan. Für mich sind dies alles böhmische Dörfer. Dennoch habe ich im Laufe meines etwa dreißigjährigen Umganges mit Marketingpraktikern einige Dinge gelernt, die mir bei meiner Arbeit sehr geholfen haben.

Neue Produkte
Etwa 35 Prozent der Umsätze in Supermärkten werden mit Produkten gemacht, die vor 10 Jahren noch nicht existierten.

Sie können die Innovationsfähigkeit eines Unternehmens anhand der Zahl neuer Produkte, die es auf den Markt bringt, beurteilen. Ich kannte einige Vorstandsvorsitzende, die mit Produkten, die sie von ihren Vorgängern übernommen hatten, so hohe Gewinne machten, daß sie ihre innovative Unfähigkeit bezüglich der Einführung neuer Produkte lange verschleiern konnten. Bei diesen Männern war es keineswegs unüblich, daß sie für die Entwicklung eines *neuen* Produktes nur widerwillig eine Million Dollar bereitstellten, während sie ohne weiteres 100 Millionen Dollar für den Erwerb irgendeines anderen Produktes bewilligten. Ihre Kreditwürdigkeit ist offenbar wesentlich größer als ihr eigenes Denkvermögen.

Genau das Gegenteil läßt sich in der pharmazeutischen Industrie beobachten. Merck beispielsweise hat in einem Jahr 200 Millionen Dollar für die Forschung und Entwicklung neuer Produkte investiert. Dabei kann es durchaus

---

* Journal of Marketing Research. Mai 1980, Seite 169.

magere Jahre geben ... *bis eines Tages eine Wunderdroge entdeckt wird* – die ihrerseits wiederum Wunder bei den Aktienkursen bewirkt.

Eine grundsätzlich zu untersuchende Frage ist sicher, warum von zehn neuen Konsumgüterprodukten acht vom Markt nicht angenommen werden. In einigen Fällen wird es einfach daran gelegen haben, daß sie *zu* neu waren. Die häufigere Ursache ist jedoch, daß neue Produkte oft *nicht wirklich neu* sind. Sie bieten nichts überzeugend Neues – wie vielleicht bessere Qualität, besseren Geschmack, höheren Wert, mehr Bequemlichkeit oder bessere Problemlösungen.

Bei der Einführung neuer Produkte hat es sich als hilfreich erwiesen, wenn der Konsument das neue Produkt mit seinen bei ähnlichen Produkten gemachten Erfahrungen vergleichen kann – beispielsweise *Wegwerf*windeln, *leichtes* Bier, *Diät*-Cola, *Papier*-Handtücher.

Der Name Ihres Produktes

Einen neuen Produktnamen zu finden, der nicht bereits für ein anderes Unternehmen geschützt ist, ist überaus schwierig. Grundsätzlich gibt es drei Arten von Namen:

Namen von Frauen und Männern – wie FORD, CAMPBELL und VEUVE CLIQUOT. An sie erinnert man sich überdurchschnittlich gut, sie sind nur schwer nachzuahmen und suggerieren, daß Ihr Produkt die Erfindung eines genialen Menschen ist.

Konstruierte, bedeutungslose Namen wie KODAK, KOTEX und CAMEL. Es dauert Jahre und kostet Millionen Dollar, um aus solchen Namen mit bestimmten Produkten assoziierte Markennamen zu machen.

Beschreibende Namen wie 3-FACH-ÖL, HANSA-STRIP und MEISTER PROPER. Derartige Namen lösen zwar sofort bestimmte Produktassoziationen aus; sie sind jedoch zu spezifisch, um bei späteren Line-Extensions Anwendung zu finden.

Durch Marktforschung können Sie ermitteln, ob ein Name das ausdrückt, was er nach Ihrer Meinung ausdrücken soll, ob er leicht aussprechbar ist, ob er mit vorhandenen Namen verwechselt werden kann und ob er sich gut einprägt.

Ich habe mal versucht, mit Hilfe eines Computers einen Namen für eine neue Kaffeesorte zu finden. Als Voraussetzung haben wir programmiert, daß der Name mit dem Buchstaben M beginnen und nicht mehr als sieben Buchstaben haben sollte. Der Computer druckte daraufhin *Hunderte* von Buchstabenkombinationen aus, und ich war so klug wie zuvor.

Wenn der Name so groß wie möglich auf der Verpackung erscheinen soll, müssen Sie unbedingt eine kurze Bezeichnung wie beispielsweise TIDE wählen, nicht einen langen Namen wie SCREAMING YELLOW ZONKERS.

Wenn Sie den gleichen Namen auf ausländischen Märkten verwenden wollen, müssen Sie beachten, daß er in der Sprache des jeweiligen Landes nicht etwa eine obszöne oder sonstige negative Bedeutung hat. Ich kenne da einige böse Mißverständnisse.

Dornröschenprodukte

Etliche Produkte verkaufen sich auch ohne Werbung recht gut, richtig beworben würden sie jedoch bessere Umsätze und höhere Gewinne erwirtschaften. Die Lambert Pharmaceutical Company hat beispielsweise vierzig Jahre lang relativ geringe Mengen eines Mundwassers namens Listerine verkauft, ohne dafür zu werben. Als der junge Jerry Lambert es dann schließlich als Mittel gegen Mundgeruch anpries, gingen die Umsätze steil in die Höhe.

Milton S. Hershey schaffte es ohne jegliche Werbung, das größte Süßwarenunternehmen der Welt aufzubauen. Einige Jahre nach seinem Tod beauftragten seine Nachfolger meinen Partner Bill Weed, zu untersuchen, ob mit Werbung ihre Gewinne, von denen ein Großteil dem Hershey-Waisenhaus zugute kam, gesteigert werden könnten. Bill entwickelte für drei ihrer Produkte Werbespots und testete sie auf lokalen Märkten. Bei einem der Produkte war keinerlei Reaktion auf die Werbung festzustellen, während die Umsätze bei Hershey Bars nach oben gingen und bei Reese's Peanut Butter Cups sogar um 66 Prozent stiegen. 1980 gab Hershey bereits 42 Millionen Dollar für Werbung aus.

Das Ende von Marktreißern
Ein neues Produkt mit dem erklärten Ziel, damit einen beherrschenden Marktanteil zu erringen, ist heute geradezu prohibitiv teuer geworden. Selbst die finanzkräftigsten und aggressivsten Hersteller halten es für profitabler, neue Marken an genau definierten kleineren Marktsegmenten zu orientieren. Der zunehmende Ausbau des Kabelfernsehens wird diesen Trend weiter fördern, denn mit seinen fünfzig oder mehr Kanälen wird es wesentlich leichter werden, Ihre Werbung auf bestimmte Konsumentengruppen zu konzentrieren.

Vergeuden Sie Ihre Zeit nicht mit Problemfällen
Die meisten Marketingleute verwenden viel zuviel Zeit auf die Wiederbelebung problematischer Produkte und kümmern sich zuwenig um eine Steigerung der Marktanteile relativ erfolgreicher Produkte. Der tapfere Mann zeichnet sich nicht zuletzt dadurch aus, daß er eine Niederlage zugibt, seine Verluste möglichst reduziert und sich neuen Aufgaben zuwendet.

Konzentrieren Sie Ihre Zeit, Ihre Gedanken und Ihre Werbebudgets auf Ihre *Erfolge*. Tun Sie alles für Ihre Renner, und trennen Sie sich von Ihren Verlierern.

Trödeln Sie nicht
In großen Konzernen verhalten sich die meisten jungen Leute so, als ob der Gewinn völlig unabhängig von der Zeit wäre. Als Jerry Lambert mit Listerine seinen Durchbruch geschafft hatte, beschleunigte er den gesamten Marketingprozeß, indem er die Zeit in Monate aufteilte. Er überprüfte die Entwicklung monatlich, änderte gegebenenfalls die Vorgaben und erwarb so in Rekordzeit ein Vermögen.

Verkaufsförderung
1981 gaben amerikanische Hersteller 60 Prozent mehr für Verkaufsförderung als für Werbung aus und verteilten insgesamt 1,024 Billionen Coupons mit Preisnachlässen. Dummköpfe!

Langfristig kann nur der Hersteller den größten Marktanteil erringen, dessen Werbung ein klar definiertes Image seines Produktes vermittelt. Im Gegensatz dazu verschleudern die kurzsichtigen Opportunisten häufig ihre Werbegelder für kurzfristig wirksame Verkaufsförderung und geraten damit über kurz oder lang in finanzielle Schwierigkeiten.

Aktionen mit Sonderpreisen und andere Lockvogelangebote sind bei Verkaufsleitern überaus beliebt, ihr Erfolg ist jedoch nur vorübergehend; allerdings können sie bei den Konsumenten zur erwarteten Gewohnheit werden. Ben Murphy, Begründer der Nielsen-Technik zum Messen der Konsumentenkäufe und später Präsident der Campbell Soup Company, sagte mal: »Der

---

Kurzsichtige Opportunisten verschleudern häufig ihre Werbegelder für kurzfristig wirksame Verkaufsförderung.

Absatz ist eine Funktion des Produktwertes und der Werbung. Verkaufsförderung kann in der Absatzkurve nur eine temporäre Steigerung erzeugen.«

Dr. Ehrenberg meint hierzu: »Ein Niedrigpreisangebot kann Konsumenten zwar zum Ausprobieren einer Marke verleiten, in der Regel kehren sie jedoch zu ihren gewohnten Marken zurück, so als ob nichts geschehen wäre.«

Verstehen Sie mich nicht falsch. Ich bin nicht gegen Verkaufsförderungsmaßnahmen: Ich würde beispielsweise unter keinen Umständen ein Waschmittel auf den Markt bringen, ohne vorher kostenlose Warenproben zu verteilen.

Die Festsetzung des Preises ist reines Glücksspiel

Man geht in der Regel davon aus, daß Marketingleute den Verkaufspreis ihrer Produkte mit Hilfe wissenschaftlich fundierter Methoden festlegen. In Wahrheit ist die Entscheidung über den Preis nahezu immer ein Glücksspiel.

Je höher Sie den Verkaufspreis Ihres Produktes ansetzen, desto größer ist der Besitzwunsch in den Augen des Konsumenten. Professor Reisz von der Universität Iowa stellte bei einer Untersuchung, bei der er die Preise von 679 Lebensmittelprodukten in Relation zu ihrer *Qualität* analysierte, fest, daß die Korrelation zwischen Qualität und Preis nahezu gleich Null war.

Die meisten mir bekannten Marketingleute haben Angst, höhere Preise als die Konkurrenz zu verlangen.

Marketing in der Rezession

Vermutlich möchten Sie auch erfahren, wie Sie sich in konjunkturschwachen Zeiten verhalten sollen; in Zeiten, in denen Sie jeden Pfennig benötigen, um Ihre Erträge einigermaßen konstant zu halten? Ist es ratsam, die Werbung zu reduzieren oder ganz zu stoppen?

Wenn Sie die Werbung für ein Produkt einstellen, das sich noch in der Einführungsphase befindet, können Sie das Produkt vermutlich ein für allemal vergessen. Untersuchungen während der letzten sechs Rezessionen haben gezeigt, daß Unternehmen, die ihre Werbebudgets nicht reduzierten, höhere Gewinnzuwächse erzielten als Unternehmen, die in diesem Bereich sparten.

Im Rahmen einer Morril-Studie, bei der 40 000 Männer und Frauen über fünf Jahre beim Kauf von 23 Produkten der Konsumgüterindustrie beobachtet wurden, fand man heraus, daß der Marktanteil in schlechten Zeiten anstieg – *sofern die Werbung fortgesetzt wurde.*

Ich bin der Auffassung, daß Werbung ein Bestandteil des Produktes ist und die dafür anfallenden Kosten nicht als *Verkaufs*kosten, sondern vielmehr als *Produktions*kosten zu betrachten sind. Hieraus folgt, daß sie in wirtschaftlich schweren Zeiten auf keinen Fall verringert werden sollten, wie Sie ja auch kein anderes wesentliches Ingredienz Ihres Produktes weglassen würden.

Während des Zweiten Weltkrieges untersagte die britische Regierung den Verkauf von Margarine unter Markennamen. Unilever setzte dennoch die Werbung für eine Marke fort, obwohl diese jahrlang nicht im Einzelhandel erhältlich war. Als nach Kriegsende Markennamen wieder erlaubt waren, lag die Margarinemarke von Unilever sofort an der Spitze.

Keynes hätte den Unternehmern vielleicht geraten, in Boomphasen keine Werbung zu machen, sondern die Mittel als Reserve für Werbung in Phasen der Rezession zurückzulegen.

Intensivverbraucher

32 Prozent aller Biertrinker trinken 80 Prozent des gesamten Bierkonsums; auf 23 Prozent der Anwender von Abführmitteln fallen 80 Prozent des Ab-

DAS WENIGE, DAS ICH ÜBER MARKETING WEISS

Rechts: *Bis 1977 hatten sich die Nettoeinnahmen der Unternehmen ohne reduzierte Werbeausgaben mehr als verdreifacht, während sie sich bei Firmen mit gekürzten Werbebudgets kaum verdoppelt hatten.*

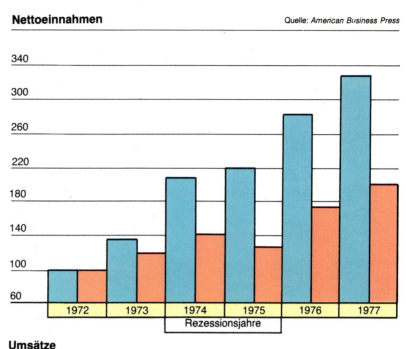

Dieses Diagramm vergleicht die Umsätze von Unternehmen, die ihre Werbeausgaben in der Rezession 1974/1975 gekürzt hatten, mit den Umsätzen der Unternehmen, die unvermindert weiter geworben haben. Die letzteren erzielten in jedem Jahr eindeutig bessere Ergebnisse. Bis 1977 hatten sich ihre Umsätze mehr als verdoppelt, während sie bei den anderen nur um knapp 50 % gestiegen waren. 1975 erlitten die Unternehmen mit reduziertem Werbebudget im Gegensatz zu der anderen Gruppe deutliche Absatzeinbußen.

führmittelabsatzes; 80 Prozent des Ginkonsums wird von 14 Prozent derjenigen, die Gin trinken, abgedeckt.

Insofern ist es wichtig, daß Sie sich vor allem auf die Intensivverbraucher konzentrieren. Ihre Motive für den Konsum unterliegen anderen Kriterien als die der nur sporadischen Konsumenten.

Warum überhaupt werben?

Viele Produzenten fragen sich insgeheim, ob Werbung wirklich den Absatz ihres Produktes steigert, befürchten andererseits jedoch, daß ihnen ihre Konkurrenten den Markt wegnähmen, wenn sie ihre Werbung einstellen würden. Besonders in Großbritannien gibt es etliche Hersteller, die Werbung betreiben, um »die Öffentlichkeit stets von neuem an ihren Namen zu erinnern«, andere wiederum sehen darin vor allem ein Mittel, die Distribution auszubauen. Nur eine Minderheit von Marketingleuten wirbt, weil sie damit *ihre Gewinne steigern kann*.

Während einer Zugfahrt nach Kalifornien wurde Mr. Wrigley von einem Bekannten gefragt, warum er trotz seines riesigen Marktanteils für sein Kaugummi noch Werbung mache. Wrigley fragte zurück: »Was meinen Sie, wie schnell fährt dieser Zug?« »Etwa 90 Meilen.« Darauf Wrigley: *»Das könnte stimmen, und meinen Sie, wir sollten die Lokomotive jetzt abkuppeln?«*

Werbung ist nach wie vor die billigste Form des Verkaufens. Sie können sich ausrechnen, daß die Besuche eines Handelsvertreters in 1 000 Wohnungen etwa 25 000 Dollar kosten würden. Mit einem Fernsehspot erreichen Sie dies für 4,69 Dollar. Wenn Sie im Jahr 10 Millionen Dollar für Werbung ausgeben, erreichen Sie heute (1983) 66 Prozent der Bevölkerung zweimal monatlich.

Markenvorrat

A.S.C. Ehrenberg von der London Business School hat nachgewiesen, daß Verbraucher nicht *eine* Seifen-, Kaffee-, oder Spülmittelmarke kaufen, sondern in ihrem Vorrat vier oder fünf Marken haben, zwischen denen sie wählen. Sie kaufen jedoch fast nie eine Marke, die sie nicht im ersten Jahr ihrer Markteinführung in den eigenen Bestand aufgenommen haben.

Dr. Ehrenberg folgert daraus, von der sich an die Einführungsphase eines Produktes anschließenden Werbung können Sie höchstens erwarten, daß sie die momentanen Anwender motiviert, Ihre Marke häufiger zu kaufen als die anderen aus eigenem Vorrat.

Wenn dies zutrifft, dann entscheidet Ihre Einführungswerbung über Ihr Produkt. Deshalb sollten Sie jeden nur verfügbaren Cent dafür ausgeben. Nach dem Motto: Jetzt oder nie. Dr. Ehrenberg schreibt hierzu:

○ »Die Verbraucher verfügen über einen Bestand von Marken, die sie jeweils relativ regelmäßig kaufen ... Ihr Kaufverhalten läßt sich generell eher als konstant und gewohnheitsmäßig denn als dynamisch variabel beschreiben.

○ Eine echte Wandlung von totaler Ablehnung zu absoluter, langfristiger Überzeugung geschieht relativ selten ... Die Absatzkurve der meisten Marken ist relativ konstant.

○ Die meisten Verbraucher ignorieren die Werbung für solche Marken, die sie noch nicht verwenden.«

Dr. John Treasure bestätigt: »Die Aufgabe der Werbung besteht vorrangig nicht in einer Meinungsänderung, sondern vielmehr in der *Stärkung* und *Festigung* ... Der Absatz einer eingeführten Marke kann auch ohne die Gewinnung *neuer* Konsumenten gesteigert werden, indem man die derzeitigen Anwender und die, die sie zumindest gelegentlich benutzen, motiviert, sie häufiger zu verwenden.«

Konferenzen im WC

Halten Sie Ihre Verkaufskonferenzen stets in Räumen ab, die für die Zahl der Anwesenden zu klein sind, selbst wenn Ihnen dann nur noch das WC bleibt. Die Tatsache, daß nur Stehplätze vorhanden sind, schafft eine Atmosphäre des Erfolgs wie beispielsweise im Theater oder in Restaurants, während ein halbleerer Zuhörerraum leicht nach Mißerfolg aussieht.

Was ist Marketing?

Marvin Bower hat Marketing als *Objektivität* definiert. Dem habe ich nichts hinzuzufügen.

Zehntausend Eier legt der Kabeljau,
nur eines legt die Henne,
der Fisch, der tut dies ohne Schau,
doch mit Geschrei die Henne.
Beim Fisch, da nehmen wir dies hin,
die Henne tun wir preisen.
Der Spruch hat keinen andern Sinn,
als Ihnen zu beweisen,
Werbung lohnt sich unbedingt,
da sie hohen Umsatz bringt.
Anonym

17. Ist Amerika immer noch die Nation Nummer 1?

Der Hase und der Igel

Die nostalgischen Spots für Hovis-Brot hätte ich zu gern selbst gemacht.

Bei Betrachtung der in allen Ländern der Welt durchgeführten Werbung muß man feststellen, daß etwa die Hälfte der gesamten Werbung in den Vereinigten Staaten gemacht wird und daß amerikanische Agenturen überall tonangebend sind. In der Bundesrepublik Deutschland haben die zehn größten Agenturen amerikanische Stammhäuser. In Großbritannien und Holland sind von den größten Agenturen jeweils sieben in amerikanischer Hand, in Kanada und Italien von den ersten zehn jeweils sechs. 1977 schrieb Philipp Kleinmann, ein britischer Beobachter der Werbebranche, daß »für die Werbeleute aus der ganzen Welt die Madison Avenue dasselbe sei wie Mekka für die Moslems.«[*]

Dennoch hat sich einiges geändert. Alexander Kroll, President von Young & Rubicam, äußerte vor einiger Zeit »die überzeugende und gute ausländische Werbung ist frecher, frischer und provozierender als unsere«.

Erinnern Sie sich noch an Äsops Fabel vom Hasen und dem Igel?

Großbritannien
Die Unterschiede zwischen der britischen und der amerikanischen Werbung reflektieren zugleich auch die Unterschiede in der nationalen Eigenart. Wenn Sie nach der Signifikanz dieser Unterschiede fragen, möchte ich Sie nur auf die Tatsache hinweisen, daß etwa 42 Prozent aller Amerikaner sonntags zur Kirche gehen, während es in England nur rund 3 Prozent sind.

Britische Werbespots sind meistens nicht so direkt, weniger konkurrenzbetont, subtiler, nostalgischer, lustiger und unterhaltsamer. Techniken, die in den Vereinigten Staaten gut ankommen – wie Presenter oder Slice of Life –, werden in Großbritannien selten benutzt. Londoner Agenturen tendieren häufig zu ausgefallenen, eher vom Zeitgeschmack bestimmten Werbespots. Nachdem mein Partner Bill Taylor vier Jahre in London war, schrieb er mir: »Die Engländer scheinen offensichtlich begriffen zu haben, daß das zu verkaufende Produkt vielleicht nicht unbedingt an erster Stelle auf der Wunschliste der Konsumenten steht und daß darüber hinaus die Entscheidung, welches Geschirrspülmittel gekauft, welches Bier getrunken oder welcher Toaster bestellt werden soll, *keine* Frage von Leben und Tod ist. Aufgrund dieser Erkenntnis sind die Briten imstande, ihr jeweiliges Produkt dem potentiellen Konsumenten mit für diesen relevanten Kriterien zu präsentieren. Sie amüsieren sich darüber, besingen es und untertreiben oft seinen Wert und Nutzungseffekt. Kurzum, sie haben viel Gespür für das richtige Maß.« Er kommt zu

---
[*] In »Advertising Inside Out«. W.H. Allen, London 1977.

One more way Britain can be sure of Shell.

Wouldn't you protest if Shell ran a pipeline through this beautiful countryside?

They already have!

Tom Allen, Shell Horticulturist:

"When Shell proposed a pipeline from the North East coast of Anglesey to Stanlow refinery, seventy eight miles away in industrial Cheshire, people were worried.

The line would run through part of the Snowdonia National Park and have to pass under rivers Conwy, Elwy, Clwyd and Dee.

What scars would remain?

It is five years since the line was laid, and as I fly along the route today, even I can see no sign of it.

On the ground, the course of the pipe can be followed by a series of small unobtrusive markers. Apart from these, there is nothing to tell you that the top of a pipeline runs one metre beneath your feet.

The sheer invisibility of the line surprises visitors but not me. I was responsible for re-instating the land and well know what unprecedented lengths we went to. Every foot of the way was photographed before digging started, and the vegetation restored the way the record showed it ... even to the exact varieties of grass.

Sometimes, I agreed deviations in the line to avoid disturbing rare trees. In addition, a team of archaeologists preceded pipeline contractors to make sure that the route would avoid cromlechs, barrows, earthworks and other historical sites.

We are proud of the result, and it shows the way for other conservation projects."

You can be sure of Shell

IST AMERIKA IMMER NOCH DIE NATION NUMMER 1?

Diese britische Anzeige für Shell ist vermutlich die entwaffnendste Imageanzeige, die je entworfen wurde.

Oben: *Ein großartiger Appell an das Gefühl (Nostalgie) in einem englischen Werbespot für Hovis-Brot.*

dem Schluß, daß die britische Werbung generell als die beste der Welt anzusehen sei.

Kein Wunder, daß britische Texter heute in den Vereinigten Staaten derart gefragt sind. Ihre Zahl, zu der auch Leute wie Leslie Pearl, Clifford Field und der Autor gehören, vergrößert sich zusehends. Zwei wichtige, ebenfalls in dem Kontext zu nennende Personen sind Barry Day, Creative Head von McCann-Erickson, New York, sowie Norman Berry, Creative Head von Ogilvy & Mather, New York, beide Engländer.

Kontinentaleuropa

Die französische Werbung zeichnet sich durch Witz, Charme und künstlerische Gestaltung aus; Eigenschaften, die am besten in Zeitschriftenanzeigen

IST AMERIKA IMMER NOCH DIE NATION NUMMER 1?

Oben und rechts: Erstklassige britische Zeitungswerbung. Offen, direkt, nie schwülstig, immer interessant. Collett Dickenson Pearce.

und auf Plakaten zum Tragen kommen. Viele französische Fernsehspots vermitteln diesen Charme ebenfalls; dabei frage ich mich allerdings manchmal, ob sie meine Köchin Claudette genauso ansprechen. Französische Texter und Art Directors sind nicht von der Art Marktforschung abhängig, die beispielsweise ihre amerikanischen und britischen Kollegen davor bewahrt, über die Köpfe der Massen hinwegzureden. Sie können es sich leisten, die geistige Oberschicht zu unterhalten.

Die Atmosphäre in den besseren *deutschen* Agenturen empfinde ich in Relation zu uns in New York als sehr ähnlich, muß aber gestehen, daß ich manche ihrer Anzeigen als nicht besonders schön empfinde.

Deutsche Werber sehen sich mit einem ständigen Mangel an professionellen Mitarbeitern konfrontiert sowie mit dem Handicap knapper Einschaltzeiten im Fernsehen. Das zwingt sie, Zeitschriften in stärkerem Maße, als ihnen lieb ist, zu nutzen.

In *Belgien* und *Schweden* gibt es bisher keine Fernsehwerbung. Dies hat jedoch leider in keiner Weise zu einem außergewöhnlich hohen Niveau der Zeitschriften- und Zeitungswerbung geführt, obwohl man dies durch die Beschränkung auf Printmedien vermuten könnte.

In den kleineren europäischen Ländern verfügen Werbungtreibende meistens nicht über die umfassende Marktforschung, die in den Vereinigten Staaten und in Großbritannien weitgehend die Grundlage für kreative Leistungen darstellt. Zwangsläufig bleibt daher vieles dem Zufall oder der Erfahrung überlassen, was bis zu einem gewissen Grade Unsicherheitsfaktoren unvermeidbar macht. Multinational Werbende haben hier den Vorteil, daß sie Ergebnisse ihrer Untersuchungen von größeren auf kleinere Märkte annähernd übertragen können.

Das N.I.H.-Syndrom

Multinationale Konzerne wollen häufig in allen Ländern die gleichen Werbekampagnen einsetzen. Die Manager ihrer regionalen Niederlassungen bestehen jedoch meistens auf ihrem Vorrecht, eigene Werbekampagnen zu realisieren. Die lokalen Agenturen lassen sich – selbst wenn sie der multinationalen Agentur angehören, die das Hauptbudget verwaltet – ebenfalls nur ungern etwas vorschreiben. Sie argumentieren, daß ihre Marktgegebenheiten andere seien, und verweisen gleichzeitig auf die Gefahr, daß ihr Klient sie nur als Instrument der multinationalen Zentrale sehen würde.

Diese Argumente können je nach Sachlage durchaus stichhaltig sein. Der entscheidende Grund liegt jedoch nahezu immer in dem von Professor Levitt, Harvard University, formulierten »N.I.H.-Syndrom« – Not Invented Here (Nicht hier erfunden). Jede übernommene, nicht im eigenen Land initiierte und entwickelte Kampagne bewirkt eine Verunsicherung der eigenen Selbst-

Gegenüber oben: Eine wunderschöne Anzeige aus dem Frankfurter Büro von TBWA.

Gegenüber unten: Viele Deutsche glaubten, daß der Club Méditerranée snobistisch sei, daß er nur Sommerreisen anbiete und nur Französisch gesprochen würde. Anzeigen wie diese zeigten das Gegenteil.

Unten: Ein Musterbeispiel aus einer britischen Anzeigenserie für CIGA-Hotels. Die Agentur ist TBWA.

IST AMERIKA IMMER NOCH DIE NATION NUMMER 1?

WENN SIE ES UNNÖTIG FINDEN, DASS WIR LEERE HUMMERSCHALEN FLAMBIEREN, IST LACROIX WIRKLICH ZU TEUER FÜR SIE.

Wenn in manchen Restaurants mal wieder die Flammen hochschlagen und die Augen leuchten und einigen Gästen vor Schreck der letzte Bissen aus dem Mund fällt, dann könnte man meinen, Flambieren ist nur ein reiner Showeffekt und sonst gar nichts.

Dabei hat Flambieren sehr wohl etwas mit dem Geschmack zu tun. Nur muß das nicht unbedingt vor großem Publikum passieren, sondern in der Küche tut es das gleiche, und eigentlich gehört es auch dahin. Denn in der Küche wird nun mal der Geschmack der Speisen bestimmt. Am Beispiel unserer Hummersuppe würden wir Ihnen gerne einmal demonstrieren, was Flambieren bedeuten kann.

Wir verarbeiten natürlich frische schottische und irische Hummer. Die Hummer werden gekocht, und das Fleisch wird mit der Hand herausgelöst. Es wird in kleine Stückchen geschnitten und in Butter angeröstet. Dann wird erst einmal das Hummerfleisch flambiert. Der ganz leichte Rösteffekt und ein wenig von dem Weinbrand wirken sich hier schon auf den Geschmack aus.

Jetzt kommt aber etwas, das Ihnen wohl am überzeugendsten demonstriert, was Lacroix heißt.

Die leeren Hummerschalen oder Karkassen, wie man die nennt, werden zerkleinert und flambiert. Auch hier tritt ein Rösteffekt ein, und auch hier tut der Weinbrand das seinige. Aber, was soll das Ganze – Sie wollen ja schließlich keine gerösteten Hummerschalen essen.

Geduld, wir sind ja noch nicht fertig. Die Hummerschalen werden jetzt noch einmal gekocht, und der Sud, der dabei entsteht, wird zu der Hummerbrühe gegeben und erzeugt, zusammen mit dem Hummerfleisch, vielen feinen Gewürzen und einem Schuß spritzigen Weißwein, den wohl unnachahmlichen Geschmack unserer Hummersuppe.

Nicht viel anders machen wir es bei unserer Fasanenkraftbrühe. Aber hier sind es die Knochen die Karkassen, und die werden nicht mit Weinbrand, sondern mit Gin flambiert. Denn der Wacholdergeschmack von Gin paßt besonders gut zum Hautgout des Fasans. Unsere Fasanen sind übrigens nicht aus irgendwelchen Zuchtfabriken, wie viele „wilde" Fasanen heute, sondern haben sich ihr Futter in der schottischen Heide oder in den weiten Wäldern Polens noch selbst erkämpfen müssen.

Unsere Linsensuppe flambieren wir natürlich nicht, aber wir legen bei ihr genausoviel Wert auf die Auswahl guter Rohstoffe und auf eine schonende Verarbeitung.

Denn wir haben uns vorgenommen, das Lebenswerk unseres Firmengründers Eugen Lacroix in seinem Sinne fortzuführen.

Es gibt ein kleines Gedicht, das sehr schön auf ihn zutrifft: „Der Mensch ist, was er ißt. So lehret uns die Weise. Sei dankbar drum dem Mann, der uns mit Müh und Fleiß durch seine Kunst erzieht zum kultivierten Esser. Indem er gut uns speist, macht er uns selber besser."

Sein unerschütterlicher Glaube war immer, daß gute Qualität sich durchsetzt und immer Käufer findet, die den Preis dafür zu zahlen gewillt sind. Der Erfolg hat ihm recht gegeben. Und es bleibt uns eigentlich gar nichts anderes übrig, als dieses Prinzip fortzusetzen.

Niemals mit der erreichten Qualität zufrieden zu sein ... und immer auf der Suche nach Perfektion, um das Bessere zu bleiben.

Andernfalls wären unsere Produkte nicht den Namen Lacroix und vor allen Dingen nicht ihren Preis wert.

Im Club kommen Sie manchem auf die Spur. Auch sich

Sprechen wir von Tommi Gundringer und seinem Skiurlaub in „Copper Mountain", Colorado, USA. Denn dorthin zog es unseren Stuttgarter. Einerseits, weil er die Hänge Europas in den letzten Jahren schon leidlich abgefahren hatte. Andererseits, weil er neugierig auf dieses erste amerikanische Clubdorf war. Tommi, Sie merken es, war schon öfter bei uns zu Gast.

So wunderte er sich auch keineswegs über den herzlichen Empfang. Höchstens über sich selbst – wie leicht es ihm in dieser entspannten Atmosphäre immer fiel, locker mit allen Leuten umzugehen. Von der ersten Sekunde an.

Er war mit einem netten New Yorker in einem Zweibettzimmer des Hotels untergebracht, das, wie üblich beim Club, direkt neben der Liftstation lag. Bei der ersten Auffahrt mit Phil, der sich schnell noch Skier im Camp geliehen hatte, zog das ganze Dorfleben an ihm vorbei: Am seichten Hügel, den sie gerade passierten, übten die Anfänger vom Junior-Club in vielen kleinen Gruppen. Weiter oben versuchten die Älteren, die Balance zu halten. Tommi erinnerte sich, wie er einst selbst in den von Club zu Club gleichen Kursen aufgestiegen war. Immer höher ging die Fahrt, vorbei an einigen Langläufern, und dann sahen sie auch schon die Cracks bei ihren Schußfahrten oder irgendwelchen Wettbewerben.

Die Animateure mit ihren Video-Kameras waren auch wieder da, und es fiel ihm ein, daß das nicht nur für die abendliche Gaudi gut war, man lernte so auch schneller.

Von Tommis erster Abfahrt gibt es nur dieses Bild. Schnell und sicher wie eh und je sauste, wedelte oder stemmte er sich durch die Tannen. Und als man ihn später fragte, was ihm denn nun am besten im Club gefallen hatte, sagte er: „Daß die Action hier stimmen würde, das war mir eigentlich schon vorher klar. Nein, das Größte hier sind der Spaß und die vielen Freundschaften und wie du dich selbst irgendwie veränderst. Du machst Sachen, die du dir sonst nie zugetraut hättest, oder tust ganz einfach nichts, völlig relaxed..."

Wenn Sie auf Tommis Spuren wandeln wollen: Im Reisebüro gibt's den Club-Katalog. Oder gegen DM 2,– in Briefmarken direkt von Club Méditerranée: Königsallee 59a, 4000 Düsseldorf 1 Ö.A.M.T.C. Schubertring 1-3, A-1010 Wien Gerbergasse 6, CH-8001 Zürich

Club Méditerranée

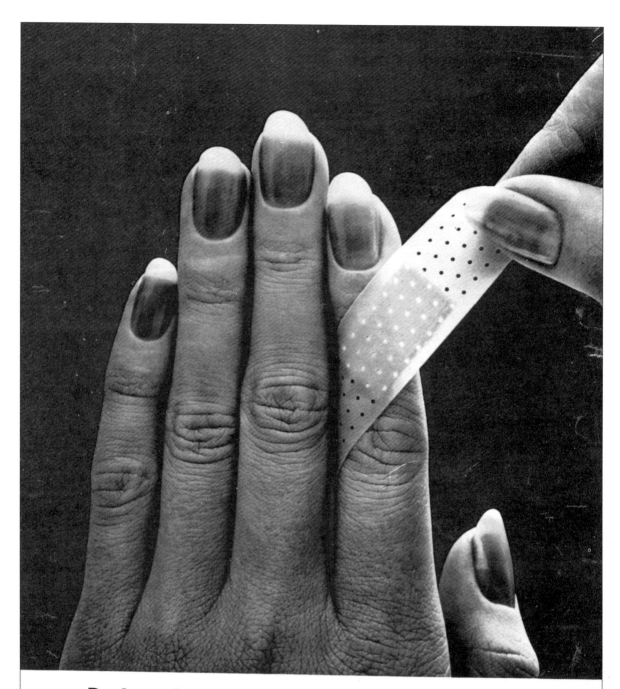

Das bringt Luft an die Wunde. Wunden, die heilen sollen, brauchen Luft. Je mehr sie davon bekommen, um so besser. Deshalb haben die Pflaster von Hansaplast viele kleine Poren. Und zwar auch dann, wenn man sie gar nicht sieht. Wir von Hansaplast meinen eben, ein Pflaster muß mehr sein als nur Schutz vor Schmutz. Hansaplast. Keiner versteht mehr von Pflastern. Wundversorgung aus den BDF●●●● programmen, Beiersdorf AG, Hamburg

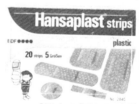

Links: *Eine Anzeige aus dem Frankfurter Ogilvy & Mather-Büro: einfach und deutlich.*
Unten: *Shell hat für Autofahrer Ratgeber-Broschüren herausgebracht, in denen Informationen für Notfälle, Pannenhilfe, Erste Hilfe und dergleichen vermittelt werden. Diese Kampagne war in vielen Ländern erfolgreich, unter anderem in den Vereinigten Staaten, in Schweden, Holland, Deutschland, Frankreich, Kanada, Brasilien, Australien, Österreich und Südafrika.*

achtung. Die beste Methode, diesen Argumenten zu begegnen, besteht darin, die internationale Kampagne in jedem Land zu *testen* und sie nur bei positiven Ergebnissen einzusetzen. Auf jeden Fall sollte sie entsprechend den jeweiligen soziokulturellen Voraussetzungen modifiziert werden. Häufig sind jedoch auch Kampagnen, die in den Vereinigten Staaten gut ankommen, in anderen Ländern ebenso erfolgreich. Der Esso-Tiger beispielsweise wurde in 34 Ländern »in den Tank gepackt«.

Reader's Digest hat ermittelt, daß *Beiträge*, die bei Amerikanern großes Interesse finden, auch bei den Franzosen, Deutschen, Italienern, Holländern und den Bewohnern der Balkanländer gut ankommen. Dasselbe gilt für Fernsehspots von Shell, in denen die hohe Kilometerleistung des Benzins demonstriert wurde und die in den Vereinigten Staaten, Kanada, Großbritannien, Deutschland und Österreich gleichermaßen erfolgreich waren.

In Lateinamerika hat die Werbung in den letzten Jahren erstaunliche Fortschritte erzielt – insbesondere in Brasilien, wo José Fontoura einige hervorragende Kampagnen entwickelt hat.

Die außergewöhnlichste Entwicklung hat jedoch in *Südostasien* stattgefunden. Vor drei Jahren habe ich in einer Ausschreibung dem Ogilvy & Mather-Büro, das die besten Anzeigen entwickeln würde, einen Preis von 10 000 Dol-

lar geboten. Welches Büro unseres weltweiten Agenturnetzes hat nach Ihrer Meinung den Preis gewonnen? New York? Chicago? London? Paris? Falsch: Der Preis ging nach *Bangkok*. Barry Owen, der junge australische Creative Director, war der erste, der in der thailändischen Werbung traditionelle Thai-Symbole benutzte. Damit widerlegte er den weitverbreiteten Vorwurf, multinationale Agenturen würden fremden Ländern stets eine ihnen fremde Kultur aufzwängen. Barry Owen hat ganz richtig erkannt: »Welche Bedeutung kann ein westlicher Werbesong wohl für jemanden haben, der wunderbar harmonisch nach den Klängen einer Bambusflöte tanzt?«

Auch die *australische* Werbung hat sich in den letzten Jahren wesentlich weiterentwickelt; einiges ist in der Tat sogar außergewöhnlich gut. Die australischen Werber sind überaus eklektisch, wobei der Haupteinfluß eher von den Amerikanern als von den Briten ausgeht. Die derzeit spektakulärsten Kampagnen werden von einer neuen Agentur namens Mojo produziert. An zweiter Stelle folgt die Agentur Campaign Palace. Trotzdem ist die am stärksten expandierende Agentur Ogilvy & Mather, weil auch unsere dortige Niederlassung ein viel breiteres Leistungsangebot offeriert.

Neuseeland. Angesichts der Tatsache, daß Neuseeland nur drei Millionen Einwohner hat, ist es wirklich bemerkenswert, daß in diesem Land das beste Rugby in der Welt gespielt wird, die besten Schafe gezüchtet werden und daß einer der zwei weltbesten Soprane aus Neuseeland kommt. Die Werbung dort wäre sicher besser, wenn die guten Art Directors nicht – wie auch die Schotten – in reichere Länder abwandern würden.

In *Indien* gibt es zwar Werbung, aber nur in sehr geringem Umfang – jährlich werden dort nur 37 Cent pro Einwohner ausgegeben, während es in den

Unten: *Auch in Brasilien gibt es gute Werbung. Die Headline dieser Anzeige lautet:* »Mercedes-Benz beginnt schon lange vor Schulbeginn mit seiner täglichen Lektion.«

Vereinigten Staaten 224 Dollar und beispielsweise in Japan 77 Dollar sind. In indischen Agenturen verfügt man zwar über beeindruckende *theoretische* Kenntnisse in der Werbung, aber diese dokumentieren sich nur selten in ihren Leistungen. Die neunzehnjährige Tochter meines indischen Partners nennt die indische Werbung »organisiertes Graffiti«. Trotzdem habe ich verschiedene indische Kampagnen gesehen – beispielsweise die für die Indian Cancer Society –, die sich durchaus mit denen der Industrieländer messen können.

Indische Werbungtreibende sehen sich Problemen gegenüber, die bei uns vollkommen unbekannt sind. Ihre Kampagnen müssen beispielsweise in zwölf Sprachen übersetzt werden. Außerdem kann ein großer Teil der Bevölkerung nicht lesen, und zwar keine der Landessprachen. Durchschnittlich verdient ein Inder 5 Dollar pro Woche. Muß man sich da nicht auch fragen, ob es überhaupt fair ist, Produkte anzupreisen, die die Mehrheit der Bevölkerung *niemals* kaufen kann?

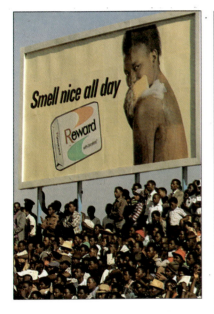

Oben: *Ein direktes und klares Produktversprechen auf diesem afrikanischen Plakat.*
Rechts: *In dieser Anzeige fragt der australische Creative Director Barry Owen: »Welche Bedeutung kann wohl ein westlicher Werbesong für jemanden haben, der ganz harmonisch nach den Klängen einer Bambusflöte tanzt?«*

Unten: Mit Hilfe der Werbung versuchte 1978 die Indische Cancer Society, die indische Bevölkerung dazu zu motivieren, zu regelmäßigen Vorsorgeuntersuchungen die Sozialkliniken aufzusuchen. Die Anzeigen des Ogilvy & Mather-Büros in Bombay zeigten Menschen, die vom Krebs geheilt waren. Innernalb von zwei Monaten verdreifachte sich die Zahl der Vorsorgeuntersuchungen.

Die Bevölkerung Indiens hat sich seit der Unabhängigkeit des Landes 1947 verdoppelt. Wenn sie sich in den kommenden fünfundzwanzig Jahren nochmals verdoppelt – auf 1,4 Milliarden –, wird eine massive Hungersnot unausweichlich sein. Während einer kürzlichen Indienreise habe ich den unerschütterlichen Entschluß gefaßt, mit meinen im Laufe meines Lebens erworbenen Kenntnissen und Fähigkeiten zur Lösung des größten Problems Indiens, der Reduzierung der Geburtenrate, beizutragen. Mani Ayer ist wie ich der Ansicht, daß »die Beseitigung menschlichen Leidens ein zu ernstes Problem ist, um es allein der Regierung zu überlassen«. Die indische Zentralregierung hat bislang jährlich für Familienplanung weniger als 10 Cent pro Familie ausgegeben.

In *Kenia* beträgt der wöchentliche Durchschnittsverdienst zwar immerhin 10 Dollar, aber etwa 70 Prozent der Bevölkerung sind Analphabeten. Deshalb ist das Radio das für die Werbung wichtigste Medium. Bedingt durch die Vielzahl der Stämme müssen die Spots in neun Sprachen verfaßt und unterschiedliche Gebräuche berücksichtigt werden. Wenn Sie beispielsweise für Bratfett werben wollen, müssen Sie Ihre Rezepte den unterschiedlichen Eßgewohnheiten der einzelnen Stämme anpassen. So sollten Sie bei den Kikuyu keine Rezepte für gebratenen Fisch einsetzen, da sie Fische für Schlangen halten.

Von den vierzehn Millionen Einwohnern besitzen nur dreißigtausend einen Fernsehapparat. Statt dessen bieten mobile Kinos der Landbevölkerung eine

IST AMERIKA IMMER NOCH DIE NATION NUMMER 1?

unserer Vorstellung entsprechende Unterhaltung. Erfahrungen haben gezeigt, daß in einer derartigen sozialen Umgebung *Wettbewerbe* besonders gut aufgenommen werden. Deshalb bietet Unilever häufig *Stipendien* als Preise an. Oder: Zur Steigerung des Verkaufs von Vaseline führte unser Büro in Nairobi einen Wettbewerb durch, bei dem als erster Preis eine *Kuh* ausgesetzt war.

Werbung in kommunistischen Ländern – einfallslos, aber nicht verboten
Bedenkt man, wie sehr linke Gruppen die Werbung in kapitalistischen Staaten anprangern, könnte man meinen, daß in kommunistischen Ländern dieses kapitalistische Instrument total abgelehnt wird. Das ist jedoch nicht so. Schon vor langer Zeit wurde von Anastas Mikojan, der unter Stalin und Chruschtschow für den Außen- und Binnenhandel zuständig war, die diesbezügliche, offizielle sowjetische Parteilinie festgelegt:

»Die Aufgabe der sowjetischen Werbung ist, die Bevölkerung genau über die angebotenen Waren zu informieren, neue Nachfrage zu erzeugen, neue

Oben und rechts: *In Ungarn wird die beste Werbung in der kommunistischen Welt gemacht. Es gibt mehrere Agenturen; Hauptmedien sind sowohl Zeitungen und Zeitschriften als auch das Fernsehen.*

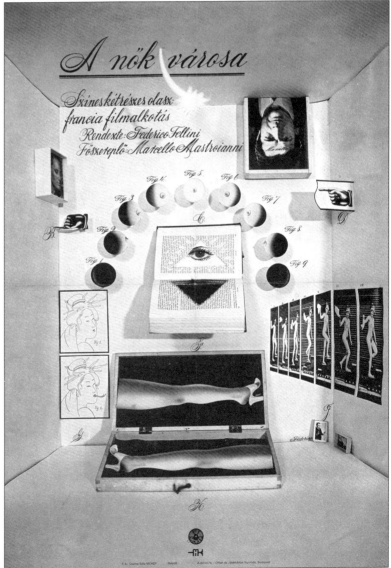

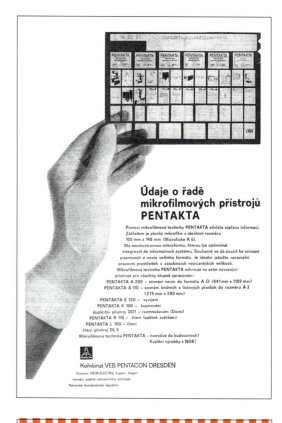

Geschmacksrichtungen und Bedürfnisse zu stimulieren, den Verkauf neuer Produkte zu fördern und dem Konsumenten ihre Anwendung zu erklären.«

Ich selbst hätte es nicht besser formulieren können. Dennoch gibt es, abgesehen von Kampagnen für gesellschaftlich oder politisch motivierte Ziele wie der Bekämpfung des Alkoholismus kaum Werbung in der UdSSR. Und das, obwohl ausländische Unternehmen sehr wohl für ihre industriellen Produkte werben dürfen. Ferner gibt es eine staatliche Agentur, deren Mitarbeiter überaus höflich, hilfreich und effizient sind.

Die Werbeszene in *Ungarn* unterscheidet sich nur geringfügig von der in Westeuropa. Es gibt mehrere Agenturen, die sowohl in Zeitungen und Zeitschriften wie auch im Fernsehen werben. Und es existiert sogar eine eigene Fachzeitschrift für Werbung.

In der *Tschechoslowakei* gibt es zwei Agenturen, die ebenfalls in Zeitungen und Zeitschriften sowie im Fernsehen und im Radio werben. Auch in *Polen* ist eine, allerdings staatliche, Agentur tätig, die jedoch ihre wirklich guten und kreativen Leute entlassen und durch Bürokraten ersetzt hat.

In *Rumänien* wirbt eine ebenfalls staatliche Agentur in beträchtlichem Umfang für Konsumgüter. Über Werbung in der *DDR* oder in *Bulgarien* habe ich keine Informationen und kann mich deshalb dazu nicht äußern.

Volksrepublik China

Bis 1977 wurde in China Werbung als etwas Böses angesehen. Von daher war sie nicht existent. Seit 1978 jedoch ist Werbung offiziell von der Regierung zugelassen. Die meisten Anzeigen sehen allerdings eher wie Bedienungsanleitungen aus. Selbst im chinesischen Fernsehen werden Werbespots gezeigt, jedoch meistens für Investitionsgüter wie Elektromotoren oder ähnliche Produkte. Der Streuverlust muß bei diesen Spots geradezu astronomische Ausmaße annehmen. Aufgrund der unzureichenden Produktionskapazitäten besteht eigentlich keine *Notwendigkeit*, für Konsumgüter zu werben, denn bei den meisten ist das Angebot ohnehin nicht bedarfsdeckend.

Das in China mit Abstand wichtigste Werbemedium ist das Radio, das über die örtlichen Lautsprechersysteme immerhin etwa 75 Prozent der Bevölkerung erreicht. Die Werbespots werden zweimal täglich übertragen. Insgesamt

Oben: *Eine gelungene Nachahmung des Johnnie-Walker-Symbols aus der Tschechoslowakei.*
Links: *Warum muß die kommunistische Werbung immer so laienhaft aussehen?*
Rechts: *In der Volksrepublik China ist Werbung seit 1978 erlaubt.*

Oben: *Young & Rubicam zeichnet für diese Riesen-Plakatwand in Shanghai verantwortlich.*

gibt es vierzig lokale Zeitungen; sie bestehen jedoch meistens nur aus zwei Blättern, und weniger als 25 Prozent ihres Inhalts ist Werbung. Darüber hinaus erscheinen etwa 160 Zeitschriften, die sich weitgehend mit gewerblichen und technischen Themen beschäftigen. Außerdem gibt es in den großen Städten in begrenzter Anzahl Plakatwände.

Insgesamt sind immerhin 67 Werbeagenturen in China tätig; von diesen werben siebzehn für chinesische Produkte im Ausland sowie für ausländische Produkte in China. Die japanische Agentur Dentsu unterhält kleine Büros in Peking und Shanghai, und McCann-Erickson hat eine Niederlassung in Peking.

Wüßte ich irgend etwas über Werbung in *Japan*, würde ich es Ihnen gerne berichten. Aber leider ist dies nicht der Fall – zumindest noch nicht.

✳   ✳   ✳   ✳   ✳

Fazit: Obgleich das Werbevolumen in den Vereinigten Staaten nach wie vor steigt, sind die Zuwachsraten in der übrigen Welt sehr viel höher, und Amerika ist aus professioneller Sicht nicht mehr der Spitzenreiter. Der Igel ist dabei, den Hasen zu überholen.

18. Lasker, Resor, Rubicam, Burnett, Hopkins und Bernbach

Sechs große Persönlichkeiten der modernen Werbung

Durch die Beschränkung meiner Auswahl auf bereits verstorbene Größen der Werbebranche erspare ich mir die Schwierigkeit, unter meinen Partnern und den Kollegen in anderen Agenturen wählen zu müssen.

Was, wenn überhaupt irgend etwas, haben diese sechs großen Männer gemeinsam? Sie alle waren Amerikaner und übten sämtlich einen anderen Beruf aus, bevor sie in die Werbung gingen. Mindestens fünf von ihnen waren mit ihrem Beruf verheiratet und kompromißlose Perfektionisten. Vier errangen sich einen Ruf als Texter; nur drei hatten einen Universitätsabschluß.

ALBERT LASKER (1880–1952)

Albert Lasker war in der Geschichte der Werbebranche insofern einzigartig, als er sowohl am meisten Geld verdient als auch am meisten ausgegeben hat: *aber er hat dafür auch den entsprechenden Gegenwert bekommen.*

Er war der Sohn eines wohlhabenden deutschen Emigranten und begann seine Karriere als Reporter bei der Galveston Morning News. Als er achtzehn Jahre alt war, verschaffte ihm sein Vater eine Stelle bei der Agentur Lord & Thomas in Chicago. Zuerst mußte er zwar nur die Spucknäpfe ausleeren, avancierte aber schnell zum Spitzen-Anzeigenakquisiteur, wobei er den Mittleren Westen kreuz und quer per Zug, Pferdekarren und Schlitten bereiste. Mit zwanzig *kaufte* er Lord & Thomas und blieb bis zu seiner Pensionierung 44 Jahre später Geschäftsführer.

Lasker war *mehr* als ein Werbemann. 1918 bekam er Verbindung zu Theodore Roosevelt. Das veranlaßte ihn, sich für die Dauer von vier Jahren von der Agentur zu beurlauben, um die Position des Leiters der Propagandaabteilung der Republikanischen Partei und später des Vorsitzenden des Shipping Board zu übernehmen. Damals war er noch militanter Anhänger des Isolationismus, wandte sich dann jedoch allmählich Wendell Wilkies und der von ihm initiierten One-World-Bewegung zu, zu deren größten Förderern er wurde. Darüber hinaus tat er alles ihm Mögliche, um die Außenpolitik Franklin D. Roosevelts und Harry S. Trumans durchzusetzen.

Mit 65 Jahren begann er, Gemälde zu sammeln. Als er starb, besaß er neun Matisses, siebzehn Picassos und etwa hundert weitere Bilder erstklassiger Künstler. Vor Jahren kaufte er sechs Marie Laurencins, die er zu Weihnachten verschenkte.

Er war ein großer Philanthrop. Einen erheblichen Teil seines Vermögens stellte er der medizinischen Forschung zur Verfügung.

Neben all diesem war es jedoch der Werbemann Lasker, der epochema-

Unten: *Albert Lasker hat mehr Geld verdient, aus- und weggegeben als irgendein anderer Großer der Werbebranche. Aber er hat auch etwas davon gehabt.*

chend war. Als er bei Lord & Thomas anfing, damals die drittgrößte Agentur in den USA, beschäftigte diese nur einen Texter halbtags, der pro Woche 15 Dollar verdiente. Mehr durch Zufall lernte er damals John E. Kennedy kennen, einen Texter, der zuvor Polizist in Kanada gewesen war und ihn überzeugte, Werbung sei »Verkauf in gedruckter Form«. Damit hatte er eine Definition artikuliert, die nie übertroffen wurde. Lasker sagte später mal: »In der noch zu schreibenden Geschichte der Werbung wird John E. Kennedy einen ersten Platz einnehmen; denn überall in diesem Land arbeitet man heute nach den von ihm festgelegten Prinzipien.«

Lasker war überzeugt, wenn eine Agentur ein Produkt aufgrund ihrer Texte verkaufen könnte, sei alles andere nur überflüssiges Beiwerk.

Lasker war überzeugt, wenn eine Agentur ein Produkt aufgrund ihrer Texte verkaufen könne, sei alles andere nur überflüssiges Beiwerk. Deshalb weigerte er sich jahrelang, einen Art Director einzustellen. Schließlich gab er zwar nach, aber nur, weil er beobachtet hatte, daß sich illustrierte Anzeigen leichter den Kunden verkaufen ließen. Von der Marktforschung hielt er genauso wenig. Er betonte immer wieder, er sei sehr wohl imstande, seine Kunden zu beraten, »ohne zuvor sechs Monate mit irgendwelchen Untersuchungen zu vergeuden, deren Ergebnis dann doch nur sei, daß ein Esel zwei Ohren hat«. In seiner Agentur gab es auch nie eine Marketingabteilung nach heutigem Muster. Sein geradezu geniales, intuitives Gespür für Marketing läßt sich am besten anhand einer Geschichte verdeutlichen, die er im Zusammenhang mit der Einführung von Damenbinden erlebt hat.

> »Als die Kotex-Leute zu uns kamen, stieg der Absatz bei weitem nicht so schnell wie erwartet. Wir brauchten allerdings auch keine aufwendigen Umfragen bei Millionen von Frauen durchzuführen. Es reichte vollkommen, daß einige von uns ihre Frauen fragten, ob sie Kotex verwendeten. In den meisten Fällen war die Antwort negativ, und zwar aus dem einfachen Grund, weil sie den Drogisten nicht danach fragen wollten. Daraufhin entwickelten wir die überaus einfache Idee, das Produkt in unauffälligen und neutralen Packungen auf den Ladentisch zu legen. Die Frauen brauchten dann nur noch zu ihrem Händler zu gehen, wo sie, ohne verlegen fragen zu müssen, eine solche Packung mitnehmen konnten. Ergebnis: Die Umsätze schnellten nur so in die Höhe.«

Durch den Verzicht auf Marketingleute, Art Directors und Marktforscher sparte Lasker so viel Geld, daß er einen Gewinn von 7 Prozent erwirtschaften konnte – dies dürfte ein absoluter Rekord sein. Denn eine Agentur, die heute mehr als 1 Prozent Gewinn ausweisen kann, ist bereits außergewöhnlich.

Sein Führungsstil war sehr autoritär. »Wie Sie alle wissen«, pflegte er seinen Mitarbeitern zu sagen, »bin ich der Eigentümer dieses Unternehmens und entscheide über dessen Politik. Lord & Thomas ist im Grunde nichts anderes als die Handelsbezeichnung für Albert D. Lasker – Werbung.« Da er 95 Prozent der Aktien besaß, konnte er sich das leisten.

Lasker pflegte zu sagen: »Ich mache meine Leute so gut, daß ich sie nicht halten kann.«

Er stellte fähige Leute ein, bezahlte sie gut und bildete sie sehr gut aus. Dabei handelte er nach dem Grundsatz: »Ich kann aus den Leuten mehr herausholen, als in ihnen drinsteckt.« Gleichzeitig war jedoch die Fluktuation außerordentlich hoch. Zu einem bestimmten Zeitpunkt wurden neun große Agenturen von Lasker-Schülern geleitet. Sein Kommentar dazu: »Ich mache meine Leute so gut, daß ich sie nicht halten kann.« Bevor John Gunther seine Biographie über Albert Lasker* schrieb, fragte er einige seiner Leute, was sie für seine wichtigsten Eigenschaften hielten. Alle waren sich darin einig, daß er einen ausgeprägten Sinn für Details mit der Fähigkeit verband, große Zusammenhänge zu erfassen, und daß er in genialer Weise die Reaktion der Konsu-

---

* »Taken at the Flood«, (Harper 1960).

menten vorhersagen konnte. Außerdem konnte man sich seiner Vitalität, seiner Anziehungskraft und seiner Ausdauer kaum entziehen; durchschnittlich arbeitete er täglich fünfzehn Stunden.

Er haßte Telefonate und verabscheute Gremien, gehörte niemals einem Werbeclub an und mied seine Konkurrenten. Aus bloßer Verärgerung verzichtete er auf mehrere große Etats, unter anderem auf General Electric, Quaker Oats und RCA, und bestärkte später seine Nachfolger, Lucky Strike abzulehnen.

Er hatte genau die gleiche Abneigung gegen negative Schrift wie ich – und meinte, »wenn diese die übliche Form des Lesens wäre, würde die *New York Times* so gedruckt«.

Er liebte einen gewissen Demonstrativkonsum. Meistens ließ er sich in einem gelben Rolls-Royce fahren. Auf seiner Wochenendresidenz außerhalb von Chicago beschäftigte er fünfzig Leute. Der dazugehörende Garten erstreckte sich über ein Areal von 250 Quadratkilometer mit einer sechs Meilen langen Hecke. Außerdem hatte er dort einen eigenen Golfplatz mit achtzehn Löchern.

Obgleich er einmal einen Administrator als »jemanden ohne Gehirn« bezeichnete, war er selbst als Administrator unbarmherzig. Während der Weltwirtschaftskrise kürzte er sämtliche Gehälter um 25 Prozent, während er für sich selbst jährlich 3 Millionen Dollar entnahm. Damals feuerte er fünfzig Mitarbeiter, von denen viele schon jahrelang für ihn gearbeitet hatten.

Obwohl er in Finanzfragen äußerst versiert war, beging er zumindest einen großen Fehler. Als sein Vater starb, erbte er einen riesigen Grundbesitz in Texas, den er sofort verkaufte. Durch die Ölfunde wurde dies später zum wertvollsten Boden der Welt und machte ein Viertel der Innenstadt von Houston aus. Zusammen mit seiner Philanthropie und seiner Extravaganz ist das einer der Gründe, warum er statt einer Milliarde Dollar nur 11,5 Millionen hinterließ. Nach seinen eigenen Worten wollte er jedoch kein großes Vermögen anhäufen, sondern vielmehr zeigen, was er mit seiner Intelligenz alles schaffen konnte. Aus menschlicher Sicht war er eher unbequem. Gunther, der ihn gut kannte, beschrieb ihn als sensibel und einfühlsam und mit einem ausgeprägten Sinn für Humor. Gleichzeitig konnte er jedoch anmaßend, intolerant und arrogant sein. So soll er einmal gesagt haben: »In der ganzen Welt gibt es keinen Werbefachmann außer mir.« Und ich glaube nicht, daß er dies nur scherzhaft meinte. Seine erste Frau äußerte später, er habe ihr alles gegeben – außer sich selbst. Er konnte schlecht gelaunt, fordernd und rücksichtslos sein. Und er hatte drei schwere Nervenzusammenbrüche.

Die beste Werbung für Albert Lasker ist seine letzte Frau Mary. Sie hat seine medizinische Stiftung mit überragendem Geschick verwaltet und ist eine der konstruktivsten Bürgerinnen New Yorks. Als ich sie kennenlernte, erzählte sie mir, wie ihr Mann seine Entscheidung hinsichtlich seines Ausscheidens aus der Agentur getroffen hatte. Ende 1942 sagte er eines nachmittags zu ihr: »Mary, ich habe beschlossen, mit dem Werbegeschäft Schluß zu machen.« Zwei Tage später übereignete er Lord & Thomas drei seiner besten jungen Mitarbeiter (Foote, Cone und Belding) gegen die symbolische Zahlung von 100 000 Dollar – allerdings unter der Bedingung, daß der Name Lord & Thomas gelöscht werden mußte. Danach lebte er noch zehn Jahre.

STANLEY RESOR (1879–1962)

Stanley Resor war der Intellektuelle der Werbebranche. Er war enthaltsam, würdevoll, kultiviert, besaß hervorragende Manieren und war sehr förmlich.

Als er die Leitung von J. Walter Thompson übernahm, machte die Agentur

> Das Geheimnis seines Erfolgs lag in seiner Fähigkeit, außergewöhnlich begabte Menschen anzuziehen und sie mit so viel Respekt zu behandeln, daß sie niemals kündigten.

einen Jahresumsatz von 3 Millionen Dollar. Als er fünfundvierzig Jahre später in den Ruhestand trat, war sie mit einem Umsatz von fünfhundert Millionen Dollar zur größten Agenturkette in der Welt geworden.

Das Geheimnis seines Erfolges lag in seiner Fähigkeit, außergewöhnlich begabte Menschen anzuziehen und sie mit so viel Respekt zu behandeln, daß sie niemals kündigten. Dazu gehörten Sam Meek, James Webb Young, Henry Stanton, Ken Hinks und Gilbert Kinney. Keine andere Agentur hatte jemals ein so kompetentes Team von Mitarbeitern, das auch über eine sehr lange Zeit zusammenblieb.

Resor war niemals so arrogant wie Lasker. Zu seinem Führungsstil gehörte, daß er stets bemüht war, einen gemeinsamen Konsens zu erzielen, denn jeder individuellen persönlichen Meinung mißtraute er, und zuviel Scharfsinn schien ihm gefährlich.

Resor verabscheute Hierarchien. Dementsprechend locker war seine Agentur organisiert. Es gab weder Abteilungsleiter noch Stellenbeschreibungen. Die Agentur arbeitete auf der Basis eines partnerschaftlichen Verhältnisses wie eine große Anwaltspraxis. Als er mir beispielsweise eine Stelle anbot, erläuterte er mir mit keinem Wort den Aufgabenbereich, den er für mich vorgesehen hatte. Als Bürojunge? Texter? Als sein Nachfolger? Er äußerte sich nicht, und ich fragte ihn auch nicht.

Während seiner Studienzeit an der Yale-Universität gab Resor nebenbei anderen Studenten Privatunterricht und verkaufte außerdem auch noch Bücher. Obwohl dies einen großen Teil seiner Zeit in Anspruch nahm, war er so erfolgreich, daß ihm der James-Gordon-Bennett-Preis für Ökonomie zuerkannt wurde. Sein ganzes Leben war er voller Hochachtung für Professoren und stellte einige auch bei J. Walter Thompson ein – einen Psychologen, einen Wirtschaftler und einen Historiker.

Im Gegensatz zu Lasker war er ein überzeugter Verfechter der Marktforschung. Deshalb beschäftigte er unter anderem den Ökonomen Arno Johnson und den ehemaligen Direktor von Census, Virgil Reed. Außerdem richtete er ein Panel ein, an dem 5 000 Konsumenten beteiligt waren, die regelmäßig jeden Monat über ihre sämtlichen Einkäufe berichteten. In seiner Agentur gab es eine Versuchsküche, in der er neue Rezepte für seine Kunden ausprobierte. Mit seinen Überlegungen und Versuchen, das Fernsehen als Werbemedium einzusetzen, war er seiner Zeit, in der es der Werbung noch nicht als Medium zur Verfügung stand, weit voraus. Er war an der Faktorenanalyse ebenso interessiert wie ich und ließ ständig durch ein Team überprüfen, inwieweit bestimmte Techniken erfolgreich waren oder nicht.

Als überaus prinzipientreuer Mann lehnte er sogar die Betreuung des riesigen Camel-Etats ab, denn er wollte keine spekulativen Anzeigen machen. Außerdem übernahm er nie Etats für alkoholische Getränke oder pharmazeutische Produkte.

Zu seinen für die Werbung wohl wertvollsten Innovationen gehörte, daß er als erster auch Frauen als Texter beschäftigte. Damals mußten sie allerdings noch in einer separaten Abteilung arbeiten und im Büro Hüte tragen.

Wie alle anderen Größen arbeitete Resor extrem viel. Ich traf ihn häufig in dem Zug, der die Grand Central Station kurz vor Mitternacht verließ. Er las dann meistens die Wall-Street-Kurse in der Abendzeitung; und das war zwanzig Jahre, bevor ich mich dafür interessierte.

Wenige Jahre nachdem Ogilvy & Mather angefangen hatte, verlor ich unseren größten Kunden an J. Walter Thompson und rief Resor an, um ihm zu gratulieren. Im Verlauf des Gesprächs sagte er zu mir: »David, Sie sind ein Gentleman und sehr clever, aber Sie versuchen, einen Platz in der Reihe der

Stanley Resor, der große Intellektuelle der Werbebranche. Er und seine Frau, die Texterin war, machten J. Walter Thompson zur größten Agentur der Welt.

großen Agenturen einzunehmen. Das ist heute nicht mehr möglich, denn Sie müßten dafür zuviel investieren. Ich rate Ihnen, geben Sie auf, und kommen Sie statt dessen zu J. Walter Thompson.«

Daraufhin antwortete ich ihm: »Mister Resor, ich würde zwar gern für Sie arbeiten, aber ich kann doch nicht einfach hundert Mitarbeiter rauswerfen.«

»Ich glaube, die Zeiten sind ziemlich gut«, meinte er, »sie würden bestimmt keine Schwierigkeiten haben, andere Stellen zu finden.«

Zwei Jahre später wiederholte er sein Angebot. Diesmal schlug er sogar vor, meine gesamte Agentur zu kaufen; beinahe so, als ob man eine Bibliothek kauft, um ein bestimmtes Buch zu bekommen. Zu dieser Zeit lernte ich seine Frau kennen. Sie war eine der besten Texterinnen von Amerika.

Helen Resor war auch diejenige, die darauf bestand, daß die Büros der Agentur mit antiken Möbeln ausgestattet sein sollten und daß jeder leitende Angestellte sich selbst den Stil aussuchen konnte, der ihm am besten gefiel. Sie tat dies aus der Überzeugung, daß die Mitarbeiter länger arbeiten würden, wenn ihre Büros attraktiver eingerichtet wären als ihre Wohnungen.*

Obwohl er mit einer Texterin verheiratet war, neigte Resor dazu, alle Texter als Idioten anzusehen. Folglich dominierten in seiner Agentur Kundenberater oder, wie er sie nannte, »Repräsentanten«.

Im Gegensatz zum Autor ließ er sich nie von der Überzeugung abbringen, daß Testimonials mit berühmten Persönlichkeiten eine hohe Werbekraft hätten. Für die Seife Lux nahm er Hollywood-Filmstars und für Ponds Damen der englischen Gesellschaft. Mein Freund Erskine Childers, der später Präsident von Irland wurde, hatte die Aufgabe, sie zu finden und zu engagieren.

Resor war der erste Agenturchef, der ein Filialnetz außerhalb der Vereinigten Staaten aufbaute. Er begann damit in den zwanziger Jahren auf Veranlassung von General Motors.

Obwohl er wie Woodrow Wilson aussah, war er Republikaner. Er lebte in einem unauffälligen Haus in Connecticut, wo er seinen Garten selbst bearbeitete, und besaß überdies eine Ranch in Wyoming. Laskers Extravaganzen waren ihm völlig fremd.

Resor beging jedoch einen großen Fehler: Er konnte nicht rechtzeitig abtreten. In den letzten Jahren, als er schon das achtzigste Lebensjahr erreicht hatte, waren seine Vorstellungen von Werbung zwangsläufig anachronistisch. Die Partner, die adäquate Nachfolger gewesen wären, hatten sich bereits vor ihm zurückgezogen.

RAYMOND RUBICAM (1892–1978)

Einen Tag nach meiner Ankunft in den Vereinigten Staaten rief ich, mit einem Empfehlungsschreiben der bekannten Direktorin von Rosemary Hall, Caroline Ruutz-Rees, in der Tasche, Raymond Rubicam an und wollte ihn um einen Termin bitten.

»*Sie wünschen bitte*«, bellte er ins Telefon. »*Ich möchte bei Ihnen in die Lehre gehen*«, antwortete ich.

Im darauffolgenden Jahr wurde ich von ihm und George Gallup, der damals der Direktor der Marktforschungsabteilung war, eingestellt, um das Audience Research Institute in Princeton zu leiten. Rubicam interessierte sich sehr für unsere Arbeit und behandelte mich mit außergewöhnlicher Freundlichkeit.

Nach dem Krieg wollte ich mein Glück in der Werbung versuchen, hatte

---

* Dieser Luxus kostete J. W. T. den Listerine-Etat; denn Jerry Lambert, dem Listerine gehörte, sagte mir: »Ich ziehe eine Agentur vor, die ihre Gelder in den Service, nicht in Möbel investiert.«

Oben: *Die beiden besten Agenturen der Welt sind im Grunde die verlängerten Schatten von Raymond Rubicam. Er war 40 Jahre mein Gewissen und brachte mir bei, daß Werbung auch eine Verantwortung hat.*
Gegenüber: *Raymond Rubicam versammelte die besten Texter und Art Directors in der Geschichte der Werbung um sich – z. B. Jack Rosebrook, Roy Whittler, Vaughn Flannery, Henry Lent, George Gribbin, Sid Ward und Norman Robbins. Unter Rubicams Anleitung schufen sie Anzeigen, deren Leserquoten die sämtlicher anderen Agenturen ständig übertrafen. Ein Beispiel ist diese Anzeige für Life Savers-Drops.*

Rubicam sagte immer: »Wir verkaufen, weil unsere Anzeigen zuerst gelesen werden.«

aber derart viel Respekt vor Young & Rubicam, daß ich nicht wagte, mich dort um eine Stelle zu bewerben. Da dies für mich die einzige Agentur überhaupt war, in der ich gern arbeiten wollte, blieb mir keine andere Wahl, als mein eigenes Büro zu eröffnen. In einem seiner letzten Briefe vor seinem Tod schrieb mir Rubicam: »Wir *kannten* Sie lange, bevor Sie Ihre Agentur gründeten. Warum sind Sie nicht zu uns gekommen?«

Damals waren wir bereits gute Freunde – wobei »Freunde« vielleicht nicht das richtige Wort ist. Er war vielmehr mein Patron, meine Eingebung, mein Berater, Kritiker und mein Gewissen. Und ich war sein ihn verehrender Jünger. Lange nachdem er sich von Young & Rubicam zurückgezogen hatte, war er sogar mal bereit, Chairman von Ogilvy & Mather zu werden.

Wenn sämtliche Institutionen als »der verlängerte Schatten eines Mannes« angesehen werden, dann sind die Agenturen, die heute die beiden besten in der Welt sind, die verlängerten Schatten von Raymond Rubicam.

Nach meinem Großvater, dem er sowohl physisch als auch in vielen anderen Dingen ähnelte, war Rubicam für mich der außergewöhnlichste Mann, den ich kennengelernt habe. Er sagte seine Meinung stets direkt und ohne Umschweife, ohne dabei irgendwelche Rücksichten zu nehmen. So war es durchaus möglich, daß er an einem Tag meine Tätigkeit so sehr lobte, daß ich vor Verlegenheit rot wurde, und einige Wochen später eine andere Kampagne derart kritisierte, daß ich hätte weinen können.

Als jüngstes von acht Kindern einer armen Familie verließ er bereits mit fünfzehn Jahren die Schule und jobbte sich neun Jahre lang als Transportarbeiter, Page, Rindertreiber, Filmvorführer, Handelsvertreter, Autoverkäufer und Zeitungsreporter (mit 12 Dollar pro Woche) durchs Land. Mit vierundzwanzig bewarb er sich als Texter bei der inzwischen nicht mehr existierenden Werbeagentur F. Wallis Armstrong in Philadelphia. »Ich erinnere mich noch genau, wie ich dort in der Vorhalle saß – auf einer Bank, die so hart war, daß ich sie noch immer fühle. Am Abend des neunten Tages explodierte ich dann ... Und schrieb dem Chef einen Brief, der so formuliert war, daß er entweder ein sofortiges Gespräch oder ein paar blaue Augen zur Folge haben mußte.« Daraufhin stürmte der Chef mit dem Brief in der Hand in die Vorhalle und schrie mich an: »Die Anzeigen, die Sie geschrieben haben, waren nicht besonders überzeugend, aber dieser Brief hat es in sich.«

Rubicam blieb dann drei Jahre bei Armstrong, ohne sich dort besonders wohl zu fühlen. 1919 ging Rubicam dann zu N.W. Ayer, der damals größten Agentur des Landes. Dort verfaßte er eine Reihe von Werbekampagnen, die auch heute noch in jeder Anzeigenanthologie enthalten sind; so beispielsweise für Steinway-Flügel mit der Headline »Das Instrument der Unsterblichen«. Vier Jahre später gründete er zusammen mit John Orr Young, einem Kundenberater, die Agentur Young & Rubicam. Ihr Startkapital betrug lächerliche 5 000 Dollar; und trotzdem ist ihre Agentur heute mit jährlichen Umsätzen von ca. 3 Milliarden Dollar[*] eine der größten in der Welt.

Als erster integrierte Rubicam die Marktforschung in den kreativen Entwicklungsprozeß. Er holte sich deshalb George Gallup von der Northwestern University und beauftragte ihn, die Leserschaft von Anzeigen zu untersuchen. Auf diesen Untersuchungsergebnissen basierten die Vorgaben, die es Young & Rubicam ermöglichten, Anzeigen zu entwickeln, die von mehr Lesern beachtet wurden als die Anzeigen der anderen Agenturen. Rubicam sagte immer: »Wir verkaufen, weil unsere Anzeigen zuerst gelesen werden.«

---

[*] Die drei zur Interpublic gehörenden Agenturketten sind zusammen größer als Young & Rubicam mit ihren Tochtergesellschaften.

SECHS GROSSE PERSÖNLICHKEITEN DER MODERNEN WERBUNG

please do not lick this page!

P.S. Get 'em in the handy roll
...everywhere

...still only 5¢

Young & Rubicam wurden schon im ersten Jahr ihres Bestehens für die hervorragenden Texte ihrer Anzeigen gerühmt, aber die graphische Gestaltung – Bilder, Layouts und Typographie – war genauso entsetzlich wie die von anderen Agenturen. Als Rubicam dies erkannte, stellte er Vaughn Flannery ein, den damals besten Art Director Amerikas. Und von diesem Moment an galten Young & Rubicams Anzeigen als Maßstab für guten Stil, zu der Zeit ein absolutes Novum in der amerikanischen Werbung.

Darüber hinaus erwarb sich Rubicam jedoch ein noch sehr viel größeres Verdienst, auf das er ganz besonders stolz war. In hohem Alter sagte er mir mal: »Die Werbung unterliegt einer besonderen ethischen *Verpflichtung*. Ich habe bewiesen, daß man Produkte verkaufen kann, ohne die Öffentlichkeit arglistig zu täuschen.« Obwohl er diesbezüglich kein Monopol innehatte, konnte er sich dessen mehr als mancher andere rühmen.

Nach seinen Worten kann man eine gute Anzeige dadurch charakterisieren, daß »sie die angesprochene Öffentlichkeit nicht nur intensiv zum Kauf motiviert, sondern daß sowohl die Öffentlichkeit als auch der Werbungtreibende sie sehr lange als *beachtenswertes Werk* in Erinnerung behalten.«

In der dauernden Auseinandersetzung, die nahezu überall in Agenturen zwischen Kreativen und Kundenberatern stattfindet, stellte sich Rubicam – der selber ja Texter war – eindeutig auf die Seite der Kreativen. Dies zeigt sich schon darin, daß er Kundenberater als »Kontakter« bezeichnete; ein Begriff, der inzwischen veraltet ist und eine negative Bedeutung bekommen hat. Für ihn bestand ihre einzige Funktion darin, die Kunden zur Annahme der entwickelten Kampagnen zu bewegen.

Von ihm lernte ich auch, Werbeetats abzulehnen, wenn diese der Arbeitsmoral meiner Mitarbeiter abträglich waren. Er kündigte beispielsweise den riesigen American-Tobacco-Etat, weil er sich nicht von dem für sein tyrannisches Verhalten bekannten George Washington Hill gängeln lassen wollte. Ich besitze noch heute seinen Brief, in dem er schrieb:

»Young & Rubicam und American Tobacco waren beide schon, bevor unsere Zusammenarbeit begann, erfolgreiche Unternehmen. Ich bin überzeugt, daß beide nach Beendigung unserer Zusammenarbeit, *die ab sofort wirksam ist*, auch weiterhin erfolgreiche Unternehmen sein werden.«

Der frühe Erfolg von Young & Rubicam beruhte in erster Linie auf General Foods, der ihr größter Kunde war. Nach jahrelanger Zusammenarbeit erklärte Rubicam dem Management von General Foods, daß das Werbeaufkommen für die Betreuung durch eine Agentur zu groß geworden sei und es deshalb ratsam wäre, eine zweite, eventuell später sogar noch eine dritte Agentur zu beschäftigen. Dadurch bekamen Benton & Bowles den ersten großen Etat. Gleichzeitig gewann Rubicam damit ein für allemal das volle Vertrauen von General Foods.

Im Privatleben war er bei weitem nicht so konservativ wie Stanley Resor. In einem Artikel, den er 1946 für McCall's Magazine schrieb, bedauerte er beispielsweise den Abwurf von Atombomben über Japan. Seines Erachtens hätte die bloße *Demonstration* der Wirkung der Bombe ausgereicht, die Japaner zur Kapitulation zu zwingen. Auf diese Weise wären die Vereinigten Staaten zum moralischen Führer der ganzen Welt geworden.

Als das Radio noch in den Anfängen steckte, schlug er vor, die Programme sollten vom Staat finanziert werden und keine Werbung enthalten. In seiner 1974 anläßlich seiner Aufnahme als Mitglied in die Advertising Hall of Fame gehaltenen Rede sagte er: »Die Fernsehbesessenheit unserer Nation beeinträchtigt die Lesekenntnisse unserer Kinder und macht den Schulen ihre Auf-

SECHS GROSSE PERSÖNLICHKEITEN DER MODERNEN WERBUNG

gaben sehr viel schwerer. Hinzu kommt, daß sie die Kriminalität in unserem Land fördert. Industrie und Werbung könnten eine bedeutende Aufgabe von öffentlichem Interesse erfüllen, wenn sie die Fernsehanstalten dazu brächten, die Werbung zu reduzieren und zur Verringerung der Kriminalität beizutragen.«

Während des Zweiten Weltkrieges war er persönlicher Referent des Vorsitzenden der War Manpower Commission in Washington. In dieser Umgebung fühlte er sich jedoch nicht so recht wohl.

Wie alle anderen Großen war auch Rubicam ein Perfektionist. Er hatte beispielsweise die Angewohnheit, Anzeigen selbst dann noch zurückzuziehen, wenn der Kundenberater damit bereits unterwegs zu dem Kunden war, um diese zu präsentieren. Seine Begründung hierfür: »An eine ausgezeichnete Arbeit erinnert sich der Kunde noch Jahre später. Die Tatsache, daß sie zwei Monate zu spät abgeliefert wurde, hat er dann schon längst vergessen.« Er arbeitete pausenlos – bis er schließlich sein persönliches Glück in einer zweiten Ehe fand.

Daraufhin zog er sich mit 52 Jahren aus dem Agenturgeschäft zurück und ließ sich in Arizona nieder, wo er mit Grundstücken spekulierte und die Campbell Soup Company beriet, bis ich ihn in dieser Funktion ablöste.

Im Gegensatz zu Stanley Resor und Albert Lasker, die immerhin 45 bzw. 40 Jahre in ihren Agenturen tätig waren, brachte er es nur auf 21 Jahre.

Der gegenwärtige President von Young & Rubicam sagte mir mal: »Rubicam hat uns alle ganz schön ausgetrickst – er hinterließ uns keine genauen Anweisungen.«

Oben: *Diese zurückhaltende Anzeige kündigte 1923 die Eröffnung von Young & Rubicam an.*
Unten: *Die linke Anzeige, die 1919 von Raymond Rubicam verfaßt wurde, wirkt heute altmodisch. Die rechte Anzeige aus dem Jahr 1982 scheint sehr viel zeitgemäßer. Doch welche der beiden hat die besseren Erinnerungswerte?*

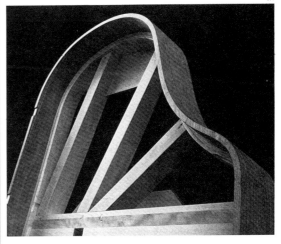

Ich habe Rubicam 40 Jahre und damit länger als alle meine anderen Großen gekannt und ihn mehr als alle anderen geschätzt.

Nichtsdestoweniger hinterließ er einen Aphorismus, der noch heute für die Mitarbeiter von Young & Rubicam gültig ist: »*Widerstehe dem Normalen.*« Oder, um es mit den Worten seines Cheftexters Roy Whittier auszudrücken: »In der Werbung beginnt Größe damit, anders als die anderen zu sein, und Mißerfolg damit, dasselbe wie sie zu tun.« Dieser Ansicht war übrigens auch Bill Bernbach.

Ich habe Rubicam vierzig Jahre lang und damit länger als alle meine anderen Größen gekannt und ihn mehr als alle anderen geschätzt.

LEO BURNETT (1891–1971)

Leo Burnett fiel vor allem durch seine außergewöhnliche Erscheinung auf; Carl Hixon beschrieb ihn sehr treffend: »Er war klein, hatte hängende Schultern und einen dicken Bauch. Seine Jacke war ständig voller Zigarettenasche. Ein großes Doppelkinn gab ihm einen leicht froschähnlichen Ausdruck. Wenn er sprach, geschah dies mit lauter, polternder Stimme.«

Nach seiner College-Zeit, in der er nebenbei Texte für Werbeplakate entwarf, begann er beim Peoria Journal als Reporter. Jahre später ging er dann zu Cadillac in die Werbeabteilung und anschließend zu einer Agentur in Indiana-

Rechts: *Hier noch eine gelungene und erfolgreiche Anzeige des hervorragenden Rubicam-Teams.*

SECHS GROSSE PERSÖNLICHKEITEN DER MODERNEN WERBUNG

Oben: *Leo Burnett personifizierte in der Werbung die Chicagoer Schule. Für ihn war »das Texten von Anzeigen das Schönste, was es überhaupt im Leben gab.«*
Rechts: *Eine typische Leo-Burnett-Anzeige. Beachten Sie das plakative Layout.*

polis. Nach zehnjähriger Tätigkeit dort begann er bei Erwin Wasey als Cheftexter und eröffnete schließlich 1935 seine eigene Agentur in Chicago. Den großen Druchbruch erzielter er allerdings erst mit sechzig. Es schien beinahe so, als ob er über bis dahin nicht ausgenutzte innere Kräfte verfügte, die plötzlich freigesetzt wurden. Als er zwanzig Jahre später starb, war seine Agentur eine der größten der Welt, die nicht in New York ansässig war.

Er war Begründer und geistiger Kopf der sogenannten Chicagoer Schule der Werbung. Wie es dazu kam, hat er selbst erzählt:

»In Michigan, wo ich aufwuchs, hörte man in heißen Nächten das Korn wachsen. Ich ging nach Chicago und machte dabei aber einen Umweg über einige kleinere Städte. Als ich schließlich hier ankam, war ich vierzig Jahre alt, und meine Art zu leben hatte ich bereits gefunden.

Für die Menschen in meiner Heimatstadt war Chicago immer so eine Art Rom, zu dem sämtliche Straßen führten – das anziehend war, majestätisch und vielleicht auch ein bißchen verrucht.

Im Gegensatz zu New York, das eher als eine sagenumwobene Stadt galt, war Chicago ausgesprochen real. Jeder hatte dort einen Onkel Charlie oder eine Tante Mabel, die in Glen Ellyn oder irgendwo anders wohnte. Ob die Menschen Chicago mochten oder nicht, es gehörte sozusagen ›zur Familie‹ wie etwa ein Sohn, der weggegangen war, dies aber auf beeindruckende, wenn auch widersprüchliche Weise wiedergutmachte. Insofern empfand man in meiner kleinen Stadt eine Art Besitzanspruch gegenüber Chicago. Als wir Bauern aus sämtlichen Gegenden des Chicago umgebenden Korngürtels in die Stadt zogen, erkannten wir uns wieder und fühlten uns wie zu Hause.

Was ich damit eigentlich sagen will, ist, Chicago ist der *Mittlere Westen* – das Herz, die Seele, das Gehirn und der Trieb. Unter den Werbetreibenden finden sich viele Typen, deren Ansichten und Werte von denen der Präriestadt bestimmt werden.

Damit möchte ich keineswegs behaupten, Chicago sei in irgendeiner Weise eine bedeutendere Stadt als beispielsweise New York. Mir scheint aber, daß unsere direkte Sprache, unser breitbeiniger Stand und unsere Weitwinkelperspektive uns ermöglichen, Anzeigen zu entwickeln, die bei der Mehrheit der Amerikaner gut ankommen – das ist alles.

Dabei denke ich mir immer wieder, daß wir Chicagoer Werbeleute sämtlichst harte Arbeiter sind. Mir gefällt die Vorstellung, daß Chicagoer Texter zuerst in die Hände spucken, bevor sie die dicken schwarzen Bleistifte in die Hand nehmen. Und mir gefällt auch der Gedanke, daß die Sprache unserer Anzeigen von der frischen Chicagoer Brise entstaubt und den klaren Wassern des Michigansees gereinigt wurde.

Zweifellos war die beste Werbeidee, die Leo je hatte, seine Kampagne für Marlboro.

Mein Eindruck ist, daß die in Chicago gemachte Werbung sehr viele Ideen aus der reichen amerikanischen Folklore bezieht, diese ihrerseits anreichert und in lebendiger Weise fortführt.

Ich bin überzeugt, daß man hier *ain't** in einem Text schreiben kann, wenn *ain't* genau das ist, was man meint.«

Das größte Kompliment machte mir Leo Burnett mal in einem Interview mit der Chicago Tribune, bei dem er sagte, es gäbe in New York eine Agentur, die der Chicagoer Schule zuzuordnen sei – Ogilvy & Mather. Er schlug damals sogar eine Fusion unserer Agenturen vor.

Seine Einstellung hinsichtlich des kreativen Arbeitsprozesses läßt sich mit drei Äußerungen zusammenfassen:

1. »Jedes Produkt hat eine eigene, ihm spezifische Problematik. Unsere vorrangige Aufgabe besteht darin, diese herauszufinden und daraus Nutzen zu ziehen.«

2. »Wenn Sie nach den Sternen greifen, erreichen Sie sie vielleicht nicht, aber Sie wühlen mit Sicherheit nicht im Dreck.«

3. »Sie müssen sich in ein Thema hineinknien, wie ein Pferd arbeiten, Ihre Eingebungen beachten, sie wertschätzen und ihnen folgen.«

Für die Leistungen seiner Texter und Art Directors setzte er sehr hohe Maßstäbe an, die er durch sein Creative Review Committee bewerten ließ. Einen Auftritt vor diesem Gremium verglich er stets mit dem Gefühl »bis auf die Knochen abgenagt zu werden«. Kurz vor seinem Tod schrieb er: »Wenn ich

---

* Umgangssprachliche Kurzform von *I am not* oder *are not* [Anm. des Übers.]

unsere größten Leistungen resümiere, muß ich zugeben, daß sie nur sehr selten in einer freundlichen, harmonischen und begeisterten Atmosphäre entstanden, sondern eher unter dynamischer Anspannung.«

Er fand Originalität weder überzeugend noch bewundernswert und pflegte diese Ansicht mit einem Zitat seiner früheren Chefs zu belegen: »Wenn Sie nur anders sein wollen, um sich abzuheben, können Sie morgens mit einer Socke im Mund herkommen.«

Statt ein Projekt von einer einzigen kreativen Gruppe erarbeiten zu lassen, gab er es stets mehreren Gruppen und ließ sie miteinander konkurrieren.

Zweifellos ist die größte Werbeidee, die Leo brachte, seine Kampagne für Marlboro. Sie war so erfolgreich, daß aus einer unbekannten Marke die meistverkaufte Zigarette der Welt wurde. Und das Bewundernswerte ist, daß sie heute, 25 Jahre später, noch immer ein Renner ist.

Print interessierte ihn als Medium stets am meisten. Deshalb vernachlässigte er auch den Direct-Response-Bereich und verwandte selten viel Zeit auf lange Texte. Die meisten seiner Anzeigen sahen aus wie Plakate en miniature.

Er liebte erdverbundene, volkstümliche Sätze. Auf seinem Schreibtisch hatte er einen Aktenordner mit der Aufschrift *»Kitschige Sprache«*. »Damit meine ich weder Maximen, Gags oder Slang im herkömmlichen Sinne, sondern Worte, Sätze und Analogien, die mit einer klaren Aussage den Eindruck ergreifender Aufrichtigkeit vermitteln. Manchmal finde ich solche Sätze in einem Zeitungsartikel oder höre sie zufällig in einem Gespräch. Meistens lege ich sie dann gleich in meinem Ordner ab; es ist gut möglich, daß sich die eine oder andere Formulierung Jahre später in einer Anzeige wiederfindet.«

Als er einen seiner Mitarbeiter beim Gebrauch eines Produktes der Konkurrenz beobachtete, verfaßte er folgende Aktennotiz:

»Wie Sie alle wissen, stammt Ihr und mein Einkommen zu 100 Prozent aus dem Verkauf der Produkte unserer Kunden.

Während der 36 Jahre, die ich jetzt im Agenturgeschäft bin, habe ich mich stets von einem Grundsatz leiten lassen: Sind wir von Produkten, die wir bewerben, nicht so überzeugt, daß wir sie selber auch benutzen, sind wir uns selbst gegenüber nicht aufrichtig, wenn wir sie bei anderen anpreisen.

Den im Unterbewußtsein vorhandenen Wunsch nach einer gewissen rebellischen Unabhängigkeit, der in uns allen vorhanden ist, erkenne ich ebenso an wie das vielleicht bei Ihnen oder mir vorhandene Bedürfnis zu demonstrieren, daß wir von niemandem beherrscht werden. Ich war jedoch immer der Überzeugung, daß es bessere und dankbarere Möglichkeiten hierfür gibt, als die Produkte der Unternehmen, die uns letztlich bezahlen, demonstrativ zu meiden.

Meine Ansicht in diesem Punkt läßt sich am besten mit der Bemerkung des Vice President einer konkurrierenden Agentur beschreiben. Als dieser gefragt wurde, warum er eine nicht sehr weit verbreitete Zigarettenmarke rauchte, für die sein Unternehmen warb, antwortete er: ›Für mich gibt es keinen Geschmack oder kein Aroma, das dem von Brot und Butter ähnelt.‹«

Leo fand es sehr bedauerlich, daß die großen Agenturen dazu tendierten, ihren Wunsch nach Expansion über den Dienst am Kunden zu stellen. Noch kurz vor seinem Tode sagte er seinen Mitarbeitern:

»Irgendwann, wenn ich ein für allemal weg bin, werden Sie vielleicht auch meinen *Namen* nicht mehr benutzen wollen.

Lassen Sie mich Ihnen in diesem Zusammenhang sagen, daß es auch eine Situation geben könnte, in der ich von Ihnen *verlangen* würde, mein Namensschild von der Tür zu entfernen. Das wird an dem Tage sein, von dem an Sie mehr Zeit aufwenden, Profit zu machen und weniger Zeit für die Entwicklung von Werbung.

Oder mit anderen Worten, wenn Ihr Hauptinteresse der Größe um der Größe willen gilt und nicht mehr der guten, oft schweren und doch wundervollen Arbeit.«

Ich wünschte, dies wäre von mir.

Er hatte zwei Söhne, einen Geologen und einen Architekten, sowie eine Tochter, die Schriftstellerin war. Sein Zuhause war eine Farm außerhalb Chicagos, aber trotzdem arbeitete er 364 Tage im Jahr, sieht man mal von den gelegentlichen Besuchen der Arlington-Rennbahn ab, wo er einen Logenplatz hatte. Seine Leidenschaft galt wilden Blumen, Bäumen und Silbenrätseln.

CLAUDE C. HOPKINS (1867–1932)

Mit seinem Buch »Scientific Advertising«, in dem er die pseudoliterarischen Ambitionen der britischen Texter meiner Generation verurteilte und meine Gedanken voll auf den eigentlichen Zweck der Werbung konzentrierte, auf das *Verkaufen*, veränderte Claude Hopkins mein ganzes Leben.

Im Alter von siebzehn Jahren war Hopkins zunächst Laienprediger, rebellierte dann jedoch gegen die seine Familie absolut beherrschende baptistische Religion und fand schließlich eine Stelle als Buchhalter. Kurz danach ging er zur Bissell Carpet Sweeper Company, wo er Verkaufsstrategien entwickelte, die Bissell zu einer Monopolstellung verhalfen. Anschließend war er bei Swift als Werbemanager und wechselte dann zu Dr. Shoop's Gesellschaft für Naturheilmittel, wo er nicht nur für Dr. Shoop's, sondern auch für Montgomery Ward und Schlitz Beer Werbetexte schrieb.

Mit 41 Jahren engagierte ihn Albert Lasker, um für Lord & Thomas zu texten. Lasker bezahlte ihm damals 185 000 Dollar per annum – was heute etwa 2 Millionen Dollar entspräche. Bei Lord & Thomas blieb er achtzehn Jahre.

Aus seiner Schreibmaschine stammen etliche Kampagnen, durch die viele heute bekannte Produkte berühmt wurden, so auch Pepsodent, Palmolive und sechs verschiedene Automarken. Er entwickelte neue Möglichkeiten, die Distribution neuer Produkte zu verbessern, und gilt auch als der Erfinder des Test-Marketing, der Verteilung von Warenproben durch eingesandte Coupons und des Copy-Tests.

Seines Erachtens war es absolut falsch, jemanden mit Hochschulbildung Texte für den Massenmarkt schreiben zu lassen. Und ich weiß sehr wohl, was er damit meinte.

Er war ein entschiedener Vertreter der experimentellen Methode, probierte ständig neue Ideen und testete, um stets noch bessere Ergebnisse zu erzielen. Trotzdem gab er, nach Äußerungen von Politz, nicht immer genau an, wo die »Grenzen zwischen den aus durchgeführten Tests resultierenden Ergebnissen und den Schlußfolgerungen lagen, zu denen er aufgrund allgemeiner Beobachtungen und Überlegungen gelangt war«.

Einige seiner so entstandenen Theorien sind später dann auch durch Untersuchungen widerlegt worden; beispielsweise die Theorie, nach der man sich mit jeder Anzeige nur an *neue* Kunden wenden solle, da diejenigen, die das Produkt bereits verwenden, die Anzeigen nicht lesen würden. Tatsache ist vielmehr, daß die Käufer eines Produktes dessen Anzeigen wesentlich stärker beachten als Nichtkäufer.

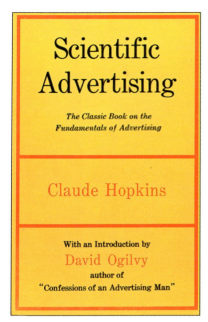

Niemand sollte auch nur irgend etwas mit Werbung zu tun haben dürfen, wenn er nicht vorher siebenmal dieses Buch gelesen hat. Es veränderte mein Leben entscheidend.

Claude Hopkins war ein schüchterner, etwas farbloser kleiner Mann, der stark lispelte. Unter Anspielung auf die Art, wie er seine Initialen C.C. aussprach, war sein Spitzname deshalb »Thee-Thee«. Trotzdem war er ein guter Erzähler und Unterhalter. Er trug immer eine Fuchsie im Knopfloch, kaute Lakritzstangen und hatte eine ziemlich feuchte Aussprache.

Trotz seines späteren Reichtums war er wegen seines Geizes berüchtigt. Für ein Paar Schuhe gab er nie mehr als 6 Dollar aus. Trotzdem konnte seine zweite Frau ihn dazu überreden, eine Ozeanyacht anzuschaffen, ein Heer von Gärtnern auf ihrem Besitz zu beschäftigen und Möbel aus der Zeit Ludwig XVI. zu kaufen. Zudem lud sie gern viele Gäste ein und spielte Hopkins teilweise stundenlang Scarlatti vor.

Seines Erachtens waren Abbildungen in Anzeigen nur Platzverschwendung. Möglicherweise *waren* sie vor sechzig Jahren tatsächlich nicht so wichtig, denn Zeitschriften und Zeitungen waren damals noch dünner, und der Wettbewerb um die Aufmerksamkeit des Lesers war noch nicht ganz so hart.

Trotzdem würden heute nur wenige erfahrene Werbepraktiker den folgenden Grundsätzen widersprechen:

»Fast jede Frage läßt sich preiswert, schnell und definitiv durch eine Testkampagne klären. Das ist tatsächlich die einzige Methode, um sie eindeutig zu beantworten – nicht etwa durch langes Argumentieren.«

»Anzeigentexter vergessen häufig, daß sie Verkäufer sind, und versuchen statt dessen, Akteure zu sein. Statt hoher Umsatzzahlen erwarten sie Applaus.«

»Wenn irgend möglich, präsentieren wir eine Persönlichkeit in unseren Anzeigen. Dadurch, daß wir eine Person berühmt machen, machen wir auch das Produkt berühmt.«

»Es ist keineswegs ungewöhnlich, daß eine geänderte Headline die Rückläufe um das Fünf- bis Zehnfache steigern kann.«

»Kurze Anzeigen prägen sich nie ein. Jede Anzeige, die sorgfältig gelesen werden muß, gibt eine vollständige Geschichte wieder.«

Heutzutage wird Hopkins in erster Linie als kompromißloser Verfechter »aggressiven Verkaufens« angesehen. Trotzdem war er es, der die Bedeutung des Markenimages erstmals erkannte – und das Jahre, bevor dieser Begriff allgemein gebräuchlich wurde. »Versuchen Sie, für jeden Werbungtreibenden einen ihn darstellenden Stil zu finden. Die Schaffung einer charakterisierenden Individualität beinhaltet die Vervollkommnung der Produktpräsentation.«

Raymond Rubicam lehnte Hopkins erklärterweise ab, weil dieser seines Erachtens die Öffentlichkeit täuschte. Er nannte mich mal: »Claude Hopkins mit College-Ausbildung«, was als ziemlich zweideutiges Kompliment anzusehen war.

Fünf Jahre vor seinem Tod schrieb Hopkins: »Zu meinen Hauptaufgaben in der Werbung gehörte, in schwierigen Situationen einzuspringen. Man rief mich nie, wenn der Himmel strahlend und das Meer ruhig war. Und nahezu jeder Kunde wandte sich wieder anderen Werbern zu, sobald er in ruhigere Gewässer kam.« Er verließ schließlich Lord & Thomas, da er nicht immer nur Kunden aus der bedrängenden Situation eines bevorstehenden Bankrotts heraushelfen wollte, und machte sich selbständig. Zu spät für ihn, um noch große Erfolge zu erleben.

Hopkins interessierte sich *ausschließlich* für Werbung.

Hopkins interessierte sich *ausschließlich* für Werbung. Im letzten Satz seiner Autobiographie findet sich die makabre Einsicht: »*Am glücklichsten sind all diejenigen, die möglichst naturverbunden leben, eine wesentliche Voraussetzung für jeden Werbeerfolg.«*

BILL BERNBACH (1911–1982)

Bill Bernbach und ich haben zwei Dinge gemeinsam: Wir gründeten im gleichen Jahr unsere Agenturen und erwarben uns beide einen Ruf als Texter.

Er ist neunzehn Jahre jünger als der Jüngste der fünf anderen, von mir ausgewählten großen Persönlichkeiten. Nachdem er sein Studium an der New York University mit einem Abschluß in englischer Literatur absolviert hatte, nahm er zuerst eine Stelle in der Packerei von Schenley an. Dort wurde der damalige Chairman von Schenley, Grover Whalen, auf ihn aufmerksam und protegierte ihn. Als Whalen später die Leitung der New Yorker Weltausstellung übernahm, ging Bill als Ghostwriter mit ihm. Nach Beendigung der Ausstellung begann er bei der Agentur Weintraub, wo er mit Paul Rand zusammenarbeitete, ein berühmter Art Director und ehemaliges Mitglied des Bauhauses.

Während des Zweiten Weltkrieges war er zwei Jahre in der Armee und ging dann zur Agentur Grey, wo er schon nach kurzer Zeit Creative Head wurde. Vier Jahre später gründete er zusammen mit Ned Doyle und Max Dane und einem Anfangskapital von 1 200 Dollar seine eigene Agentur. Obwohl sein Name im Briefkopf an letzter Stelle genannt wurde, gab es nie einen Zweifel, wessen Agentur es war. Heute ist Doyle, Dane & Bernbach die zehntgrößte Agentur der Welt mit Umsätzen von mehr als einer Milliarde Dollar.

Bill vermochte eine Atmosphäre zu schaffen, in der sich begabte Leute gut entfalten konnten. Eine Frau, die für mich tödlich langweilige Texte verfaßt hatte, schrieb für Bill plötzlich brillante Texte. Darüber hinaus war er ein unwiderstehlicher Verkäufer seiner Agenturarbeit und erschreckend beharrlich. Als ich Chairman des United Negro College Fund war, bot er freiwillig an, einen Fernsehspot zu entwickeln, in dem zur finanziellen Unterstützung des Funds aufgefordert werden sollte. Als ich ihn damals darauf hinwies, sein Storyboard sei zwar sehr kunstvoll, aber nicht dafür geschaffen, nennenswerte Gelder einzubringen, antwortete mir Bill: »David, machen Sie sich keine Gedanken. Es gibt zahlreiche andere Agenturen, die diesen Spot gern für Sie produzieren würden.« Bills Werbespot wurde genauso geschaltet, wie er ihn präsentiert hatte.

Angeblich hatte er stets eine Karte mit der Ermahnung: *»Vielleicht hat er doch recht«* in der Jackentasche.

Angeblich hatte er stets eine Karte mit der Ermahnung *»Vielleicht hat er doch recht«* in der Jackentasche. Und ich habe tatsächlich einmal erlebt, wie er zugab, daß ein Kunde recht hatte. Dieses beinahe unerhörte Ereignis passierte während eines Mittagessens im Weißen Haus. Der Anlaß war ein von Bill entwickelter, am Abend zuvor gesendeter Anti-Goldwater-Spot, der von einem Mitarbeiter von Präsident Johnson kritisiert wurde.

Es gelang ihm stets, Text und Bild in geradezu genialer Weise miteinander zu kombinieren. Dabei beging er nie meinen häufigen Fehler, die Texter den Art Directors nachzuordnen.

Genau wie ich war er stets der Auffassung, daß die Qualität der Idee und ihre überzeugende Umsetzung das A und O für erfolgreiche Werbung sind.

Ihm bedeutete Originalität alles. In der Marktforschung sah er den Feind der Kreativität. Einige seiner Kunden mag das irritiert haben, es machte ihn aber gleichzeitig zur Symbolfigur der Kreativen.

Von seinen vielen wunderschönen Werbekampagnen bewundere ich die für Volkswagen und Avis noch immer am meisten. Nicht ganz so erfolgreich war er mit Kunden aus dem Konsumgüterbereich, die ihm ihre konventionellen Vorstellungen auferlegen wollten. Ich habe mich häufig gefragt, ob seine Wer-

Bill Bernbach – »ein Gentleman mit Grips«. Ihm ging Originalität über alles, er war der Held der kreativen Welt.

bekampagnen auch so ästhetisch gewesen wären, wenn er wie ich als hausierender Handelsvertreter begonnen hätte.

Bill Bernbach sprach immer ruhig und gab sich sehr bescheiden. Aber er war es nicht. Als ich ihn zum letztenmal sah, waren er und Rosser Reeves meine Gäste zum Mittagessen. Bill dozierte in einer Weise, als ob Rosser und ich in seiner Agentur Lehrlinge wären. Wenn seine nicht so ideenreichen Konkurrenten versuchten, gute Leute aus seiner Agentur abzuwerben, meinte Bill meistens nur lakonisch: »Sie ahnen kaum, daß diese Leute ohne meine Anleitung nur sehr viel weniger leisten können.« Und damit hatte er sicherlich nicht unrecht. Er leitete sie mit kluger Hand und erinnerte sie immer wieder daran, daß in ihrer Werbung, so clever und originell sie auch sein mochte, das Produkt stets die Hauptperson zu sein hat.

Er war eigentlich ein Philosoph, lebte nicht auffällig und organisierte seine Zeit mit einer bei Agenturmanagern ausgesprochen seltenen Selbstdisziplin. Er erzählte mir mal, daß er nie länger als bis fünf Uhr im Büro blieb, niemals Arbeit mit nach Hause nahm und nie am Wochenende arbeitete. »Sehen Sie, David, ich liebe meine Familie.«

Kurz vor seinem Tode wurde Bill gefragt, welche Veränderungen die Werbung in den achtziger Jahren seines Erachtens erwartete. Seine Antwort lautete: »Die menschliche Natur hat sich in Milliarden von Jahren nicht verändert. Und sie wird sich auch in den nächsten Milliarden Jahren kaum ändern. Lediglich oberflächliche Dinge haben sich gewandelt. Man spricht heute sehr gern vom sich *wandelnden* Menschen. Jeder, der in irgendeiner Weise im Kommunikationsbereich tätig ist, sieht sich jedoch mit einem *gleichbleibenden* Menschen konfrontiert – mit seinen Antrieben und seinen Neigungen, die sämtliche Handlungen bestimmen, selbst wenn seine Sprache meistens das kaschiert, was ihn *tatsächlich* motiviert. Wenn Sie all dies über einen Menschen wissen, können Sie ihn in seinem Innersten erreichen. Ohne Einschränkung und Änderung wird gültig bleiben: Der kreative Mensch, der die menschlichen Verhaltensweisen umfassend kennt und darüber hinaus die Fähigkeit besitzt, auf Menschen einzugehen und sie zu motivieren, wird Erfolg haben. Ohne diese Fähigkeiten wird er versagen.«

Ein Gentleman mit ausgeprägtem Intellekt.

※　　※　　※　　※　　※

Wenn ich fünf weitere Große nominieren sollte, um mein Allgenerationen-Allamerikaner-Team zu vervollständigen, würde ich zunächst drei weitere Texter benennen – James Webb Young von J. Walter Thompson, George Cecil von N. W. Ayer und Jack Rosebrook von Young & Rubicam; ferner einen Art Director – Vaughn Flannery von Young & Rubicam; und einen neuen Star in der Branche – Ben Duffy von BBDO.

Und wen würde ich von den lebenden Stars wählen? Ihre Namen befinden sich wohl behütet in meinem Safe.

19. Was stimmt nicht mit der Werbung?

Toynbee und Galbraith contra Roosevelt und Churchill

In meinen »Geständnissen« habe ich die klassischen Denunzierungen der Werbung von Arnold Toynbee, John Kenneth Galbraith und einer Vielzahl früherer Ökonomen zitiert und gleichzeitig Franklin Roosevelt und Winston Churchill als Zeugen der Verteidigung gegenübergestellt.

Zwanzig Jahre später hat sich die Situation keineswegs grundlegend geändert. An der New School of Social Research in New York unterrichtet beispielsweise ein Professor, der seinen Studenten erklärt: »Werbung stellt in Amerika eine äußerst subversive Kraft dar. Sie ist eine intellektuelle und moralische Umweltverschmutzung, sie trivialisiert, manipuliert, ist außerdem unaufrichtig und ordinär. Darüber hinaus untergräbt sie den Glauben an unsere Nation und an uns selbst.«

Heiliger Bimbam, ist das *DAS*, womit ich meinen Lebensunterhalt verdiene?

Heiliger Bimbam, ist das *DAS*, womit ich meinen Lebensunterhalt verdiene?

Einigen Befürwortern der Werbung muß man jedoch eine vergleichbare Übertreibung ihrer Positionen vorwerfen. So behauptet beispielsweise der große Chicagoer Werbemann Leo Burnett: »Werbung ist vermutlich nicht die edelste Kreation menschlichen Geistes, wovon viele ihrer Vertreter die Öffentlichkeit gern überzeugen möchten. Und sie ist sicher auch nicht das alleinige Instrument zur Aufrechterhaltung der Struktur unseres kapitalistischen Wirtschaftssystems, der Demokratie und der freien Welt. Andererseits ist es genauso unsinnig, zu behaupten, wir seien übermenschlich, oder den Vorwurf zu akzeptieren, wir seien Untermenschen. Wir sind menschlich – und weiter nichts und versuchen, eine notwendige menschliche Aufgabe mit Würde, Anstand und Kompetenz wahrzunehmen.«

Meines Erachtens ist Werbung nicht mehr und nicht weniger als eine einigermaßen effiziente Verkaufsmethode. Howard Morgens, ehemaliger President von Procter & Gamble, einem Unternehmen, das immerhin 600 Millionen Dollar jährlich für Werbung ausgibt, soll mal gesagt haben: »Wir sind der Meinung, Werbung ist die effektivste und effizienteste Absatzmethode. Sollten wir jemals bessere Methoden finden, um unsere Produkte dem Verbraucher zu verkaufen, werden wir diese anwenden und nicht mehr werben.«

Nur sehr wenige Werbeleute verbringen schlaflose Nächte, weil sie wegen der Art und Weise, mit der sie ihren Lebensunterhalt verdienen, Schuldgefühle empfinden. Mit Churchills Worten gesprochen, machen wir weiter nichts als »K.B.O.«* Und wir halten uns auch nicht für »subversiv«, wenn wir Anzeigen für Zahnpasta schreiben; denn wenn diese gut ist, müssen Kinder vielleicht nicht ganz so oft zum Zahnarzt gehen.

Auch bei den Anzeigen, die ich für Puerto Rico geschrieben habe, bin ich mir keineswegs schlecht vorgekommen. Schließlich haben wir erreicht, Indu-

---

* Keep buggering on. (Machen Sie so weiter.)

WAS STIMMT NICHT MIT DER WERBUNG?

Pablo Casals is coming home – to Puerto Rico

THIS SIMPLE ROOM is in his mother's home at Mayaguez. The first concert Casals ever gave in Puerto Rico was from the balcony of this house last year – just beyond that fanlight.

While his mother's kinsmen listened from the street, Casals played her lullaby, smoked his pipe and wept.

The back of that armchair bears an inscription in Casals' own handwriting. "Este es mi sillón." This is my rocking chair.

Here are gentle thoughts from the world's greatest cellist – on Puerto Rico, the sea and himself:

"The first time I was aware that I was alive, I heard the sound of the sea. Before, I would have said that the most beautiful sea was the one I had in front of my Spanish house. But now I must confess that the sea I am looking at this moment is even more beautiful."

Of his plans for the future, Pablo Casals had this to say:

"The natural thing that occurs to me, is to come back to Puerto Rico and to do for this country everything within my power. I will be back for the festival I have planned for this coming Spring."

PUERTO RICO'S GREAT NEW MUSIC FESTIVAL IN SAN JUAN

The Casals Festival in San Juan opens on April 22nd and will continue through May 8th. Pablo Casals will conduct or perform at each of twelve concerts.

The Festival Orchestra brings together fifty-four of the world's most talented musicians. Principal performers include: Mieczyslaw Horszowski, Eugene Istomin, Milton Katims, Jesus María Sanromá, Alexander Schneider, Rudolf Serkin, Gérard Souzay, Maria Stader, Isaac Stern, Joseph Szigeti.

Two chamber music concerts will feature the Budapest String Quartet.

For further details, write Festival Casals, P. O. Box 2672, San Juan, Puerto Rico; or to 15 West 44th Street, New York 17, N. Y.

© 1957 Commonwealth of Puerto Rico, 379 Fifth Avenue, New York 17, N. Y.

Living room of the house where Casals' mother was born – in Mayaguez, Puerto Rico's third largest city. Photograph by Elliott Erwitt.

Ich bin mir keineswegs »schlecht« vorgekommen, als ich diese Anzeige schrieb, die Touristen und Industrie in ein Land brachte, das 400 Jahre am Rand des Verhungerns gelebt hatte.

strieunternehmen und Touristen in ein Land zu holen, das über vierhundert Jahre lang am Rande des Verhungerns lebte.

Beispielsweise glaube ich auch nicht, daß ich »trivialisiere«, wenn ich Anzeigen für den World Wildlife Fund schreibe.

Und meine Kinder waren ziemlich dankbar, als durch eine von mir geschriebene Anzeige ihr Hund Teddy aus der Gewalt von Hundefängern befreit werden konnte.

Niemand würde ernsthaft behaupten, Druckmaschinen seien allein deshalb von Übel, weil auf ihnen auch Pornographie gedruckt werden kann. Sie werden ja auch zum Drucken der Bibel benutzt. Werbung kann nur dann schlecht sein, wenn sie für moralisch abzulehnende Dinge wirbt.

Nach Auffassung linker Ökonomen verführt die Werbung die Menschen, Geld für Dinge auszugeben, die sie eigentlich gar nicht brauchen. Wer sind diese elitären Leute, die bestimmen wollen, was wir brauchen? *Brauchen Sie einen Geschirrspüler? Brauchen Sie ein Deodorant? Brauchen Sie eine Reise nach Rom?* Ich kann Sie, ohne daß mir daraus Gewissenskonflikte erwachsen, davon überzeugen, daß Sie diese Dinge tatsächlich brauchen. Die calvinistisch eingestellten Gemüter bedenken scheinbar nicht, daß das Kaufen selbst unnötiger Dinge zu den eigentlich unschuldigen Vergnügungen unseres Lebens gehört. Dabei ist es gleichgültig, ob Sie den betreffenden Gegenstand unbedingt brauchen oder nicht. Die meisten Menschen schauen sich gern Anzeigen an, egal, ob es sich um besonders günstige Angebote oder Luxusgüter handelt. Ich habe beispielsweise vierzig Jahre lang in den Immobilienanzeigen auf angebotene Landhäuser geachtet, bis ich schließlich genug Geld gespart hatte, um ein Angebot wahrnehmen zu können.

> **LOST DOG**
>
> Our dog Teddy lost
>
> on 84th street
> (Manhattan)
>
> looks like Lassie
>
> Telephone LE 5-1053
>
> Reward $100.00

Meine Kinder waren mir für diese Anzeige dankbar. Sie half ihnen, ihren Hund Teddy Hundefängern zu entreißen.

Es ist keine absolute Neuheit, daß häufig die Anzeigen in einer Zeitung von mehr Lesern beachtet werden als redaktionelle Beiträge. Als 1963 sämtliche New Yorker Zeitungen mehrere Wochen streikten, wies die Marktforschung nach, daß die Leser die Anzeigen am meisten vermißt hatten.

Wofür würde unser Geld verwandt werden, schaffte man die Werbung ab? Würde es für öffentliche Aufgaben ausgegeben oder an Aktionäre als zusätzliche Dividende ausgeschüttet werden? Oder aber den Medien zur Verfügung gestellt werden, um sie für den Verlust ihrer größten Einnahmequelle zu entschädigen? Vielleicht würde man statt dessen aber auch die Endverbraucherpreise senken – das würde etwa 3 Prozent ausmachen.*

Besteht Werbung aus lauter Lügen?

Als mich der indische Vizepräsident bei einem kürzlich in New Delhi stattgefundenen Kongreß über Werbung in Asien einführte, tat er dies mit den Worten: »Ich habe das erreicht, was Stephen Leacock stets als eine Kunst bezeichnet hat: den Menschen und seinen Intellekt so zu faszinieren, daß er willens sei, Geld auszugeben.«

Über Werbeleute, die geborene Lügner sind, brauchen Sie sich eigentlich keine Gedanken zu machen; es gibt zahlreiche Institutionen, die uns kontrollieren. Jede getextete Werbung wird von Rechtsanwälten, von der National Association of Broadcasters und anderen vergleichbaren Institutionen eingehend geprüft. Außerdem versuchen das Better Business Bureau und das National Advertising Review Board (in Großbritannien die Advertising Standards Authority), uns ständig Verletzungen der verschiedenen rechtlichen Bestimmungen nachzuweisen, und die Federal Trade Commission wacht mit Argusaugen, um uns wegen Betrugs strafrechtlich zu belangen. *Caveat emptor* müßte heute lauten *caveat vendor*.

Im Gegensatz dazu erstaunt mich jedoch, daß die von den verschiedenen Ministerien der US-Regierung gemachte Werbung nicht von der Federal Trade Commission überwacht wird. Milton Friedman schreibt dazu: »Jeder, der in den letzten zehn Jahren Staatsobligationen gekauft hat, machte damit ein ziemlich schlechtes Geschäft. Mit dem Betrag, der ihm bei Fälligkeit ausgezahlt wurde, konnte er weniger an Waren oder Dienstleistungen erwerben als mit der Summe, die er für den Kauf der Obligationen bezahlt hatte. Hinzu kommt, daß man die verdienten Zinsen auch noch versteuern muß. Trotzdem wirbt das Schatzamt mit dem Versprechen, persönliche Sicherheit aufzubauen und mit dem Hinweis, es sei ein Geschenk, das ständig wächst, regelmäßig für seine Obligationen.«**

»Das Klagelied unserer Zeit«

Obwohl man der Werbung nur sehr bedingt übles Verhalten gegenüber menschlichen Gefühlen vorwerfen kann, läßt sich in Anbetracht einer durchschnittlichen Ausstrahlung von 30 000 Werbespots jährlich nachvollziehen, was Wilfrid Sheed meinte, als er schrieb: »Das Lied des Verkaufens ist das Klagelied unserer Zeit.« Als ich noch in New York lebte, fiel es mir entweder nicht auf, weil ich zu beschäftigt war, um mehr als eine halbe Stunde täglich fernzusehen, oder weil ich durch die übliche Branchenblindheit zu stark korrumpiert war. Seitdem ich wieder in Europa lebe, habe ich mich jedoch an eine geringere Dosis an Werbung gewöhnt. Jedesmal, wenn ich heute die Ver-

---

* Automobilhersteller geben 1 Prozent ihrer Erträge für Werbung aus, Konsumgüterproduzenten etwa 2 Prozent, Anbieter von alkoholfreien Getränken 4 Prozent, Lebensmittelhersteller und Brauereien 5 Prozent
** *»Free to choose«*, Harcort Brace, 1980.

Rechts: Die Advertising Standards Authority überwacht mit Argusaugen die britische Werbung.

> **HOW DARE THEY!**
>
> If you see an advertisement in the press, in print, on posters or a cinema commercial which makes you angry, write to us at the address below. (TV and radio commercials are dealt with by the I.B.A.) ✓
>
> **The Advertising Standards Authority.**
> **If an advertisement is wrong, we're here to put it right.**
>
> ASA Ltd., Brook House, Torrington Place, London WC1E 7HN.

einigten Staaten besuche, bin ich über das Kreuzfeuer an Werbung, dem man ständig ausgesetzt ist, schockiert. Und das betrifft keineswegs nur das Fernsehen. In der *New York Times* findet man sonntags bis zu 350 Seiten Anzeigen; bei einigen Rundfunksendern sind von einer Stunde Sendezeit vierzig Minuten für die Werbung reserviert.

In einem amerikanischen Durchschnittshaushalt läuft der Fernseher täglich etwa sechs Stunden, was sich, auf die Länge eines Menschenlebens umgerechnet, auf etwa 25 Jahre summiert. Machen Sie aber bitte nicht die *Werbespots* für diese Sucht verantwortlich.

Manipulation?

Die Behauptung, die Werbung manipuliere, haben Sie vermutlich auch schon gehört. Mir sind allerdings nur zwei Beispiele bekannt, die beide jedoch nie tatsächlich passiert sind. Nach einer 1957 von dem Marktforscher James Vicary aufgestellten These sollte es möglich sein, über das Fernsehen in Bruchteilen von Sekunden Befehle auszustrahlen, die der Betrachter zwar nicht bewußt sehen würde, aber in seinem *Unterbewußtsein* doch wahrnähme und ihnen gehorchen würde. Er bezeichnete diese Methode als unterschwellige Werbung, hatte allerdings nie Gelegenheit, sie zu testen oder jemals anzuwenden. Unglücklicherweise wurde diese Theorie von den öffentlichen Medien aufgegriffen und verbreitet. Das British Institute of Practitioners in Advertising hat daraufhin die Anwendung unterschwelliger Werbung ausdrücklich verboten – und das, obwohl sie nicht existierte.

Das einzige weitere Beispiel von Manipulation, das ich Ihnen nennen kann, wird Sie vermutlich erschauern lassen. Ich selbst habe mich beinahe mal zu etwas derart Teuflischem hinreißen lassen. Deshalb zögere ich noch heute, dreißig Jahre später, *es einzugestehen*. Aufgrund der Vermutung, *Hypnose* könne ein wichtiges Element für erfolgreiche Werbung sein, engagierte ich für die Entwicklung eines Werbespots einen professionellen Hypnotiseur. Als ich den Spot im Vorführraum sah, war er derart eindringlich, daß ich bereits Millionen von suggerierbaren Konsumenten vor mir sah, die von ihren Sesseln aufsprangen und wie Wahnsinnige zum nächsten Warenhaus eilten, um dort das betreffende Produkt zu erstehen. Hatte ich etwa *den* Werbespot entwik-

Rechts: *Gouverneur Dewey, ein wissenschaftlicher Demagoge.*

Eine Kategorie der Werbung ist völlig unkontrolliert und unverschämt unehrlich: Die Fernsehspots der Kandidaten der Präsidentschaftswahlen.

keln lassen? Ich ließ ihn vernichten und erzählte meinem Kunden nie, daß ich ihn beinahe in einen nationalen Skandal verwickelt hätte.

Ganz gleich, aus welcher Perspektive Sie es sehen, die Wahrscheinlichkeit, daß die Werbung Sie manipuliert, ist ausgesprochen gering. Selbst wenn ich es wollte, wüßte ich nicht, wie ich die gesetzlichen Bestimmungen umgehen könnte.

Eine Einschränkung, die ich fast vergessen hätte, muß ich jedoch machen: Eine Kategorie der Werbung ist völlig unkontrolliert und unverschämt unehrlich: die Fernsehspots der Kandidaten für die Präsidentschaftswahlen.

Politische Schikane

Obwohl ich wiederholt von britischen, französischen und iranischen Politikern konsultiert wurde, habe ich für Ogilvy & Mather niemals politische Parteien als Klienten akzeptiert. Zu den Gründen für meine ablehnende Haltung zählen, daß die besten Mitarbeiter der Agentur die Arbeiten zu Lasten der von ihnen betreuten Kunden hätten übernehmen müssen, daß die Parteien ein ziemlich hohes Kreditrisiko darstellen, daß es den Mitarbeitern gegenüber unfair wäre, die auf den Sieg der oppositionellen Partei hoffen und letztlich, daß sich nur schwer die mit sämtlichen derartigen Kampagnen verbundene politische Schikane vermeiden ließe.

Als erster Politiker bediente sich 1950 in seiner Wahlkampagne Gouverneur Dewey des Fernsehens, als er sich um den Posten als Gouverneur von New York bewarb. Er ließ den Showmaster Happy Felton unter der Markise des Astor-Hotels in der 7th Avenue vorbeigehende Passanten befragen, was sie von ihm als Gouverneur erwarteten.

Dewey beobachtete sie auf einem Monitor im Studio und beantwortete ihre Fragen. Bei den Befragten handelte es sich allerdings um sorgfältig *ausgewähl-*

WAS STIMMT NICHT MIT DER WERBUNG?

Rechts: *Der Propagandarummel der amerikanischen Politik. Sollte die politische amerikanische Werbung derselben Kontrolle unterliegen wie die kommerzielle?*

te Passanten, deren Fragen er bereits kannte und die diese vorher auch geprobt hatten. Am letzten Tag der Kampagne war Dewey von sechs Uhr abends bis Mitternacht auf dem Bildschirm zu sehen. Interessenten konnten im Studio anrufen, wo Dewey die Fragen dann beantwortete. In Wirklichkeit jedoch wurden die Anrufe von einem seiner Mitarbeiter aus einer Telefonzelle im Drugstore an der nächsten Ecke getätigt.

Der ehemalige Bezirksstaatsanwalt und Gouverneur Dewey, der vehement gegen die Korruption kämpfte, hielt sich selbst für einen ehrenwerten Mann. Daß diese Form der Wahlpropaganda ein eindeutiger Betrug an seinen Wählern war, kam ihm offensichtlich nie in den Sinn. Ich bezweifle, daß heute – dreißig Jahre später – noch irgend jemand mit derartigen Tricks arbeiten würde. Die Zeiten haben sich geändert.

Dewey war eigentlich ein *wissenschaftlicher* Demagoge. In seinen Reden äußerte er sich immer nur dann zu wichtigen politischen Fragen, wenn er vorher durch Umfragen herausgefunden hatte, welche politischen Themen das stärkste öffentliche Interesse hätten. Diese stellte er dann als seine persönliche Meinung hin.

Mein Kollege Robert Spero hat in seinem Buch »The Duping of the American Voter«* die für Kennedy, Johnson, Nixon, Ford und Carter gesendeten Werbespots eingehend analysiert. Dabei ist er zu dem Schluß gekommen, daß es »in der Werbung keine vergleichbar betrügerischen, irreführenden, unfairen und unwahren Aussagen gibt ... der Himmel allein ist die einzige Grenze für all das, was gesagt und versprochen werden kann, welche Vorwürfe erhoben und welche Lügen erzählt werden können«.

* »The Duping of the American Voter«, Copyright © Robert Spero 1980, Harper & Row, New York.

Die neun bundesstaatlichen Institutionen, die die Produktwerbung reglementieren, haben keinerlei Einfluß auf die politische Werbung. Und die Rundfunkanstalten, die die Hälfte der ihnen angebotenen kommerziellen Werbespots ablehnen, weil sie ihren Bestimmungen nicht entsprechen, wenden auf politische Werbespots keine vergleichbaren Vorschriften an. Der Grund dafür ist, daß politische Werbung im Ersten Zusatzartikel der amerikanischen Verfassung als »geschützte Sprache« bezeichnet wird. Von daher sind die Rundfunkanstalten verpflichtet, jeden politischen Werbespot, und sei er noch so verlogen, zu senden. 1964 haben Johnsons Fernsehspots Senator Goldwater mit einem Zynismus abqualifiziert, der in Spots für Zahnpasta nie toleriert worden wäre. Dem Wähler wurde der Eindruck vermittelt, Goldwater sei ein verantwortungsloser und leichtsinniger Falke, der jederzeit ohne irgendwelche Rücksichten bereit wäre, einen Atomkrieg auszulösen. Johnson hingegen wurde als Friedenstaube charakterisiert.

Was aber war tatsächlich geschehen? Barry Goldwater, meines Erachtens einer der anständigsten Männer der öffentlichen Szene, war von einem Interviewer aufgefordert worden, zwischen der *Zuverlässigkeit* und *Genauigkeit* ferngelenkter Raketen zu differenzieren. Daraufhin hatte er geantwortet, sie seien so zielsicher, »daß man damit jede beliebige Herrentoilette im Kreml treffen könne«. Außerdem hatte er einem anderen Interviewer gegenüber geäußert, daß es mit Hilfe strategischer Atomwaffen *möglich* wäre, die Wälder

Unten: *1964 wurde Barry Goldwaters Präsidentschaftskampagne durch die skrupellosen Werbespots seines Opponenten Lyndon B. Johnson erfolgreich sabotiert.*

WAS STIMMT NICHT MIT DER WERBUNG?

Das Image des einfachen Mannes, das in Jimmy Carters Wahlkampagne vermittelt wurde, entsprach überhaupt nicht der Wirklichkeit. Es war vielmehr das Werk einer höchst kostspieligen und professionellen Werbung.

Nordvietnams zu zerstören. Dies waren jedoch theoretische Antworten auf spekulative Fragen. Goldwater hat mit diesen Antworten *definitiv nicht* die Anwendung von Atomwaffen empfohlen; Johnson wußte das sehr wohl.

Jimmy Carter wurde in seinen Werbespots als unschuldiger Neuling in der Politik dargestellt, der über keine politische Organisation verfügte und nur ein kleiner Farmer war. Obwohl die Wahrheit völlig anders aussah, akzeptierte die Mehrheit der Wähler dieses offensichtliche Märchen. Sein republikanischer Gegner Gerald Ford präsentierte sich in seinen Spots relativ aufrichtig – und verlor die Wahl.

Die Kennedys und Rockefellers sind überzeugende Beispiele dafür, wie vorteilhaft es für einen Politiker ist, *reich* zu sein. John D. Rockefeller gab beispielsweise für seine Wiederwahl zum demokratischen Gouverneur von West Virginia etwa 11 Millionen Dollar aus eigener Tasche aus. Damit schaffte er es, seinen republikanischen Gegner, dem nur 800 000 Dollar zur Verfügung standen, zu besiegen. Rockefellers Werbespots waren außergewöhnlich staatsmännisch aufgemacht. Im Rahmen einer Umfrage wurde ermittelt, daß die Bewohner West Virginias über die Höhe der ausgegebenen Summe keineswegs schockiert waren. Man sollte sich in diesem Zusammenhang allerdings auch daran erinnern, daß selbst sein Onkel Nelson Rockefeller für die Kampagne, die zu seiner Wiederwahl als Gouverneur von New York führte, wesentlich weniger ausgegeben hatte.

In unserer Zeit, in der Fernsehspots zu den wesentlichen, die Wahl eines Präsidenten mitentscheidenden Faktoren gehören, ist unaufrichtige Werbung ebenso unlauter wie Wahlbetrug.

In unserer Zeit, in der Fernsehspots zu den wesentlichen, die Wahl eines neuen Präsidenten mitentscheidenden Faktoren gehören, ist unaufrichtige Werbung ebenso unlauter wie Wahlbetrug. Die Werbeleute, die sich derart prostituieren, sind vielleicht zu naiv, um die Komplexität der damit verbundenen Problematik zu verstehen.

Selbst wenn man es wollte, könnte man die bislang in den Vereinigten Staaten üblichen politischen Werbespots nicht verbieten, da man mit einem solchen Verbot die amerikanische Verfassung verletzte. Schon eine eventuell einzuführende Kontrolle, wie sie in der Produktwerbung üblich ist, verstieße gegen die Verfassung und wäre damit nicht legal.

OGILVY ÜBER WERBUNG

Lassen Sie uns die überdimensionalen Plakatwände abreißen

Erwiesenermaßen passieren auf Autobahnen, an denen überdimensionale Plakattafeln stehen, dreimal soviel Unfälle wie auf Autobahnen ohne diese. Präsident Eisenhower sagte seinerzeit: »Ich bin zwar gegen all diese Plakatwände, die die Landschaft nur verunzieren, aber ich weiß nicht, was ich dagegen unternehmen soll.« Und der Gouverneur von Kalifornien, Pat Brown, meinte hierzu: »Wenn jemand eine leere Zigarettenschachtel aus dem Auto wirft, muß er mit einer Strafe bis zu 50 Dollar rechnen. Wenn dagegen jemand den Blick mit einer riesigen Plakatwand verstellt, wird er dafür noch reichlich belohnt.«

Und Bob Moses, der bekannte Dezernent für die Parks des Staates New York, ist der Ansicht, daß »diese Unverfrorenheit und Unverschämtheit so nicht weitergehen kann. Die Zeit der Kompromisse mit diesen uneinsichtigen und rücksichtslosen Leuten sei ein für allemal vorbei.« Dennoch sind die Politiker mehrheitlich nach wie vor zu Kompromissen bereit. Ein Senator erklärt dies so:

»Die Lobby der Werbefirmen, die Plakatwände vermieten, verpflichtet sich des Wohlwollens zahlreicher Abgeordneter, indem sie ihnen für ihre Wahlkampagnen kostenlose Werbeflächen zur Verfügung stellt. Gegen jeden, der Gesetze zur Abschaffung der Plakatwände befürwortet, geht sie äußerst rücksichtslos vor – beispielsweise indem sie seine Gegner subventioniert, seinen Opponenten Plakatwände spendet und Leute herumschickt, die bei seinen Wählern Gerüchte über ihn verbreiten.«

Zu eben diesem Thema schrieb die *New York Times*: »Die Rücksichtslosigeit, mit der die Landschaft verunziert wird, nimmt überhand. Der demokratische

Als Präsident Johnson dem Kongreß den »Highway Beautification Act« vorlegte, behauptete der Direktor eines Unternehmens, das Plakatwände vermietet, »es gibt Zeiten, in denen die Menschen eher auf Plakate als auf die Landschaft achten.«

Abgeordnete aus Illinois und der Republikaner aus Florida setzen sich entschieden für das finanzielle Wohl der Plakatwand-Betreiber ein, obwohl das zu Lasten von Millionen Touristen geht, die während ihrer Autofahrt gern auch etwas von der Landschaft sähen.«

Noch während seiner Tätigkeit als President bei Shell konsultierte mich Monty Spaght mal in dieser Frage: »Wir erhalten zahlreiche Briefe, in denen die Schreiber gegen unsere Plakatwände protestieren. *Brauchen* wir wirklich Plakatwände?« Ich antwortete ihm daraufhin: »Wenn Sie auf sie verzichten, können Sie immer noch in Zeitungen und Zeitschriften sowie im Rundfunk und Fernsehen werben. Das sollte eigentlich ausreichend sein.« Daraufhin hat Shell keine Plakatwände mehr für seine Werbung eingesetzt.

Der Anteil überdimensionaler Plakatwände am Gesamtwerbeaufkommen beträgt in den Vereinigten Staaten weniger als 2 Prozent. Ich kann mir eigentlich nicht vorstellen, daß das freie Unternehmertum durch Abschaffung dieser Werbemöglichkeit irreparablen Schaden erleiden würde. Wer konkret ist denn *für* die Plakatwände? Doch nur diejenigen, die damit direkt oder indirekt Geld verdienen. Und was sind das für Menschen? Als Präsident Johnson im Kongreß das Gesetz zur Ausgestaltung der Highways vorlegte, protestierte der Direktor einer der Plakatwände vermietenden Firmen, Johnson habe »sich auf die Seite eines abstrakten Konzepts – dem der *Schönheit* – gestellt. Manch einer liebt die Landschaft und interessiert sich für sie, anderen dagegen ist sie gleichgültig. *Und es gibt sogar Zeiten, in denen die Menschen mehrheitlich eher auf Plakate als auf Landschaft achten.*«

1958, an einem Sonntagmorgen, sägten an einen Highway in New Mexico Gegner überdimensionaler Plakatwände sieben solcher Wände einfach ab. Bürger aus der Umgebung unterstützten ihre Aktion, und ein Telefonanrufer beklagte sich gar, sie hätten zu *wenig* Wände entfernt. Eine andere Bürgerinitiative hatte zu einem späteren Zeitpunkt im gleichen Monat eine Massenverbrennung von Plakatwänden geplant, was aufgrund dieser Aktion nicht mehr möglich war. Keiner der Beteiligten wurde jemals angezeigt.

Die Ablehnung der Plakatwände geht so weit, daß 1961 beispielsweise die Regierung von Quebec Hunderte von Männern mit Äxten losschickte, Plakatwände zu entfernen. Der Leiter der New York State Thruway Authority ließ 1963 irgendwann im Morgengrauen 53 Wände verschwinden. Er war es einfach leid, sich immer wieder mit den gesetzgebenden Instanzen herumzuschlagen. Andererseits lehnte im Juni 1982 ein Richter in Oregon eine Verordnung ab, die die Entfernung von Plakatwänden beinhaltete. Er begründete dies mit dem Argument, Plakatwände seien auch ein Medium der *freien Meinungsäußerung*. Sie sehen, der Kampf geht munter weiter.

Kann man mit Werbung auch schlechte Produkte verkaufen?

Es wird immer wieder behauptet, Werbung könne Verbraucher auch zum Kauf minderwertiger Produkte verführen. Dies ist vielleicht möglich – aber höchstens einmal. Denn sobald der Konsument feststellt, daß das Produkt nichts taugt, wird er es nie wieder kaufen. Für den Hersteller sind hohe Verluste die Folge, denn seine Gewinne erzielt er in der Regel erst bei *Wiederholungs*-Käufen.

Die beste Möglichkeit, den Umsatz eines Produktes zu steigern, ist die Verbesserung des Produkts.

Die beste Möglichkeit, den Umsatz eines Produktes zu steigern, ist die Verbesserung des Produktes. Dies gilt insbesondere für Lebensmittel; Konsumenten realisieren Geschmacksverbesserungen erstaunlich schnell und kaufen dann das betreffende Produkt entsprechend häufiger. Mich hat stets von neuem überrascht, wie gering das Interesse von Produktmanagern an der Verbesserung ihrer Produkte ist. Ein Klient hat mich diesbezüglich auch mal gewarnt: »Sie neigen zu sehr dazu, unsere Produkte zu kritisieren. Kritik von unseren Frauen würden wir viel eher akzeptieren.«

Nicht hinreichend informativ
Glauben Sie, daß Ihnen die Werbung ausreichende Informationen über die angebotenen Produkte vermittelt? Ich nicht.

Vor einiger Zeit hatte ich mit meinem Wagen einen Totalschaden und mußte einen neuen kaufen. Um mich detailliert zu informieren, las ich daraufhin für etwa sechs Monate sämtliche Autoanzeigen. Die Anzeigen enthielten jedoch sämtlich nur einfältige Slogans und aussagelose Verallgemeinerungen. Offenbar gehen Automobilhersteller davon aus, daß der Käufer sich nicht für Fakten interessiert. Ihre Werbung scheint sich nicht an den Informationsbedürfnissen der Konsumenten zu orientieren, sondern eher an den marktschreierischen Anpreisungen der Jahrmarktshändler. Show-Business-Spots haben genau diese Wirkung; nüchterne Faktenwerbung, die Zahlen liefert, jedoch nicht.

Meine Werbung für Rolls-Royce enthielt nur Fakten, keine Übertreibungen oder Glorifizierungen. Bei seinen späteren Anzeigen für Mercedes-Benz ließ mein Partner Hank Bernhard auch die Fakten für sich sprechen. Beide Kampagnen waren erfolgreich, die Verkäufe stiegen an – trotz geradezu winziger Werbebudgets.

Ich habe Werbung auf sachlich argumentativer Basis für eine Bank, für Benzin, für einen Börsenmakler, für Margarine, Auslandstourismus und für zahlreiche andere Produkte gemacht. Sie war stets erfolgreicher – und wird es auch immer sein – als inhaltslose Werbung.

Bevor ich in die Werbung ging, machte ich drei Jahre lang Hausbesuche bei schottischen Hausfrauen und verkaufte ihnen Aga-Küchenherde. Alles, was ich meinen Kunden erzählte, waren Fakten. In der Regel brauchte ich vierzig Minuten, um einen Herd zu verkaufen; etwa 3 000 Worte. Wenn diejenigen, die in Detroit, der Metropole der amerikanischen Automobilindustrie, die Werbung machen, *ihre* Karrieren ebenfalls als Handelsvertreter begonnen hätten, könnten sie vermutlich eher den verkäuferischen Wert von Fakten einschätzen. Fakten sind genau die Informationen, die wir in ihren Anzeigen erwarten.

✳   ✳   ✳   ✳   ✳

Fazit

1. Unabhängig davon, ob Wirtschaftswissenschaftler mit ihrer Behauptung, Werbung sei »ökonomische« Verschwendung, recht haben oder nicht, sehen Unternehmer sie nicht als *kommerzielle* Verschwendung an.

2. Abgesehen von offenkundig verlogener politischer Werbung ist Werbung heutzutage wesentlich aufrichtiger, als viele Konsumenten meinen.

3. Unsere Welt wäre sicherer und schöner ohne überdimensionierte Plakatwände.

4. Werbekampagnen enthalten mehrheitlich nicht die für den Verbraucher notwendigen sachlichen Informationen.

20. Ich prophezeie dreizehn Veränderungen

Ich habe mich zwar noch nie als Futurologe betätigt, und mein Interesse an der Zukunft wird mit jedem weiteren Jahre meines Lebens geringer, dennoch muß ich mich meinem Verleger fügen, der unbedingt auf einer Prognose möglicher Veränderungen in der Werbebranche besteht, die Sie, verehrter Leser, erleben werden. Also denn:

1. Die Aussagefähigkeit der Marktforschung wird sich weiter verbessern. Daraus folgt, daß Kenntnisse über das, was erfolgreich und weniger erfolgreich ist, leichter greifbar sein werden. Kreative werden lernen, sich dieses Wissens zu bedienen, und dementsprechend durch stärkere Berücksichtigung dieser Vorgaben zur Steigerung der Erfolgsquote beitragen.
2. Die Printwerbung wird eine Renaissance erleben.
3. Die Werbung wird mehr sachliche, faktische Informationen enthalten, sich weniger der marktschreierischen Anpreisungen bedienen.
4. Überdimensionierte Plakatwände werden verschwinden.
5. Der überproportionale Anteil der Werbung im Fernsehen und Rundfunk wird reduziert und stärker kontrolliert werden.
6. Die Werbung wird in wesentlich stärkerem Maße als bisher von den Regierungen zur Verbreitung von Informationen eingesetzt werden.
7. Die Werbung wird weltweit zur Kontrolle der Bevölkerungsexplosion und damit zur Familienplanung beitragen.
8. Bewerber um politische Mandate werden in ihrer Wahlwerbung ehrlicher als bisher sein.
9. Qualität und Effizienz der Werbung in anderen Ländern werden weiter zunehmen – und zwar schneller als bisher. Immer mehr Igel werden den amerikanischen Hasen überholen.
10. Ausländische Agenturen werden in den USA Filialen eröffnen und gute Geschäfte machen.
11. Multinationale Konzerne werden ihre Marktanteile in der gesamten nichtkommunistischen Welt vergrößern und immer mehr Marken international anbieten. Die Kampagnen für diese Produkte werden zwar von den Zentralen der multinationalen Agenturen entwickelt werden, aber doch individuellen nationalen Gegebenheiten angepaßt.
12. Direct Response wird seine Sonderstellung verlieren und in die Leistungspalette der »allgemeinen Agenturen« integriert werden.
13. Man wird neue Wege finden, um wirksame Fernsehspots zu vernünftigen Kosten zu produzieren.

Literaturverzeichnis

CLAUDE HOPKINS: *Scientific advertising. Einführung von David Ogilvy.* Bell Publishing, New York

JOHN CAPLES: *Tested advertising methods. Vorwort von David Ogilvy.* Prentice-Hall (Canada) 1975

ROSSER REEVES: *Reality in advertising.* Alfred Knopf, New York 1961

MARTIN MAYER: *Madison Avenue.* Harper & Row, New York 1958

DAVID OGILVY: *Confessions of an advertising man.* Atheneum, New York 1962

ROBERT GLATZER: *New advertising: Twenty-one successful campaigns from Avis to Volkswagen.* Citadel Press, New Jersey 1970

JULIAN WATKINS: *The 100 greatest advertisements.* Dover Publications, New York

DENIS HIGGINS: *The art of writing advertising.* Advertising Publications

KENNETH ROMAN UND JANE MAAS: *How to advertise. Vorwort von David Ogilvy.* St. Martin's Press, New York 1976

PHILIP KLEINMAN: *Advertising inside out.* W. H. Allen, London 1977

BOB STONE: *Successful direct marketing methods.* Crain Books, Chicago 1979

ALVIN EICOFF: *Or your money back.* Crown, New York 1982

RUDOLPH FLESCH: *The art of plain talk.* Collier Macmillan, New York 1962

KENNETH ROMAN UND JOEL RAPHAELSON: *Writing that works.* Harper & Row, New York 1981

WILLIAM STRUNK UND E. B. WHITE: The elements of style. Collier Macmillan, New York 1979

MICHAEL ARLEN: *Thirty seconds.* Farrah, Straus & Giroux, New York 1980

DOROTHY SARNOFF: *Speech can change your life.* Doubleday, New York 1970

ROBERT SPERO: *The duping of the American voter: dishonesty and deception in presidential television advertising.* Lippincott & Crowell, New York 1980

ROBERT UPDEGRAFF: *Obvious Adams.* Updegraff Press, Louisville, Kentucky

Personen- und Sachregister

A
Abbott, David 147
ABN Bank 96 f.
Abonnentenwerbung 143 f.
Adams, Tom 56
Avertising Council 150
Advertising Hall of Fame 32, 196
Advertising Standards Authority (UK) 208 f.
AGA-Küchenherd 25, 39, 216
Agentureinkommen 55 f.
Aim-Zahncreme 157
Aktiengesellschaft 55, 56, 117
Alexander, Henry 52 f.
Alkoholiker 54, 62
Alkoholismus 187
Alkoholismus bei Teenagern 152 ff.
Ally & Gargano (Agentur) 140
American Express 18, 57 f., 63, 102 f., 127
American Telephone 47, 63, 117
American Tobacco 196
Anzeigen, Leserschaft von 22 f.
Anzeigen, Unterzeichnung von 87 f.
Araldite 95
Arlen, Michael 113
ARMCO 125
Art Director 8, 12, 23, 31 f., 38, 44, 48, 64 f., 70, 88, 91, 94, 101, 113, 138, 177, 182, 190, 196, 200, 204 f.
Aspercreme 89
Audience Research Institute 36, 158, 193
Augustin, heiliger 51
Ausschreibung 60
Austin-Autos 82
Avenir 27
Avis 12, 204
Ayer, Mani 183 f.

B
Ball, Michael 37
Barnes, Clare jr. 58
Bates (Agentur) 24, 32, 56
Bates, Ted 24, 56, 62
Bayles, Hagen 56
Baysol 79
BBDO (Agentur) 52, 205
Beecham's Pillen 20
Bell Brand Potato Chips 157
Benton & Bowles (Agentur) 24, 50, 62, 196

Bernbach, Bill 7, 12, 135, 166, 189, 198, 204 f. siehe auch Doyle, Dane, Bernbach
Bernhard, Hank 216
Berry, Norman 176
Bethlehem Steel 122
Better Business Bureau 143, 208
Bewerbungsschreiben 42, 44
Big Idea 16, 18, 25, 45
Big-Top Erdnußbutter 157
Bildunterschriften 90 f., 139, 162
Bissell Carpet Sweeper Company 202
Blitz-Weinhard-Bier 109, 114 f.
Bloggs Schuhcreme 69
Bounty Haushaltstücher 156
Bower, Marvin 52, 69, 172
Bristol-Myers 58
British Institute of Practitioners in Advertising 209
British Travel 131, 163
Brower, Charlie 52
Brown, George Hay 9
Brown, Pat 214
Buffet, Waren 55
Burnett, Leo 15 f., 18, 21, 56, 189, 198–201, 206
Burns, Max 62
Burpee Samen 98
Business-to-Business-Werbung siehe Investitionsgüterwerbung

C
Cadillac 198
Cadogan, William 53
California, University of 15
Cambio 16 (Spanien) 90
Camel Zigaretten 168, 192
Campaign Palace (Agentur) 182
Campbell Soup Company 39, 58, 71, 79, 168, 170, 197
Canter, Stanley 158
Caples, John 9, 76, 81 f.
Carioca Rum 18
Carl Ally 63
Carnation-Milch 81
Carnegie, Andrew 49
Carnegie, Dale 147
Carter, Jimmy 211, 213
Cartoons 42, 110
Caterpillar Tractor 125
Cecil, George 47, 205
Cessna-Citation-Privatjet 145
Chandler, Raymond 39
Charmin Toilettenpapier 156
Chase National Bank 96
Chesapeake & Ohio 124
Chicagoer Schule der Werbung 199
Chicago Tribune 200
Chief Executive Officer 37, 46, 53, 67
Childers, Erskine 193
Chubb Safe 82 f.
Churchill, Winston 37, 52, 146, 206
CIGA-Hotels 178

Clairol 48
Clio-Preis für Kreativität 25 f., 30
Club Méditerranée 178 f.
Coca-Cola 16, 61, 168
Collett Dickenson Pearce 105, 177
Commander Whitehead 14, 20
Computerversandlisten 143
Compton (Agentur) 48, 57
Cone, Fax 61
Container Corporation 117, 126
Copy-Test 36, 202
Creative Director 32, 37, 48, 63, 66, 147, 158, 182 f.
Creative Organization, The 25
Cresta Blanka 111
Crest Zahncreme 156 f.
Cronkite, Walter 109
Cummings, Bart 48
Cunard 57, 127
Curtis Publishing Co. 39 f.
Cushman, Joe 119
Cynar 28

D
Daily Mirror (London) 79
Daimler-Benz 11
Dane, Max 204
Dash 157
Day, Barry 176
Demonstrationen 7, 107, 137, 149, 156, 162, 196
Den Kongelige Porzellan 17
Dentsu (Agentur) 188
Dermo mild 29
Dewey, Gouverneur 210 f.
Direct-Response-Werbung 9, 23 f., 30, 71, 78, 88, 143, 148 f., 201, 217
Direktwerbung 143–149
Disraeli, Benjamin 80
Doppelseiten, Verwendung von 94, 149
Dornröschenprodukte 168
Dove Seife 12, 18, 56, 72, 74, 81, 160
Doyle, Dane, Bernbach 12, 32, 63, 110, 135 f., 204
Doyle, Ned 204
Drene-Shampoo 157
Duffy, Ben 205
DuPont 63, 117, 118

E
Eau de Cologne pour Hommes 30
Edwards, Charles 88
Ehrenberg, A. S. C. 170, 172
Eicoff, Al 113, 149
Eigenwerbung 64 f.
Einzelhandelsanzeigen 74
Eisenhower, Dwight 35 f., 214
Elliot, Jock 48 f.
Emotionen 63, 109, 114, 157
Engel, Louis 84, 87
Era 156
Erwin Wasey 199

INDEX

Erwitt, Elliot 76, 135
Espresso, L' (Italien) 90
Esso 61, 123, 181
Express, L' (Frankreich) 90
Exxon 63

F
Fabergé 109
Family Planning Clinics (UK) 30
Faucett (Fluggesellschaft – Peru) 129
FCB-Impact (Agentur) 78, 84, 90, 92
Federal Express 140
Federal Trade Commission 208
Felton, Happy 210
Fernsehwerbung 30, 37, 66, 78, 103–114, 116, 140, 143, 145, 149, 172, 177, 185, 187, 192, 204, 209 f., 215, 217
Fernsehwerbung, Tips für erfolgreiche 111–113
Field, Clifford 130, 176
Filialen 56, 193, 217
Filmproduzenten 70
Finanzanzeigen 94
Fitzgerald, Cliff 56
Flannery, Vaughn 23, 64, 194, 196, 205
Fließtext 71, 73, 80–84, 87, 90 f., 99, 139
Fonda, Jane 121
Fontoura, José 181
Foote, Cone & Belding (Agentur) 56, 61, 191
Ford 9, 11, 168
Ford, Gerald 211, 213
Ford, Henry 20
Fortune 64
Four Roses Whiskey 198
Fremdenverkehrswerbung 127–136, 166
Friedman, Milton 208
F. Wallis Armstrong 194

G
Gage, Bob 32, 88
Galbraith, John Kenneth 206
Gallup, George 22 f., 36, 40, 51, 77, 79, 82, 158, 162, 193 f.
Gallup und Robinson 71
Gayelord Hauser 29
Geddes, Lord 163
General Electric 63, 117, 119, 191
General Foods 58, 61, 63, 125, 196
General Motors 51, 61, 63, 119, 193
Geräuscheffekte 112
Gesetzgebung, Beeinflussung durch Werbung 121 f.
Geständnisse eines Werbemannes (1963) 7, 34, 41, 58, 206
Getränke, alkoholische 27 f., 192
Gladstone, William 80
Glendenning, Ralph 36
Goldsmith, Jimmy 49
Goldwater, Barry 212 f.
Good Luck Margarine 11, 109
Gosage, Howard 152 f.

Grand Dad Whisky 14
Grant, General 52
Gratisangebote 144
Grey (Agentur) 204
Gribbin, George 194
Großaufnahmen 111
Guinness 43, 58 f., 92, 94
Gunther, John 190 f.

H
Haines, Douglas 80
Hall, William K. 140 f.
Handels-Werbung siehe Investitionsgüterwerbung
Hansaplast-Strip 168, 180
Harness, Ed 155 f.
Harvard Business Review 122, 140
Hathaway Hemden 18, 23, 58 f., 79, 81, 83, 166
Headline 11, 25, 70 f., 73 ff., 80, 82, 87, 89, 96 f., 99, 136, 139, 146 f., 152 ff., 160 f., 166, 182, 194, 203
Health Education Council (UK) 30
Hercules 139
Hershey Bars 169
Hershey, Milton S. 169
Hertz 12
High-Point-Kaffee 156
Highway Beautification Act 214
Hill, George Washington 196
Hinks, Ken 192
Hitparade 20
Hixon, Carl 198
Holiday Magazin 39 f.
Honorarabrechnung 55
Hopkins, Claude C. 7, 87, 103, 189, 202 f.
Hotel Majestic (Paris) 51 f.
Houghton, Arthur 67
Houseman, John 108
Hovis Brot 104 f., 109, 173, 176
Humor 32, 103 f., 110, 140

I
IBM 58, 122, 140
Illustrationen 190
Illustrationen, Verwendung von 77 ff.
Imagewerbung 117–121, 124 ff., 175
Informationen 138
Intensivverbraucher 171
International Correspondence School 82
International Paper 107
Interpublic 56, 196
Investitionsgüterwerbung 137–142, 187
Irish, Judson 18
Islam 28
Ivory Bar 156

J
Jack Daniel's Whiskey 14 f.
Jacobi, Professor 113
Jetté, Ellerton 83

Jobs in der Werbung 31–44
John Deere Maschinen 98
Johnnie Walker Whisky 187
Johnson, Arno 192
Johnson, Howard 52
Johnson, Lyndon B. 204, 211 ff.
Johnson, Samuel 160
Jones (Agentur) 62
J. Walter Thompson (Agentur) 21, 61, 63, 147, 191 ff., 205

K
Kampagnenentwicklung 12, 19, 58, 60, 63, 65, 153, 156, 178, 181, 196
Kampagnenentwicklung in Gremien 21
Kelstadt, Charlie 67, 119
Kennedy, John E. 190
Kennedy, John F. 53, 213
Kennedy, Robert 36
Kershaw, Andrew 49
Kettering, Charly 51
Kinney, Gilbert 192
Kleinmann, Philipp 173
KLM 87, 127
Kodak 168
Koenig, Julian 12
Konkurrenzprodukte, Vergleich von 108, 138
Konsumgüter 63, 84, 168, 170, 204, 208
Konsumgüterwerbung 37, 137, 140, 187
Korda, Reva 38
Kosmetikprodukte 26, 29
Kotex-Damenbinden 168, 190
Kreativität, Kult der 24 ff.
Krebs in Indien 153, 183 f.
Kreditrisiken 61
Kroll, Alexander 173
Krone, Helmut 12, 48, 88
Kundenanfragen 141
Kundenberater 21, 32 ff., 45, 47 f., 193, 194 f., 197
Kundenwerbung 58–65, 143 f.

L
Labour Party, britische 123
Lacroix 179
Lambert, Jerry 169, 193
Lambert Pharmaceutical Company 168
Lasker, Albert D. 38, 56, 189–193, 197, 202
Lasker, Mary 191
Layout 65, 70, 81, 87, 88 f., 92, 94, 96, 121, 138, 146, 196, 199
Lebensmittelwerbung 70, 80, 111, 164
Lemonnier, Pierre 90, 92
Lennen & Newell 60
Lent, Henry 194
Leserschaftsanalyse 162, 194
Lever Brothers 34, 58, 160
Levitt, Professor 140, 178
Life-Magazin 147
Life Savers Drops 194 f.

INDEX

Lilt Heimdauerwelle 157
Lincoln, Abraham 52, 117, 121
Listerine 169, 193
Lloyd George, David 52
Lockvogelangebote 169
Lord & Thomas (Agentur) 56, 189 ff., 202, 203
Loudon, John 49
Lucky Strike Zigaretten 191
Ludwig XIV. von Frankreich 47
Lux Seife 193

M

Mac Leish, Archibald 53
Magnavox 60
Mail-Order-Werbung 147
Managing Director 63
Mapes & Ross 103
Markenimage 7, 14 ff., 203
Marketing 33 f., 44, 47, 63, 65, 143 f., 156, 163, 167–172, 190
Marketing Director 14
Marketing in der Rezession 170 ff.
Marktforschung 23, 30, 32 f., 35 ff., 47, 61, 63, 103, 110, 127, 137, 156, 158–166, 168, 177 f., 190, 192, 193 f., 204, 208 f., 217
Marktforschung bei Kindern 164 f.
Marktforschung, Nachteile der 164 f.
Marktreißer 164
Marlborough, Herzog von 53
Marlboro Zigaretten 15 f., 18, 76, 200 f.
Marshall, Bob 130
Marsteller, Bill 56
Martin, Muñoz 68
Massenmedien, Werbung in 8 f., 23, 28
Maxim-Instant Kaffee 108
Maxwell Kaffee 20, 57, 108, 112
Maynard, William 32
McCall's Magazine 23, 196
McCann-Erickson (Agentur) 61, 176, 188
McGraw-Hill 118, 137 f., 141
McKinsey 51 ff., 69
McMahan, Harry 25
Media Institute 122
Medialeute 37
Medici, Cosimo de 31, 44
Meek, Sam 192
Menninger, William 47
Mercedes-Benz 11, 88, 145, 182, 216
Merck 167
Merrill Lynch 16, 58, 84 f., 87, 112
Metropolitan Opera 118
Metropolitan Police (UK) 177
Meyer, Grethe 17
Mikojan, Anastas 185
Milton Biow (Agentur) 50
Mithune, Jim 56
Mitterrand, François 40
Mnemonic 113
Mobil 123, 125
Mojo (Australien) 182

Montgomery, Feldmarschall 53
Montgomery Ward 202
Morgan Guaranty 52 f., 58, 88
Morgan, J. P. 48 f., 58
Morgans, Howard 206
Morril-Studie 170
Moscose, Ted 52 f., 67 f.
Moses, Bob 214
Mund-zu-Mund-Propaganda 20
Murphy, Ben 170

N

Nader, Ralph 125
National Advertising Review Board 208
National Association of Broadcasters 208
NBC 114
Needham, Harper & Steers (Agentur) 32
Neuheiten 109, 138, 140
New Business 37, 45, 58, 60 f.
Newsweek 90
New Yorker Philharmoniker 150, 152
New Yorker, The 8
New Yorker Weltausstellung 204
New York Herald 52
New York Times 84, 87, 124, 143, 150, 152, 191, 209, 214
Ney, Ed 56
Nielson-Technik 170
N. I. H.-Syndrom 178
Nixon, Richard 211
Norddeutsche Landesbank 100
Northwestern University 117, 194
N. W. Ayer (Agentur) 7, 63, 194, 197, 205

O

Ogilvy, Francis 12, 79, 145
Ogilvy & Mather (Agentur) 7, 22, 32, 38, 46 f., 52, 54 f., 57, 61, 63 ff., 79, 83, 87, 89, 107 f., 125, 143, 148, 150–154, 158, 176, 181 ff., 192, 194, 200, 210
Old Crow Whiskey 15
Oldsmobile 99
Omega Uhren 39
Opinion Research Corporation 117
Owen, Barry 182 f.
Owens-Corning Fiberglas 140 f.

P

Paco Rabanne 30
Page, Shelby 54
Palmolive 202
Pampers Windeln 156
PanAm 63
Parlin-Preis für Marketing 167
Patrick, Ted 39
Pearl, Leslie 124, 176
Penn, Irving 78
Peperidge-Farm-Brot 16, 19, 107 f.
Pepsodent 202
Personalfluktuation 38

Phillips, Bill 152
Pillsbury Cake Mixes 199
Pitard, Monsieur 51
Plakatwerbung 94 ff., 188, 198, 201, 214 ff.
P & O 127
Point, Le (Frankreich) 90
Politwerbung 126, 210–213
Politz 202
Polykoff, Shirley 48
Ponds 193
Porsche 99
Positionierung 12, 37, 144, 159
Präsentation 45, 60 f., 62, 67, 94, 157, 197, 203
Preisnachlässe 84, 144, 169
Presenter 108, 173
Printmedien 32, 146, 177, 201
Printwerbung 32, 37, 70–103, 137, 140, 217
Procter & Gamble 31 f., 36, 63, 113, 149, 155 ff., 206
Produkte, austauschbare 19 f.
Produkteigenschaften 12, 14
Produkt, Entwicklung eines neuen 167
Produktmanager 21, 31, 32, 70, 215
Produktnamen 168
Produktwerbung 121, 212 f.
Provisionssystem 55
Public Relations
Puerto Rico 27, 52 f., 67 ff., 76, 87, 128, 206 f.
Puerto Rico, Fremdenverkehr 127, 133, 207
Puerto Rico, industrielle Entwicklung 24, 207

R

Rand, Paul 88, 204
Raphaelson, Joel 8, 19, 42, 49
Rave Heimdauerwelle 157
Raymond, Miner 113
Reader's Digest 9, 40 f., 80, 84, 181
Reagan, Ronald 159
Reason Why 108, 157
Recall-Tests 99, 103, 161
Red, White and Blue Bier 116
Reed, Virgil 192
Reese's Peanut Butter Cups 169
Reeves, Rosser 24 f., 205
Reinhard, Keith 32
Reisz, Professor 170
Republikanische Partei 189
Resor, Helen 193
Resor, Stanley 21, 189, 191 ff., 197
Revlon 61
Revson, Charles 61
Rigby, Sir Hugh 21
Riney, Hal 32, 109, 112, 114
Rinso Reinigungsmittel 74 f., 77
Robbins, Norman 194
Rockefeller, John D. 213

INDEX

Rockefeller, Nelson 213
Rolls-Royce 10 f., 20, 57 ff., 191, 216
Roman, Kenneth 42, 49, 155
Roosevelt, Eleanor 109
Roosevelt, Franklin D. 189, 206
Roosevelt, Theodore 53, 189
Rosebrook, Jack 194, 205
Rosenmann, Judge 53
Rosenstiel, Lou 61
Rotes Kreuz 150
Royal, John 114
Rubicam, Raymond 40, 64, 163, 189, 193 f., 194–198, 203 siehe auch Young & Rubicam
Rudolph, Harold 23
Ruml, Beardsley 87
Rundfunkwerbung 114 ff., 184, 187, 209, 212, 215, 217
Ruutz-Rees, Caroline 193

S

Saab 12
Saalburg, Philippe 78, 90, 92
Saatchi, Charles 101
Saatchi & Saatchi (Agentur) 56
Sarnoff, Dorothy 53
Schenley 61, 204
Schlitz Bier 87, 202
Schriftbild 97
Schrift, Großbuchstaben 96 f.
Schriftgröße 94 f., 101
Schrift, Initialen 91, 99, 121
Schrift, Kursive 92
Schrift, negative 22, 91, 99, 101, 146, 191
Schrift, Serifen 91 f., 97
Schrift, serifenlose 91, 97
Schwab, Vic 147
Schwarzarbeit 39
Schwarzweißanzeigen 80, 139
Schweppes 14, 20, 58 f., 87
Scott, David 161
Scott Paper 63
Seaman, Al 56
Sears Roebuck 31, 57 f., 67, 74, 91, 119 f.
Sex in der Werbung 26–30
Sheed, Wilfrid 208
Shell 11 f., 49, 58, 61, 73, 87, 105, 113, 138, 142, 161 f., 174 f., 181, 215
Shepherd, Mills 23
Sherwood, Robert 53
Shipping Board 189
Shoop's Gesellschaft für Naturheilmittel 202
Sierra Club 152 f.
Silbermünzen der Moskauer Olympischen Spiele 144 f.
Skinner Cornelia Otis 159
Slice of Life-Technik 7, 105, 173
Slogan 16, 111, 121, 216
Smith-Barney 108
Sonderangebote 84
Spaght, Monty 215
Spendensammlung 150, 154
Spero, Robert 211 f.
Spiegel, Der 90
Spielsachen 165
Stahlindustrie 122
Stanton, Henry 192
Stanton, Richard 160
Starch, Daniel 162
Starch Readership Service 71, 74, 94, 163
Stauffer Chemie 98
Steinway 194
Stephenson, Sir William 51
Sterling Getchel (Agentur) 23, 38
Steuben Glas 67
Stichproben 164, 167
Stone, Bob 149
Stowell, Esty 16, 48 f.
Super Glue 106 f.
Süßigkeiten 109, 169
Swift 202
Syke, Harold 23
Symbolpersonen 108

T

Taylor, Bill 173
Taylor Whiskey 14
TBWA (Agentur) 178
Teel-Flüssigreiniger 157
Telefonwerbung 23, 149
Templeton, Alex 111
Testimonials 83, 103, 105, 109, 137 f., 146, 162, 193
Test-Marketing 202
Testmärkte 156, 158, 160
Texaco 118
Texter 12, 16, 19–25, 31 ff., 38, 45, 47, 58, 65–70, 74, 80 f., 82, 84, 87, 88, 92, 105, 109, 113, 121, 138 f., 147, 158, 161, 166, 176 f., 189 f., 192–196, 198, 200, 202 ff., 207 f.
Textlänge 88 f.
Thom McCan-Schule 78
Tide Waschmittel 156, 168
Tiger Bier 96
Time-Magazin 83, 90
Times, The 163
Tinker, Professor 96
Toigo, Adolph 60
Top Job 156
Topmanagement als Zielgruppe für Werbung 142
Townsend, Robert 12
Toynbee, Arnold 206
Train-Streichhölzer 108
Treasure, John 172
Truman, Harry S. 189
Tschichold, Jan 88

U

Unilever 170
United Negro College Fund 150, 152, 204
Unternehmenswerbung 117, 126, 142
Updike, John 97
US-Regierung 208
US Saving Bonds 150
US Steel Company 117, 119

V

Vanderbilt, William H. 121
Vaseline 185
Verhütungsmittel 30
Verkaufsargumente 89
Verkaufsergebnisse 8, 24, 113, 159
Verkaufsförderung 169 f.
Vicary, James 209
Vierfarbanzeigen 80, 139
Vignetten, musikalische 110
Visuals 76, 77, 80, 89, 91
Viyella 86
Volkswagen 12 f., 73 f., 110, 204
Vom Winde verweht 164
Vor-und-Nachher-Kampagnen 77, 79

W

Wallachs 124
Ward, Sid 194
Warenproben, kostenlose 155, 160, 164, 170, 202
Warenzeichen 96
Warshaw, Paul 167
Washington, George 57
Webb Young, Trader 147
Weed, Bill 169
Weherhaeuser 123
Weintraub (Agentur) 204
Wells, Rich, Green (Agentur) 63
Werbeetats, multinationale 61
Werbegeschenke 144 f., 161
Werbeleiter 31
Werbespots, erfolgreiche 103–108
Werbespots, weniger erfolgreiche 109 f.
Werbung, Ausbildung für die 38
Werbung für gemeinnützige Zwecke 150–154
Werbung in der U-Bahn 95 f.
Werbung, industrielle, siehe Investitionsgüterwerbung
Werbung in kommunistischen Ländern 185 ff.
Werbung per Post 23, 149
Whalen, Grover 204
White, E. B. 161
White, Hooper 113
Whittier, Roy 194, 198
Williams, David 56
Wilson, Edwin Bird 94
World Wildlife Fund 84, 88, 150 f., 207
Wrangel, Baron 79
Wrigley's Kaugummi 172

X

Xerox 61

INDEX

Y
Young, James Webb 82, 147, 192, 205
Young, John Orr 194
Young & Rubicam (Agentur) 7, 22 f., 56, 61, 162, 173, 188, 194, 194–198, 205

Z
Zeitschriften, Werbung in 66, 70, 80, 87, 89, 91 f., 99, 121, 138, 143, 145 f., 149, 160, 176 f., 185, 187, 203, 215
Zeitungen, Werbung in 70, 76, 81, 91 f., 97, 121, 158, 162, 177, 185, 187 f., 201, 203, 208, 215
Zest 156
Zett-Schriften Tiefdruck 28
Zielgruppe 160
Zigarettenwerbung 14 ff., 26, 58, 70, 80, 108 f., 169, 198, 201, 214
Zippo Feuerzeuge 81 f.
Zwischenüberschrift 99, 101, 146

Bildquellen:

Doubleday Inc. from *Whithe Collar Zoo* by Clare Barnes Jr. 58; FCO London 95; Foote, Cone & Belding 189T; Alan Hutchison Library 183L, 187B; Keystone 159TL, 210, 212; Pierpont Morgan Library 33; Rex Features, 35, 213; Rex Features/Spia-Press 210B, 211; Frank Spooner/Gamma 13; J. Walter Thompson 193; Vision International, Photo Paolo Koch 214

Inhaltsverzeichnis

	Vorwort	5
1	Einleitung	7
2	Wie man Werbung macht, die verkauft	9
3	Jobs in der Werbung – und wie man sie bekommt	31
4	Wie man eine Werbeagentur leitet	45
5	Wie man Kunden gewinnt	58
6	Ein offener Brief an einen Kunden, der eine Agentur sucht	66
7	Mein Wunsch: Eine Renaissance in der Printwerbung	70
8	Wie man Werbespots macht, die verkaufen	103
9	Unternehmenswerbung	117
10	Wie man gute Fremdenverkehrswerbung macht	127
11	Das Erfolgsgeheimnis in der Investitionsgüterwerbung	137
12	Direct Response – meine erste Liebe und meine Geheimwaffe	143
13	Werbung für gemeinnützige Zwecke	150
14	Der Konkurrenzkampf mit Procter & Gamble	155
15	Wunder der Marktforschung	158
16	Das wenige, das ich über Marketing weiß	167
17	Ist Amerika immer noch die Nation Nummer 1?	173
18	Lasker, Resor, Rubicam, Burnett, Hopkins und Bernbach	189
19	Was stimmt nicht mit der Werbung?	206
20	Ich prophezeie dreizehn Veränderungen	217
	Literaturverzeichnis	218
	Personen- und Sachregister	219